JIAO NIN DUDONG
QICHE JIASHI XINLIXUE

教您读懂
汽车驾驶心理学

刘俊利 主编

人民交通出版社股份有限公司
北京

内 容 提 要

本书由个性心理、训练心理和行车心理三篇组成，总结、探索、提炼了一个人从准驾驶学员到驾驶学员、再到一个成熟驾驶人在现代驾驶生活中所匹配的全程心理过程和内容体系。驾驶心理学是一门揭示人的个性心理与汽车驾驶关系的应用心理科学。本书内容来源于编写组多年的实践经验和研究，兼具知识性、实用性、趣味性。通过阅读本书，可以使驾驶人获得终生汽车驾驶心理参考，既能满足安全驾驶的需要，又能极致发挥汽车驾驶带给驾驶人的心理满足与愉悦。

本书适用于汽车准驾驶学员、驾驶学员、驾校教练员、普通驾驶人、职业驾驶员、道路运输企业安全管理人员以及所有汽车驾驶心理爱好者学习参考。

图书在版编目(CIP)数据

教您读懂汽车驾驶心理学/刘俊利主编.—北京：
人民交通出版社股份有限公司,2023.6
ISBN 978-7-114-18476-5

Ⅰ.①教… Ⅱ.①刘… Ⅲ.①汽车驾驶员—应用心理学 Ⅳ.①U471.3

中国版本图书馆 CIP 数据核字(2022)第 257651 号

书　　　名：	教您读懂汽车驾驶心理学
著　作　者：	刘俊利
责任编辑：	王金霞
责任校对：	赵媛媛　龙　雪
责任印制：	刘高彤
出版发行：	人民交通出版社股份有限公司
地　　　址：	(100011)北京市朝阳区安定门外外馆斜街 3 号
网　　　址：	http://www.ccpcl.com.cn
销售电话：	(010)85285857
总　经　销：	人民交通出版社股份有限公司发行部
经　　　销：	各地新华书店
印　　　刷：	北京虎彩文化传播有限公司
开　　　本：	787×1092　1/16
印　　　张：	12
字　　　数：	265 千
版　　　次：	2023 年 6 月　第 1 版
印　　　次：	2024 年 10 月　第 2 次印刷
书　　　号：	ISBN 978-7-114-18476-5
定　　　价：	56.00 元

(有印刷、装订质量问题的图书，由本公司负责调换)

编委会

主　　编：刘俊利

成　　员：张艳霞　熊燕舞　张树林　陈同景

　　　　　魏小锋　葛秀宝　咸化彩　段素平

　　　　　蔡福东　陈锡征　张胜利　张　萌

　　　　　高　创　刘秀航　王之才　于晓辉

PREFACE 前言

汽车驾驶心理学是一门揭示汽车驾驶人心理现象的应用心理科学。作者经过多年不断的驾驶心理实践及研究探索,曾于1999年、2006年先后两次结集出版《汽车驾驶心理学》。为进一步创作更新、更好、更实用的汽车驾驶心理读物,满足公众的驾驶心理需要,作者在总结汽车驾驶心理学理论知识的基础上,吸纳了全国有关专家、教授及一线驾驶心理实践者的经验,进一步总结、提炼出现代驾驶生活所匹配的驾驶心理特征及内容体系,形成了《教您读懂汽车驾驶心理学》一书。相信本书能带给您更多的驾驶心理满足与愉悦。

历经20余年,我国已进入汽车社会。据公安部统计,截至2022年年底,全国机动车保有量达4.17亿辆,其中汽车3.19亿辆;机动车驾驶人达5.02亿人,其中汽车驾驶人4.64亿人。2022年全国新注册登记机动车3478万辆,新考取机动车驾驶证的驾驶人2923万人。逐年增长的汽车保有量,让道路变得越来越拥堵,交通事故越来越多。然而,人是有个性的,个性需求又是多元的、丰富的。驾驶人的个性是否适合安全驾驶、不同个性的驾驶人能否最大程度享受汽车驾驶带来的心理乐趣,值得社会关注和思考。

如今,我国驾驶人数量连续多年持续增长,驾驶技能已实现从职业性驾驶技术到生活性驾驶技能、从动作技能到心智技能的模式转变,驾驶需求也从低级安全需求转变为高级多元需求,汽车也从单一的交通工具转变为旅游休闲的载体。这些转变,无不渗透着安全和个体驾驶心理的变化与需求。

当前的机动车驾驶培训市场已经转变为买方市场。管理部门的简政放权及市场经济的改革,使驾校进入纯粹竞争时代,驾驶教学回归素质教育迫在眉睫。驾驶培训不仅涉及驾驶心理,还与因材施教的教学心理有关。因此,深刻揭示学车当中的一切心理现象,是驾驶心理学的重要使命,也是驾驶人拥有独立驾驶心理的基础。当然,更重要的是在道路驾驶环境中解决行车所有相关心理问题,以提高人因道路交通安全水平,改善依然严峻的道路交通安全状况。

本书由个性心理、训练心理和行车心理三篇组成。个性心理,解决一个人的个性是否适合开车或驾驶心理取向的达成等问题,其主要逻辑链是:个性—安全意识—驾驶动作与心理—驾驶适应性—学车达成。训练心理,解决学车当中的一切心理现象,其主要逻辑链是:驾驶技能(公共基础)—驾驶教学与考试心理—心理训练—智能训练。行车心理,解决驾驶人取得机动车驾驶证后驾驶过程中的一切心理现象,其主要逻辑链是:心理因素—心理差异—特殊心理。

本书既非纯学术性著作,又非纯经验型读物,而是以实践为主、兼顾一定理论基础,高度契合现代道路交通安全需求的一本以驾驶人为核心的汽车驾驶心理读物,兼具知识性、实用性、趣味性。本书适用于准驾驶学员、驾驶学员、驾校教练员、普通驾驶人、职业驾驶员、运输企业的安全管理人员以及所有汽车驾驶心理爱好者学习参考。

本书由山东交通学院高级工程师刘俊利主编和统稿,特邀有关专家参与编写。第一章、第四章由山东交通学院高级工程师刘俊利编写,第二章由山东交通学院副教授张艳霞编写,第三章由交通运输部科学研究院研究员熊燕舞编写,第五章由国家车辆驾驶安全工程技术研究中心副主任张树林编写,第六章由江西南昌亿安达驾校原校长魏小锋和北京鑫勇科技有限公司董事长于晓辉联合编写,第七章、第八章由山东省滨州市创盈驾服管理咨询服务有限公司总经理葛秀宝和济南工程职业技术学院蔡福东联合编写,第九章由山东交通学院副教授咸化彩编写,第十章由北京通汇科技有限公司总经理段素平和山东交通学院高级工程师刘俊利、北京鑫勇科技有限公司董事长于晓辉联合编写;第十一章由杭州技师学院高级实习指导教师陈锡征编写;第十二章由成都乘风驾校二级机动车驾驶教练员张胜利编写;第十三章由山东交通学院张萌教授及硕士研究生高创编写。

本书在总体设计上,按照逐版递进的思路,对学习驾驶前、学习驾驶中和考取驾驶证后(行车中)的所有驾驶心理现象进行了搜集、发掘、总结和归纳。但因时间仓促,瑕疵之处在所难免。不当之处,敬请广大读者批评指正。

刘俊利
二〇二三年一月一日

CONTENTS 目录

第一篇 个性心理

第一章 绪论 ·· 002
    第一节 心理学基础知识 ·································· 002
    第二节 汽车驾驶心理学研究对象与方法 ·················· 004
    第三节 学习汽车驾驶心理学的意义 ······················ 009

第二章 驾驶人的个性心理 ···································· 011
    第一节 驾驶人的需要 ···································· 011
    第二节 驾驶人的动机 ···································· 015
    第三节 驾驶人的兴趣差异 ································ 017
    第四节 驾驶人的性格 ···································· 019
    第五节 驾驶人的气质 ···································· 023
    第六节 驾驶人的能力 ···································· 027

第三章 驾驶人安全意识培养 ·································· 032
    第一节 安全意识的含义 ·································· 032
    第二节 安全意识的表现形式 ······························ 033
    第三节 安全意识的培养 ·································· 037

第四章 驾驶操作中的心理活动 ································ 043
    第一节 驾驶操作心理活动过程 ···························· 043
    第二节 驾驶人的感知信息 ································ 044
    第三节 感知信息的储存与判断 ···························· 049
    第四节 驾驶操作 ·· 053

第五章 驾驶适应性 ·· 057
    第一节 驾驶适应性的内涵 ································ 057

  第二节 驾驶适应性的特征 ··· 058
  第三节 驾驶适应性检测 ··· 067

■ 第二篇 训练心理 ■

第六章 驾驶技能形成规律 ··· 072
  第一节 驾驶技能的含义 ··· 072
  第二节 驾驶技能的形成过程 ··· 076
  第三节 驾驶技能形成的心理特征 ··· 087
  第四节 驾驶技能形成的规律 ··· 089

第七章 驾驶教学心理与调节 ··· 091
  第一节 常见驾驶教学心理 ··· 091
  第二节 教学心理障碍与调节 ··· 095
  第三节 因应教学心理策略 ··· 098

第八章 驾驶学习心理与调节 ··· 101
  第一节 理论学习的常见心理与调节 ··· 101
  第二节 场地驾驶学习的常见心理与调节 ······································· 104
  第三节 道路驾驶学习的常见心理与调节 ······································· 109

第九章 驾驶人心理训练 ··· 116
  第一节 感知觉能力训练 ··· 116
  第二节 注意力训练 ··· 119
  第三节 情绪控制训练 ··· 121
  第四节 意志训练 ··· 125
  第五节 放松训练 ··· 126

第十章 智能训练与教学心理 ··· 129
  第一节 常见智能训练方式 ··· 129
  第二节 学员选择智能训练的常见心理 ··· 136
  第三节 智能训练的心理与调整 ··· 138

■ 第三篇 行车心理 ■

第十一章 驾驶心理影响因素 ··· 142
  第一节 交通环境对驾驶心理的影响 ··· 142

	第二节　行人对驾驶心理的影响	147
	第三节　非机动车对驾驶心理的影响	149
	第四节　交通拥堵对驾驶心理的影响	151
	第五节　交通警察对驾驶心理的影响	153
第十二章	**驾驶心理差异**	155
	第一节　不同性别驾驶人的心理差异	155
	第二节　不同年龄驾驶人的心理差异	157
	第三节　不同学历驾驶人的心理差异	159
	第四节　不同驾龄驾驶人的心理差异	160
	第五节　不同车型驾驶人的心理差异	161
	第六节　不同地缘驾驶人的心理差异	164
第十三章	**特殊驾驶心理与调节**	167
	第一节　常见违法驾驶心理与调节	167
	第二节　应激驾驶心理与调节	174
	第三节　交通事故实时心理与调节	175
	第四节　防御性驾驶心理与训练	177
	第五节　自动驾驶时代的驾驶心理适应	178
参考文献		180

第一篇 PART 1

个性心理

  2020年7月7日，贵州某公交车发生坠河事故，导致公交车驾驶员和乘客共计21人死亡。事故最后认定，车辆、道路、其他人（驾驶员在驾驶中未受到其他人员肢体和语言的干扰）等一切客观因素均被排除。事故发生的主要原因与公交车驾驶员驾驶中的动机、情绪等个性心理有关。

第一章

绪　论

究竟什么是心理学、什么是个性心理、什么是汽车驾驶心理学,它们究竟有哪些内容,能帮助驾驶人到什么程度,解答上述问题,是编写本书的意义所在。

第一节　心理学基础知识

一、心理学概念

心理学是研究人心理现象产生、发展及其变化规律的科学。心理现象是人们时刻都在产生着的并且处于不断发展变化的一种自然现象,是我们每一个人都非常熟悉的现象。恩格斯把它誉为"地球上最美的花朵"。但心理现象是如何产生和发展的却不是一个简单的问题,它是宇宙间最复杂和最奇妙的现象之一,也是人类自古以来就企图认识的重大问题之一。

很早以来,人们就对这种心理现象产生了兴趣。如人眼可以看到五彩缤纷的世界,人耳可以聆听优美动人的钢琴协奏曲,人身可以享受令人刺激的汽车运动,人脑可以储存异常丰富的知识信息,时过境迁却记忆犹新。

心理现象主要包括两个方面:一方面是心理过程,主要包括人的感觉、知觉、记忆、想象、思维、注意、情感、意志等内容;另一方面是个性心理特征,主要包括能力、气质、性格等内容。

人堪称万物之灵。人能有思维逻辑,可以探索自然和社会的各种奥妙;人有七情六欲,可以通过感官满足各种需要。想方设法揭示它的本质、发生原因、解决心理困惑等,这就是心理学的使命所在。

二、心理学的研究对象

心理学的主要研究对象包括心理过程和个性心理两个方面。

1. 心理过程

人的心理过程是一个不断发展变化的活动过程,它以不同的形式能动地反映着客观世界的事物及其关系。人的心理过程又包括认识过程、情感和意志三个方面。

认识过程是人最基本的心理过程,它包括感觉、知觉、记忆、想象、思维和言语等。感觉反映事物的个别属性和特征,如颜色、明暗、声调、香臭、粗细、软硬等。在阳光明媚的春天,当你走进鲜花盛开的花园时,你会闻到花的芳香,会看到五彩缤纷的色彩;在初夏的早晨你打开窗户,会感到微风迎面吹来,十分凉爽,这些都是通过我们的感觉器官形成的各种感觉。知觉是在感觉的基础上形成和发展起来的,它反映的是事物的整体关系。在知觉中,人的知识经验起着重要的作用,我们对一个苹果的知觉就是通过对它的形状、颜色、味道等的感觉所形成的。人们通过感觉、知觉所获得的知识经验,在刺激物停止作用以后,并没有马上消失,它保留在人们的头脑中,并在需要时能够再现出来,如有的驾驶人在几年前遇到的一些特别事件还能够回想起来并且历历在目,这种积累和保存个体经验的心理过程就是记忆。同时人们凭借在头脑中保存的具体形象还可以进行想象活动,如我们可以想象将来驾驶着自己漂亮的汽车带着自己的家人去全国各地旅游。人们不仅能够直接感知客观事物,认识客观事物的表面联系,还能运用头脑中已有的知识经验去间接、概括地认识事物,揭露事物的本质及其内在联系和规律,这就是思维。人们还能够利用语言把自己思维活动的结果、认识活动的成果与别人进行交流,接受别人的经验,这就是言语活动。

人在认识客观世界的时候,不仅反映事物的属性、特征及其关系,还产生了对事物的态度,引起满意、不满意、喜爱、厌恶等主观体验,这种主观体验就是情绪和情感。事业的成功、朋友的支持、家人的团聚,都会使人们感到愉快、兴奋和喜悦;而工作的失败、朋友的疏远、亲人的争吵,都会使人感到沮丧、痛苦或愤怒。情感是在认识的基础上产生的,"知之愈深,爱之愈切",深厚的情感来源于对人、对事、对物的真切、深刻的了解,而情感又对人的认识产生巨大的影响。积极的情感能够引起人们认识的积极性,使人锐意进取;而消极的情感则会使人消沉,抑制人的认识与创造热情。

人不仅能够认识世界,对事物产生肯定或否定的情感,而且能在自己的活动中有目的、有计划地改造世界。这种自觉的能动性,是人和动物的本质区别。心理学把这种自觉地确定目的,并为实现目的而自觉支配和调节自己行为的心理过程叫作意志过程。意志与认识、情感有密切的关系。人对自己行为的自觉调节和控制,是根据他自己的认识和情感来实现的。而人的意志的坚强或怯懦又反过来对人的认识和情感产生巨大的影响。在人的心理过程中还有一种重要的心理过程,即注意,它是指人的心理活动指向和集中在当前所选择的认识对象和所需要的行为上。注意的基本作用是选择信息,没有注意的作用,人就无法清晰地认识事物,也无法准确而迅速地完成某种活动。

2. 个性心理

人在通过认识、情感和意志反映客观世界的过程中,还会形成各种各样的心理特性,造成人与人之间的心理差异。人们的心理特性有些是暂时、偶然出现的;有些则是稳固、经常出现的。人们在日常生活过程中所形成的某些稳定而经常出现的心理特性,便叫作个性心理特征,它是心理学一个重要的研究对象。

个性心理特征包括能力、气质和性格。例如,有的人记得快,有的人记得慢;有的人善于想象,有的人善于思考,这些是能力方面的差异。有的人比较温柔,有的人比较粗暴;有的人比较沉着,有的人比较急躁;有人敏捷,有人迟钝,这些都是气质方面的差异。有人谦虚谨慎,有人骄傲自满;有人积极进取,有人消极退缩;有人坚强勇敢,有人胆小怯懦等,这些都是性格方面的差异。正是这些心理特征,才使一个个体的心理活动与另外一个个体的心理活动彼此区别开来。

总之,心理过程与个性心理特征是个体心理现象的两个重要方面,是心理学的主要研究对象。它们之间是互相联系、互相依存的。人的心理特性是通过心理过程形成的,没有认识、情感和意志过程,就不会产生人在认识、情感和意志过程中的个性特点。同时,个性心理特征又调节着心理过程的进行,并赋予每个个体特色的心理过程。

三、个体心理与行为

行为是指有机体的反应系统,它由一系列反应动作和活动构成。例如,吃饭、穿衣、散步、娱乐,都是人类各种不同的行为。有的行为简单,只包含个别或少数几种反应成分,如光线刺激眼睛会引起眼睑关闭,食物刺激口腔引起唾液分泌等。有的行为则非常复杂,包括了较多的反应成分,如驾驶汽车、驾驶飞机等。这些行为由一系列的反应动作所组成,成为各种特定的反应系统。行为总是在一定的情况下产生的,引起行为的内、外因素叫刺激。光线刺激是引起眼睑关闭的刺激,食物是引起唾液分泌的刺激等。在人类的行为中,语言刺激具有重要的意义。通过语言发布命令,可以支配人的行为,也可以进行自我调节,使行为服从预定的目的。

行为不同于心理,但又和心理有着密切的联系。引起行为的刺激常常通过心理的中介而起作用。没有人对光线、声音、气味的感、知觉,就不会有人对光线、声音、气味的反应。人的行为复杂性是由心理生活的复杂性引起的。同一刺激可能引起不同的反应,不同的刺激也可能引起相同的反应,其原因就在于人有丰富的主观世界。主观世界的情况不同,对同一刺激的反应方式也不同。俗话说"饿时吃糠甜如蜜,饱时喝蜜蜜不甜"。有机体的内部状态不一样,对同一事物的反应也可能极不一致。

心理支配行为,又通过行为表现出来。一个人的视觉和听觉能力,是通过他对微弱光线和声音的反应表现出来的;一个人的记忆是通过他运用知识的活动表现出来的;一个人的情绪和情感是通过面部表情和动作姿势表现出来的。心理现象是一种主观精神现象,它看不见,摸不着,没有重量,没有大小和体积;而行为却具有显露在外的特点,它可以用客观的方法进行测量。我们可以通过观察和分析行为来客观地研究人们的心理活动。仅仅在这个意义上,心理学有时也可以叫作研究行为的科学,即通过对行为的客观记录、分析和测量来揭示人的心理现象的规律性。

第二节 汽车驾驶心理学研究对象与方法

一、汽车驾驶心理学的定义

凡是有人的地方就有人的心理活动,只要存在一个独立的行业,就有一门相应的心理学有待建立,这已成为心理学界人们普遍接受的观点。汽车驾驶心理学作为一门应用心理学,是属于心理科学的一个分支,它是以普通心理学的基本理论为基础来探讨驾驶人心理现象的产生、发展及其变化规律的科学。汽车驾驶心理学的主要研究内容包括驾驶人的个性心理、驾驶人的驾驶心理训练、驾驶人的行车心理等问题。

二、汽车驾驶心理学的研究对象

汽车驾驶心理学的研究对象是在普通心理学的基础上,重点探讨以下几个方面的问题。

1. 探讨汽车驾驶人的个体心理差异

人与人之间不仅存在着外在体质上的差异,而且也存在着心理上的差异。正是因为存在这些差异,不同的人在从事相同的活动时才表现出不同的行为方式,而这些不同的行为方式是造成人们活动效率出现差异的主要原因。汽车驾驶心理学探讨驾驶人的个性心理差异主要是为判断一个人是否适合驾车、如何进行驾驶心理训练、如何参加驾驶考试、如何安全驾驶等提供科学的依据。

2. 探讨谁更适合驾驶汽车

在学习驾驶中发现,有的人学习易如反掌,有的人比登天还难;在驾驶中发现,有的人胆大冲天,有的人却慢行如龟,这就是一个人是否适合开车的表现。在我国汽车兴起之初,并未考虑或重视对汽车驾驶人心理状况的适应性测试或自我心理优化。但是,随着社会经济的发展,人们生活品质的提高,是否适合驾驶变得越来越重要。

3. 探讨基于因材施教的驾驶心理训练

传统驾驶教学大都为"一刀切"的以教练员为中心的单向灌输式教学。随着买方驾驶培训市场的形成,驾驶培训需求更加多元化、个性化、品质化,一以贯之的旧模式已经远远不能满足现代社会大众对驾驶培训的需求。探讨对学员或教练员进行心理训练的方法和途径,探讨和研究驾驶培训过程中因材施教的基本规律,开辟驾驶学习的新模式,对于提高驾驶培训的质量和效率将会起到积极的推动作用。

4. 探讨学员在驾驶训练与考试中的心理调节

我国自20世纪80年代以来,汽车驾驶人培训和考试成为一个社会关注度极高的话题。尤其是在驾驶考试中,出现了大量的心理现象让学员措手不及,迫切需要教练员解决。解决得好,学员考试能发挥正常或超常;解决不好,可能会出现学员考试失常的现象。因此,通过驾驶考试心理的探索,在考试前、考试中施加一定的心理训练和辅导,达到学员应有的考试状态,取得理想的考试效果,无论对学员的身体健康,还是对学员的考试结果,或是对驾校都具有重要的实际意义。

5. 探讨汽车驾驶人驾车过程中的所有心理活动及调节

道路交通是不以人的意志为转移的,符合现代社会经济发展或人们品质生活的人与物的移动规律。但同时,人还具有个性。这种车流客观性与驾驶行为主观性的矛盾,难免出现冲突或不一致。例如,酒文化与安全驾驶的冲突、个性鲜明引发的路怒症、经济欲望与安全相悖的疲劳驾驶等，都会直接影响到道路交通安全。因此，探讨汽车驾驶人在驾车过程中的所有心理现象及解决途径，也是本书的重点。

三、汽车驾驶心理学研究的基本原则与方法

心理学中人的心理活动是一个内部的隐蔽的活动过程，是人们无法直接进行测量的，因此也是比较难以运用定性和定量的方法去直接进行分析的，而只能通过人们的言谈举止、外部表情及行为方式进行间接地测量和分析。因此，开展驾驶心理学的研究必须遵循一般科学研究的基本原则和方法。

（一）研究的基本原则

1. 实践性原则

汽车驾驶心理学是一门实践性较强的应用心理学，因此，汽车驾驶心理学应立足于驾驶人的驾驶实践活动，从驾驶人的工作过程去进行观察、分析、总结以便找出规律性的东西，而不是单纯从理论方面去分析。如果离开了具体的驾驶实践活动，就无法对驾驶人的各种心理现象作出客观的指导性描述和总结。坚持实践性原则不仅是驾驶心理学研究真实性的保证，也是驾驶心理学建立其自身学科体系的关键所在。坚持实践性原则，不仅在于要准确地揭示驾驶工作活动中出现的各种心理现象，同时还应该总结应用这些规律去指导驾驶人的驾驶活动，要将理论与实践有机地结合起来。目前心理学的研究大多数都是理论学术性比较强，实践性比较弱。随着我国驾驶培训行业（以下简称驾培行业）的发展，涌现出了许多对驾驶心理学感兴趣的教练员和管理人员，说明有一定理论基础的教练员，通过大量的实践，逐步发现了心理学的价值所在。

2. 系统性原则

系统性原则就是普遍联系的原则。人的心理活动并不是一个内部封闭的系统，它与外部的各种刺激及内部的主体状态都是紧密相连的。从系统论的观点来看，驾驶人是处于一个特殊的活动系统中，驾驶人的心理活动变化将会受到来自系统内部和外部的各种因素的影响和制约。研究驾驶心理必须进行多层次、多角度、全方位的系统分析。当一名教练员认识到心理学的重要性后，迫切希望补足心理学知识，其实就是遵循一个系统性的原则。只有学到系统的心理学知识之后，才能有力反馈到对学员的教学中。零星的、散落的心理学知识，并不能从根本上解决这些问题。

3. 发展性原则

任何心理现象的产生都是由特定的刺激变量引起的。当外界环境变化后，刺激方式也要发生变化，因此人的心理活动也必然发生变化，所以只有坚持发展性原则，才能具体问题具体分析，才能不停留在原有的某些结论上并不断总结出新的规律。坚持发展性原则，就是要从总体上、从动态的活动系统中去探讨驾驶人心理活动变化的规律，而不是局限在某一个别事实上，才能不被暂时的假象所迷惑。因为，有时个别的事件尽管是真实的，但不一定具有普遍性，而我们要寻找的是驾驶活动中带有普遍性的特定的心理规律。正如看一个人的

人生,总要以发展的眼光看待,不能将一个人定格到某一个局部。人的心理活动也一样,刚刚还感觉那样,这会儿就已经变成了这样。

当然,驾驶心理学的研究除了应该遵守上述基本原则外,还必须广泛地借鉴和运用其他学科研究的各种有效方法。如在驾驶培训中还要用到教育学有关的教学原则,在驾驶操作中还要用到汽车运动学中的规律。只有掌握了正确的研究方法,才能真正得出有价值的科学结论。

4. 科学性原则

本书并非一般意义上的编写,是循环往复、不间断的科学过程。经济在发展,社会在进步,道路交通也在发展。交通是国民经济发展的命脉,交通安全又是道路交通的基础,要适应经济的快速发展,必须要有一个安全、有序、畅通的道路交通系统。发现、挖掘驾驶人的心理现象,解除驾驶人的心理困扰,必须使用科学的态度、方法与途径,这样才能有效解决道路交通发展中驾驶人的心理问题。

(二)研究的方法

驾驶心理学的研究主要采用一般心理学的基本研究方法,主要包括观察法、调查法、心理测量法和实验法等方法。

1. 观察法

观察法,就是指在一般日常生活条件下,有目的、有计划地通过对被研究对象的言谈举止等外在行为表现进行观察、分析、研究,以了解其内在心理活动的方法。

观察法是在社会科学研究中使用很广的一种方法。人的心理现象,严格来说是无法直接观察到的,我们主要通过观察人的外部行为反应状态和特征来推断人的心理特征。即"听其言,观其行,而知其人"。研究驾驶人的心理活动,主要是考察驾驶人这个特定角色的心理活动。因此,利用观察法进行研究时,我们只是考察驾驶人作为角色活动时的心理特点,而对非角色的心理活动则不做详细研究。

运用观察法,有两点必须注意:一是要坚持长期观察;二是要选取重点。只有坚持长期观察,才能获取较全面的第一手材料,避免片面性;只有选取重点,才能找出第一手的材料,使研究工作富有价值。由于驾驶人的活动范围较大,势必给研究工作带来较大的困难。此外,由于观察研究带有较大的主观色彩,容易掺入个人的主观印象,使得出的结论出现误差。尽管如此,观察法还是被普遍运用于各种研究中,因为利用观察法所获取的资料往往较生动形象。由于是在自然条件下进行的观察,被研究对象的心理活动是一种自然地流露,不是故意表演,因此,这种研究方法具有一定的客观性,在进行一般描述性分析的研究中,人们较广泛地使用这种方法。

2. 调查法

调查法就是根据研究的目的,广泛收集各种资料,加以全面分析比较,从中找出规律的方法。调查法也是应用非常广泛的一种研究方法。根据获取资料的方式不同,调查法又可以分为谈话法、问卷法、阅读资料法等。

（1）谈话法。谈话法就是有目的地通过调查者和一个或若干个人交谈，以获取有关资料、了解其心理活动的方法。这种调查方法是选取某些典型事例进行的，它适用于被调查人数较少的情况。谈话法是一种比较直接的面对面的调查法，在谈话过程中，应注意交谈的方式、提出问题的方式以及交谈的心理气氛。只有在双方相互信任的情况下，才能消除被调查者的心理紧张和顾虑，从而了解和掌握真实的第一手材料。

（2）问卷法。这种方法适用于对多数人的调查。利用问卷进行调查时，应注意问卷编制的科学性、合理性，使问卷内容明确清晰，便于被调查者回答。问卷法又可以分为当面问卷法和通信问卷法两种。当面问卷法是指在调查者直接指导下被调查者回答问卷的方法，一般用于被调查者比较集中的地方，这种方式的问卷一般回答比较完整，回收率较高。通信问卷法是指调查者与被调查者不直接见面而利用通信进行联系的一种方式。它可以较为方便地对成千上万的人进行规模较大的调查，但问卷的回收率及有效率都较低，因而适用于调查问题较简单的调查研究。

（3）阅读资料法。在调查中，收集各种已成文的书面材料，进行分类归纳整理，从而进行研究，这种方法被称为阅读资料法。运用这种方法开展研究，要求必须拥有大量的资料，这样才能从众多的资料中进行提取加工；否则拥有的资料很少，难以得出真实的结论。这种方法和其他方法结合起来使用则更为有效。

3. 心理测量法

心理测量法是指通过使用各种标准化的心理测量量表对被测试者进行测量，以评定和了解被测试者心理特点的方法。例如常见的智力测量、态度测量、人际关系测量、成就动机测量、人格测量等都是大家公认的较科学的标准心理测量量表。使用这些标准化的测量量表，可以对驾驶人的许多心理特征进行测量和分析。运用心理测量法应该注意的问题是应选取那些具有较高信度和效度的标准化程度较高、较科学的量表，以提高心理测量效果的可靠性。当然，即使这样，在对测量结果进行分析时也应该注意与其他研究手段结合起来，以使研究结果更加符合实际。

4. 实验法

这种方法是指研究者有目的地严格控制环境中的各种变量，人为地改变和控制条件，以使一定心理现象产生，从而进行分析研究的方法。实验法的优点在于研究者可以通过条件控制引起他所需要了解的某种心理现象，而不是消极地等待它的出现。研究者通过控制和改变条件，可以预料这些条件对被测试者的心理现象的影响；改变一些条件而使另一些条件不变，可以揭露一定的心理现象产生的原因；反复进行实验，积累一定数量的材料，可以作为判断被测试者的心理现象的典型性和偶然性的依据。实验法又分为两种，一种是自然实验法，另一种是实验室实验法。自然实验是在日常生活的自然条件下进行的，在这种条件下，一方面研究者要改变某些条件，另一方面又利用日常的自然情景来探讨某些心理现象变化的规律，如在驾驶人行车活动中对其安全驾驶态度进行研究就可以采用自然实验法进行。自然实验法的优点是密切结合实验研究和日常活动，实施起来比较自然、方便，而且所得结果也比较切合实际。实验室实验法是指在人为地严格控制条件的情况下在实验室进行的研究方法。这种方法目前在科学研究中被大量采用。实验室研究需要对条件有严格的控制,一般情况下需要有一定的实验设备和测量手段,且需要经过精心的实验设计。运用实验室实验法对人的心理现象进行研究,可以很容易地发现各种事件的因果关系,并允许人们对实验结果进行反复验证。但实验室研究法也有某些缺陷,由主试严格控制条件,使实验情景带有较大的人为性质。被测试者处在这样的情景中,又意识到正在接受实验,就有可能干扰实验结果的客观性,并影响到将实验结果应用于日常生活中的有效性。

第三节 学习汽车驾驶心理学的意义

随着我国经济的发展和人民生活水平的不断提高,汽车在人们的生活中越来越普及。因此,研究汽车驾驶心理对判断一个人是否适合驾车、驾驶培训及管理、驾驶考试、行车安全将会越来越重要。为了能够培养出合格的汽车驾驶人,除了需要不断改善驾驶训练设备外,还需要不断研究汽车驾驶人的心理特点及教学特点,总结汽车驾驶培训的经验,探索汽车驾驶人培训的基本规律,以不断提高汽车驾驶培训质量。具体来说,学习汽车驾驶心理学有以下5个方面的作用。

一、知悉驾驶适应性,追逐安全极致驾驶

对于驾驶,有一个比较流行的说法是"开车是福也是祸",这就体现了驾驶适应性的问题,这说明一个人并不是任何事情都能做,有些事情可能比较适合,有些事情就不见得适合。适合的事情做起来就比较容易、比较安全,不适合的事情做起来就比较难,可能也很危险。通过研习汽车驾驶心理学,不论是教练员还是学员,不论是汽车驾驶人还是安全管理工作者,都能认识到这一心理现象的客观存在,至少在个人未来是否追逐安全的极致驾驶生活的过程中,有一个可以考虑的指标。

二、洞悉学员个性特征,以利因材施教

在驾驶训练过程中,教练员只有了解学员的认识活动特点、能力水平以及他们的兴趣、爱好、性格、习惯等特征,才能根据这些特点有效地对学员进行教学,才能创造性地开展工作,完成驾驶培训任务。例如,教练员可以根据学员的注意特点来组织教学,使学员在学习过程中能够集中注意力;根据记忆的基本规律,指导学员复习、巩固已学过的知识和技能;根据思维的规律,促使学员加深对教学内容的理解;根据技能形成和发展的规律,尽快地使学员掌握驾驶技能,提高驾驶水平。由此可见,作为一名汽车驾驶教练员,只有了解和掌握了学员的心理发展规律,有针对性地采取教学措施,并根据学员的不同心理特点来不断地改进教学方法、调整教学措施,才能收到良好的教学效果。此外,作为汽车驾驶学员,只有认识和了解驾驶学习过程中的基本规律,了解和掌握自己的心理特点,才能不断调整自己的心理状态,进而不断提高自己学习汽车驾驶的自觉性和主动性。

三、调节驾考心态，使考试发挥正常

绝大部分驾驶学员在驾驶考试时会感到紧张。不但学员如此，有些教练员甚至比学员还紧张。由此产生了驾驶考试时的各种笑话，如"报告考官，请求起飞？"等。之所以驾考时会产生如此多的笑话，追根寻源，在于从学车、教车到考试的系列驾驶活动中，驾驶考试是最关键的驾车资格的决定环节。而这种深度体验，必须通过研习汽车驾驶心理学，让学员、教练员达到最佳的心理状态。

四、熟知驾驶心理差异，提高安全行车水平

通过对道路交通事故的统计分析可以发现，90%以上的交通事故是由驾驶人的因素造成的。因此，作为汽车驾驶人，熟悉和了解各种心理因素对驾驶活动的影响，避免各种不良的心理刺激，在驾驶活动中始终保持良好的心理状态对安全行车具有非常重要的作用。特别是对于刚刚学会驾驶的新驾驶人来说，学习汽车驾驶心理学则显得尤为重要。因为，大多数新考取驾驶证的驾驶人既缺少实际的驾驶经验，又不具备优秀驾驶人的良好心理素质，在遇到一些特殊情况时不知道如何去处理。特别是在遇到非常紧急的情况时，更容易手足无措。而通过学习汽车驾驶心理学，不仅可以了解驾驶人在行车过程中的一般心理活动规律，而且还可以学习在特殊情况下处理各种突发事件的应对措施，以不断提高驾驶人的驾驶水平。

五、提升管理品质，促进团队安全建设

团队的心理训练与建设非常必要。国家体育总局体育科学研究所丁雪琴等人认为，北京奥运会上中国体操队、举重队的成绩与赛前、赛中的心理训练和指导有很大的关系。主要采取了4个方面的心理准备和心理管控：(1)备战期间为运动员进行系统的心理监测和针对性的心理训练，有效地提高了运动员的竞技心理技能水平；(2)赛前为运动员制定个性化的比赛心理对策库，为运动员在奥运会比赛期间应对赛场局面的变化和增强抗干扰能力提供了心理准备；(3)赛前针对北京奥运会的主场作战容易产生心理压力过重的特点，提出了应对主场作战压力过大的应对方案，为运动员在比赛期间进行压力调节提供了心理学支持；(4)心理科技服务为体操和举重运动员们在北京奥运赛场上夺取优异成绩起到了积极的作用。作为管理驾驶人的安全管理人员，只有了解和掌握驾驶人的基本心理特点，才能有针对性地开展运输安全管理工作，自觉运用心理学的基本原理来调动驾驶人的工作积极性，提高驾驶活动效率；只有了解和熟悉汽车驾驶人的心理卫生状况，才能有效地采取各种措施去维护驾驶人的心理健康，避免驾驶人心理疾病的发生；只有了解和掌握驾驶人的安全驾驶态度和职业道德意识，才能采取有效的措施防止交通事故的发生。

总之，研习汽车驾驶心理学，不仅能判断一个人是否适合驾驶汽车，对于驾驶学员、驾驶培训教练员、普通驾驶人、职业驾驶员以及运输企业的安全管理人员都有非常重要的作用，尤其是对那些迫切需要提升驾驶心理素养来提高驾驶生活品质的人们也是十分必要的。

第二章

驾驶人的个性心理

人的个性心理是指在一定的先天生理基础上、在一定社会历史背景下所表现出来的独特的、稳定的和本质的个性心理倾向和个性心理特征的总和。个性心理倾向是促使人进行活动的基本动力，也是人的个性中最积极、最活跃的因素，它包括人的需要、动机、兴趣、理想、信念、世界观和价值观等内容。个性心理特征是指人在各种心理活动过程中经常地、稳定地表现出来的心理特点，它包括气质、性格和能力。

驾驶人的个性是影响道路交通安全的一个重要因素。大量研究表明，驾驶人的某些人格特征在特定环境下极易构成危害，使得驾驶任务的复杂性增加，从而导致事故的发生。

案例 2-1

北京市某法院曾判决一起因客车驾驶员在车未停稳前开启车门致使乘客摔出车外，导致头部受伤经抢救无效死亡的交通事故案件，客车驾驶员被法院依法判处有期徒刑一年六个月，缓刑两年。另外一个案例，某驾驶人经过一交叉路口时，遇前方一辆车正在等候通行，于是他打了一把转向盘想从右侧超过去，不料却与另一辆汽车发生剐蹭。这两则交通事故的形成都与驾驶人性格急躁相关。研究表明，由于人与人之间的个体差异，使得交通事故往往集中发生在某一类人的身上，这些人由于具有某些个性特征，因而比其他人更易发生交通事故。也就是说，在相同危险程度条件下连续工作的一群人中，事故总是集中地发生在少数人身上的这一现象，即事故倾向性。

第一节　驾驶人的需要

需要是人的重要心理现象，是动机产生的源泉，也是推动人们从事各种活动、完成各项工作任务的动力。认真研究和掌握驾驶人基本需要及其特点，满足和激励正当合理的需要，控制不合理的需要，对于保证交通安全是非常必要的。

一、驾驶人的需要与交通安全

需要是个性心理倾向性的重要组成部分,通常以愿望、意向、动机、兴趣等形式表现出来,并通过外部行为使这种需要获得满足。当驾驶人符合社会需要的个体需要得到满足,便会产生积极的动因、增力的情感、坚强的意志,便会促进交通安全。反之,如果这种需要不合理,得不到满足,则会产生消极的动因、减力的情感、薄弱的意志,从而会妨碍交通安全。

二、驾驶人驾车过程中的需要

在实际生活中,需要总是多种多样的,形成一个需要结构。不同的驾驶人具有不同的需要结构,同一驾驶人在不同的时期和环境下,也会产生不同的需要结构。驾驶人在驾车过程中多种多样的需要,大致体现为以下8个方面。

1. 安全需要

安全是驾驶人的基本需要,但并不是唯一的需要。一般情况下,安全需要应当是驾驶人的第一需要。人在从事各项社会活动中,都应当考虑活动的安全性,但不同的活动,对安全需要的要求有很大差异。人在静态环境中,如学生坐在椅子上看书、人们坐在沙发上看电视等活动,一般不会有什么危险性。但是,在动态的道路交通活动中,汽车运行状况与客观环境条件的不协调,道路上各交通元素之间在通行关系上的不协调等矛盾,随时会导致交通冲突,诱发交通事故,危及人的生命。

驾驶人需要结构中的多种需要之间往往会发生相互冲突和矛盾。例如,安全与自我表现这两种需要有时就是矛盾的。在有些场合,采取不安全的做法比采取安全的做法更能引人注目,驾驶人可能为了自我表现而采取不安全的做法;安全与节省时间之间也会发生冲突,采取安全的做法比采取不安全的做法要花更多的时间,驾驶人可能为了节省时间而采取不安全的做法。基于安全需要,新驾驶人在选择路径时,更倾向于选择环境复杂度不高、通行条件较好的对驾驶技术要求不高的路径。在行为选择上,新驾驶人的安全需要处于较高水平。而对于具备一定经验的驾驶人来说,安全需要与其他需要往往会产生冲突。

道路交通安全管理部门始终认为,安全需要是道路交通活动中处于第一位的需要。因此,驾驶人的安全需要应该得到不断的强化,让行车安全成为驾驶人的第一个需要,这样,驾驶人的安全行车意识才能牢固,安全行车才有保障。

2. 速度需要

汽车作为一种快速的交通工具,驾驶人都希望以较高的车速行驶。驾驶人在高速公路上驾驶,由于具备较好的道路条件,在本来已经以较高的车速行驶的情况下,会产生进一步提高车速的需要(达到130km/h,甚至想达到150km/h以上),即所谓的"越快越嫌不快"。

汽车在一般公路上行驶,当车速快的汽车在接近或跟随速度很慢的汽车时,车速快的汽车驾驶人就会对前车的速度产生不满,产生超车需求,以满足其快速行驶的需要。从中可以看出,超车需要是驾驶人对快速行驶的需要引起的。

汽车处于拥挤的车流中时,驾驶人会对当时的车速极为不满,产生急躁情绪,易诱发强行穿插等交通违法行为。当驾驶人驶离拥挤车流,进入自由流状态时,驾驶人提速的需要就更为强烈,容易产生超速行驶。

3. 时间需要

人的出行过程,总是伴随着时间计划。也就是说,每次出行驾驶人都事先计划了诸如路上的行驶时间,什么时刻到达目的地,是否容许迟到等与时间有关的内容。驾驶人往往依据近期交通状况来制订出行计划。例如,在限定的出行路径上,对哪些路段或路口有可能出现拥堵,出现拥堵后延误时间是多少,能否在规定的时间到达目的地等内容,必须进行预测。如果驾驶人以正常的交通状态来预测行驶时间,而在实际出行的过程中,恰恰出现了异常交通状态,如道路拥堵状态,就会破坏出行前制订的出行时间计划,驾驶人首先预感到"可能要迟到了",由此,时间需要将成为第一需要,特别是目的地到达时刻不能拖延时,这种时间需要变得更为强烈。

驾驶人出行前选择路径时,通常选择所需时间最短的路径。这也是时间需要的一种具体体现。

4. 低耗需要

驾驶人在驾驶中普遍具有省时、省力、省油的需要,他们总是希望选择最短的或最省时的路线,尽早到达目的地,尽快完成驾驶任务。因此,越是时间紧迫,这种需要就表现得越明显、越突出。若是单位对油耗管理严格,还会产生强烈的节油需要,从而出现超速行驶、为了节油而空挡滑行等不安全的驾驶行为。

5. 运输任务需要

从事交通运输的驾驶员,其心理状态与行为往往受到运输任务的左右。例如,出租汽车驾驶员为了完成一天的营业额,必须完成足够量的运输任务。当其身体不适或极度疲劳时,也会坚持工作,这种状态很容易诱发交通事故。

6. 自我表现需要

有些驾驶技能熟练的驾驶人,喜欢炫耀自己。他们往往在某种特定情形下,会有意识地展示一下自己高超的驾驶技术。

7. 通畅需要

驾驶人在驾驶过程中,道路的通畅、能顺利及时到达目的地的需要,是驾驶人普遍的、基本的心理需要表现。

驾驶人在驾驶过程中,即使时间需要不强烈,也希望在通畅的交通状态下行车。当某一车道或某一路径发生交通拥堵时,驾驶人就会选择未发生交通拥堵的车道,甚至绕路。驾驶人选择绕远路,首先,基于对路网比较熟悉,绕行时间长度至少可以与拥堵时间长度相当;其次,驾驶人对车道或路径的选择,更多的是基于通畅需要。

8. 不合理需要

所谓不合理的需要,是指那些违背社会道德和违反法律规范的需要,其典型表现有:①为了个人多赚钱,超高、超重装载与超速行驶。②虚荣心较强,不接受纠察和劝告。③有意侵犯他人的优先权,抢道行驶。④对其他行驶的汽车进行报复。⑤闯红灯,铤而走险等。驾驶人的不合理需要导致的错误行为,很容易造成交通事故。

此外,驾驶人行车过程中的需要还有很多,如寻求刺激的需要、方便的需要、舒适的需要、赢得乘客尊重的需要等,这些需要在一定的诱因下,会促使驾驶人产生相对应的驾驶动机。

三、驾驶人交通安全需要的特点与引导

(一)驾驶人交通安全需要的特点

安全需要在人的各种需要中占有十分重要的位置。因为只有避免意外伤害,保障生命安全与身体健康,才能为满足其他需要提供基本条件。如果连生命和健康都失去了保障,那么再高级的需要也无从谈起。因此,安全是生产和生活头等重要的大事。由于驾驶活动的特殊性,交通安全需要更具有特殊的意义。一般来说,驾驶人交通安全需要具有以下3个特点。

1. 自我保护的需要比较强烈

现代交通事业突飞猛进发展,汽车数量迅速增多,交通事故已成为世界一大公害。在这种情况下,促使驾驶人认真考虑如何预防或减少交通事故,保证行车安全已显得非常必要。

驾驶人的自我保护,一是指避免自我伤害,二是指避免使他人受到伤害。驾驶人顺顺利利出行,安安全全地回家,加强自我保护,预防交通事故,成了工作与生活的第一位需要。但是,我们也必须看到,有的驾驶人交通安全需要的层次还比较低,没有把个人安全需要与社会需要联系起来,即仅仅把交通安全的需要看成是为了"自己不出事",没有认识到保障交通安全是应该履行的社会责任和义务,是维护交通秩序的需要。只有自我保护的需要是不全面的,作为驾驶人,不仅要有强烈的自我保护意识,更应该有强烈的保护他人的意识,把保证他人安全需要也作为自己工作的一部分。只有把个人安全需要与他人安全需要及社会需要联系起来,才能真正树立安全观念,在心理上建立起持久稳定的需要。

2. 交通安全需要不够稳定

有些驾驶人安全需要常常受客观外界环境和自身心理因素的左右,不够稳定,波动较大,呈现时强时弱的状态。例如,离年中或年终较近,或即将评安全奖时,安全需要较为强烈,而平时则较为淡漠;心情好、情绪高昂时,容易把安全需要放在心上,心情欠佳、情绪低落时,则容易忽视;上级抓得紧或有交通警察监督时,能唤起安全需要,而当上级抓得不紧或没有交通警察监督时,往往置安全需要于不顾。这些都说明,驾驶人对安全需要还缺乏足够的认识,缺乏高度的自觉性。

安全不仅是驾驶人本人的需要,也是全家人的需要。"一人安全,全家幸福;一人肇事,全家痛苦",所以,家庭的积极影响能促使驾驶人强化安全需要的心理。上班前爱人的叮嘱"千万注意安全"、孩子的期盼"爸爸,一路平安!"是能唤起驾驶人注意交通安全的意识的。

3. 不善于处理安全需要与其他需要的关系

有些驾驶人在安全需要与其他需要发生矛盾的时候,自我调节能力不强,不善于处理安

全需要与其他需要的关系,有时为满足其他需要而忽视安全需要。例如,有的驾驶人只考虑多赚钱,把安全需要丢在一边;有的驾驶人不加节制地娱乐,拖着疲倦的身体驾驶,这样就难免不出事。正确的做法是:娱乐活动要适度,特别是驾驶人,更需要休息好。

(二)对驾驶人交通安全需要的引导

对驾驶人交通安全需要的引导,就是对驾驶人合理而又有条件实现的需要要及时予以满足,对不合理的需要要进行抑制,对属于合理但暂时不能实现的需要,要积极创造条件争取解决。要引导驾驶人个人需要服从社会需要,提高思想觉悟,增强自我控制能力,把交通安全摆在第一位。驾驶行为其实是个人责任感的一个综合反映,一个对自己、对家庭、对社会负责的人是不会危险驾驶的。所以,驾驶人要注意培养个人责任感,尊重生命,关注公共安全,自觉遵守法律法规,自觉维护公共秩序,对生命和法律常怀敬畏之心。驾驶人还要多学习交通法规,多关注交通事件,多了解汽车性能,多提高驾驶技能;发现自己情绪不稳定时要主动进行自我调节,保持良好心态;开车前做好汽车安全检查工作,行车中保持专注状态,摒弃消极情绪和外界影响,消除恐慌、侥幸等不良心理状态;遇到紧急事件时保持冷静,沉着应对,及时采取有效措施,保证生命财产安全。

第二节　驾驶人的动机

交通安全管理工作的实践表明,驾驶人工作的可靠性,不仅受到驾驶技术水平的影响,而且在很大程度上还受到驾驶人动机的影响。动机是指为满足某种需要而进行活动的念头或想法。它是推动人们进行活动的内部原动力,是激励人们去行动以达到一定目的的内在原因,它引发人们从事某种活动,规范自我行为的方向。驾驶人的动机主要包括冒险和安全两个方面,一般而言,前者有可能导致交通事故的发生,后者则相应地会减少交通事故的发生。

一、驾驶人冒险动机及产生的原因

冒险动机是指明知有危险,但有强烈地闯一下的冲动。驾驶人在驾驶操作活动中,有时会面临冲突,如安全与省时的冲突、安全与效益的冲突、安全与舒适的冲突、安全与自尊的冲突、安全与群体接纳的冲突等。如不能正确处理这些动机冲突,不把安全动机摆在重要的地位,甚至完全忽视,操作决策就会倾向于冒险。

驾驶人一方面不愿造成自己或他人伤亡,不愿因交通违法或交通事故受处罚,注意保持行车安全,对人民的生命财产安全有高度的责任感;另一方面,又想减少时间和精力的耗费,增加舒适感,能证实自己的能力和勇气,能引人注目和被人尊重。这种冲突的结果,表现为对奖惩价值所作的主观估计。如果把每个需要的满足称为奖励,把不满足称为惩罚,则可以对奖惩值进行主观估计,并称之为主观奖惩价值,即得到奖惩之前对奖惩所作的估计,实际得到的奖惩价值会影响今后对奖惩的估计。

在实际道路驾驶中,驾驶人所选择的任何反应,总是与各种不同的奖励和惩罚发生联系。例如,一个加速动作可能会节省时间(奖励)、显得有魄力(奖励)、引起车祸(惩罚)、被交通警察罚款(惩罚)等。其中,有些奖励或惩罚对他来说意义更大些,另一些则意义较小些。把这些奖惩价值综合起来,就是他的主观奖惩价值。

　　一般情况下,单独有主观奖惩价值,驾驶人还不会产生行为决策,他还要估计这些奖惩实现的可能性,即主观风险率。主观风险率是驾驶人通过对客观情况和自身能力两方面的认识和了解,并在此基础上确定自己所要采取的行动,与此同时,驾驶人对这个行动所包含的危险程度会作出主观估计,这种主观估计称为主观风险率。与之相对应的是客观风险率,即客观上发生事故的危险程度。

　　驾驶人产生冒险动机的主要原因有两个,一是主观风险率低于客观风险率,即由于驾驶人经验不足或错觉等原因,低估了客观情景和自己行为的危险性,导致思想上敢于采取实际上较为冒险的行为;二是与安全相冲突的某种需要过于强烈,使得满足于这种需要的主观奖励价值大大升值,这促使驾驶人有意识地采取冒险行动去满足这种需要。

　　驾驶人的主观奖励价值和主观风险率事实上存在着多种交互作用。一般来说,动机、主观风险率、主观奖励价值三者的关系如下。第一,动机的产生要以主观风险率为基础。如果主观风险率很高,即使驾驶人有某种与安全相冲突的需要,他可能不敢采取冒险行动。第二,主观风险率对动机系统的影响并不总是占绝对优势。如果某种行为与极高的奖励价值有关,即使驾驶人估计到风险不小,也可能甘心冒险采取这一行动。第三,在某种强烈的与安全有冲突的需要的驱使下,驾驶人的认知判断可能发生扭曲,从而有意或无意地低估了危险性。

　　在驾驶行为中,驾驶人可能已经估计到风险的大小,可又甘心冒一定程度的风险,这是由于驾驶人对危险的主观估计往往比客观存在的程度要低,其结果使驾驶人所采取的行为带有一定的风险性。当然,不一定是最危险的。所以,从多方面来看,主观奖励价值与主观风险率的力量对比决定了动机系统的变动方向。

　　此外,虽然冒险动机有可能会导致交通事故的发生,但是还存在着有些冒险行为并不被交通管理人员发现,即不会受到惩罚的情况。从交通事故的发生来看,驾驶人做出冒险动作后,不一定会出事故或受到处罚。从交通心理学理论分析的角度看,假若驾驶人屡次采取冒险行为,既没有发生交通事故,又没有受到任何惩罚,则下一次驾驶人主观上认为受处罚或发生事故的风险会更低。相反,一次冒险后的交通事故,足以抑制驾驶人今后的冒险行为。

二、驾驶人的安全动机及培养

　　驾驶人的安全动机是指驾驶人为获取某种目的的安全行车心理驱动力。当驾驶人的主观风险率高于或接近客观风险率时,驾驶人就会产生安全动机。根据弗鲁姆期望理论,动机＝效价×期望概率,那么,驾驶人的安全动机等于安全行车在其心中的价值与其对安全行车成功信心的乘积。

　　动机性质不同,推动力强度也不同。驾驶人的动机一般分为指向活动性(如只想开车过瘾)、评价性(在完成任务后得到评价)、吸引性(对开车有个人爱好和兴趣)、群体激发性(与别人比较)、社会意义性(对人民负责、积极上进)。基于上述原理,要激发和强化驾驶人的安全动机就应当扬长避短。

首先,要牢固树立"安全第一"的思想,提高驾驶人安全行车的效价。可结合思想政治教育、交通安全教育、算账法(算政治账、经济账、他人和个人的家庭幸福账)和现场现身教育(到事故现场观看、分析,访问肇事者、受害者)等方法,帮助驾驶人从思想深处弄清安全行车的意义和交通事故的危害,认识到交通事故的发生,不但从经济上给个人、集体和社会造成重大损失,尤其会对受害者各方精神上造成无法估量的打击。在肇事的瞬间,驾驶人即使死里逃生,精神上也会形成终生难以弥合的创伤。

其次,要破除"事故难免论",确立"事故出自麻痹、安全来自警惕"的认识,提高驾驶人安全期望概率。要提高驾驶人技能,摸索安全行车规律,增强安全行车信心。

最后,加强驾驶人安全培训,创造良好的社会支持氛围。强调驾驶人安全驾驶技能和策略的培训,增强驾驶人的驾驶经验。随着安全驾驶技能和策略的培训,驾驶人的驾驶经验更加丰富,从而促使其主观风险率的估计更加准确,避免出现认知判断上的偏差。同时,社会压力对汽车驾驶人的驾驶动机有一定的引导作用。这里的社会压力是指驾驶人周围人群对其产生的某种态度或评价。驾驶人往往会为了周围人的肯定而采取某些冒险的行为;或者因为周围人的唆使而冒险,因此,在全社会建立提倡交通安全的意识氛围是十分必要和迫切的。良好的社会压力会促进驾驶人的主观奖惩价值评估发生积极的变化,从而走向有利于交通安全的一面。

第三节　驾驶人的兴趣差异

兴趣亦称爱好,是人们认识和从事活动的强大动力。凡是符合人的需要和兴趣的活动,就容易提高人活动的积极性,使人轻松愉快地从事某种活动。兴趣在人的心理行为中具有重要作用,一个人对某事物感兴趣时,便对它产生特别的注意,对该事物观察敏锐、记忆牢固、思维活跃、情感深厚。

一、兴趣及其特点

1. 兴趣

兴趣是指人力求认识和趋向某种事物并与肯定情绪相联系的个性倾向。人对有兴趣的事物总是心向神往,优先给予注意。兴趣的产生既受主观因素影响,也和客观条件有关。有吸引力的事物能够引人注意,这是客观条件的作用,个人知识经验的丰富性,教养水平的高低,这些主观因素对兴趣的产生也起着非常重要的作用。研究表明,中等难度的任务与个体能力相适应,最能引起人的兴趣。

2. 兴趣的特点

一般来说,兴趣有以下 3 个特点。

(1)兴趣的指向性。人总是对某一件事物、某一种东西感兴趣,并积极地集中于这一项活动。这种指向并不是偶然的、一时性的倾向,而是经常性地主动地去观察和思考某一事物,并渴望研究它、获得它。

(2)兴趣的情绪性。索里(J. M. Sawrey)认为"把兴趣与增加快感"联系起来;《中国大百科全书》教育卷也把兴趣看成是"情绪状态"。人在从事他所感兴趣的活动时,总会处在愉快、满足、兴致淋漓尽致状态,相反则认为是一个苦差事。

(3)兴趣的动力性。当人们对某一件事物感兴趣的时候,会调动身体中所有能量出色地完成任务。

有些人喜欢驾车,可以说从小就看汽车图片、购买玩具车、到公园玩电动玩具车,甚至能说出汽车的来源、来历等成人难以掌握的知识。长大以后,开始玩真实的汽车,学车、购车、自驾游、冒险、换车等,甚至到了痴迷的程度。

有些人喜欢教学,从小就善于表现自己,善于表达、口齿伶俐、勇于钻研、尊师重道、热爱学员,甚至不辞辛苦、不远万里、想方设法去寻找社会上、教育界中"闪光"的知识和技能点,这都表现了一名教练员对教学的兴趣。

二、兴趣与年龄

兴趣与人的年龄有正比的关系。研究表明,从小学后半期到中学,兴趣发生明显变化。儿童喜欢上网游戏,其实真正的游戏类似汽车驾驶模拟器。进入青年期的儿童进行体育运动、读书、看电影、听音乐等已不只是为了游戏,而是向认知、文化追求的高度发展。青年期的认识兴趣在对象和内容上都在发生变化,不但内容丰富了,也显现出个性兴趣特色。进入青年晚期,由于他们的身心高度发展,受所学专业教育、个人理想和人生观的影响,他们的兴趣也有了新的特点,如有的喜欢旅游、有的喜欢读书、有的喜欢集邮、有的喜欢书法、有的喜欢绘画等。由于人的差异,有些人的兴趣可能仍停留在玩游戏的阶段。驾车是一种玩游戏的升华版,而安全驾车更是玩游戏的高级版。

三、兴趣的作用

兴趣在人的生活和活动中的作用是巨大的。首先兴趣可以使人善于适应环境,丰富人的心理活动内容,能积极地去生活。多方面的兴趣能使人善于应付多变的场面,对生活充满热情。其次就是对增长知识、开发智力有重要意义。早期的兴趣对未来的活动可能起着准备作用。例如儿童对汽车的兴趣,这种兴趣会使其对汽车各方面的知识感兴趣,他们尽管不会驾驶汽车,但会说出汽车的制造厂、汽车的品牌、是哪个国家的、有什么特点等。这种最初的兴趣往往为他以后的物理课打下良好的基础,甚至成为今后在机械方面取得成就的积淀。兴趣具有一定的情感色彩,当从事感兴趣的工作时,他会不顾一切地去工作。丁肇中教授曾经说过:"任何科学研究,最重要的是要看对于自己从事的工作有没有兴趣,换句话说,也就是有没有事业心,这不能有丝毫的强迫。"俄国大教育学家乌申斯基曾说过:"没有丝毫兴趣的强制性学习,将会扼杀学员探求真理的欲望"。

在驾驶学习阶段建立学习兴趣是至关重要的过程,有兴趣才有动力,才能建立良好的心理状态。比如,看到别人能够具备娴熟的驾驶技能,操控汽车时随心所欲,考试时轻松面对,遇到危险时轻松应对等,这些都是激发学员建立学习兴趣的主要因素。驾驶教学时要激发学员的学习兴趣,就需要以鼓励、肯定、安慰等方式进行指导,例如,当学员去完成某一个动作时,教练就需要鼓励学员:"你要相信自己的能力,一定能完美表现。"当学员按照要求完成一个动作后,教练则需要肯定学员的操作过程:"这个动作你按照要求完成得很完美,希望继续保持。"当学员在完成一个动作的过程中出现错误时,教练则需要安慰学员:"没关系,才开始练习出现不足是难免的,我们继续努力。"这些鼓励、肯定、安慰都是增加学员学习兴趣的重要手段。

第四节　驾驶人的性格

性格是个人对现实的稳定的态度和习惯化了的行为方式。驾驶人的性格从不同方面影响着行车安全。一个合格的驾驶人要具备熟练的驾驶技能,如果没有坚强的毅力、刻苦勤奋的优良性格是难以达到的;如果没有善于探索、努力钻研的性格特征,也不可能成为一名精通驾驶技术的优秀驾驶人;如果没有冷静、沉着、果断的良好性格特征,一旦遇到复杂、危险或意外情况时,就会表现为惊慌失措,不能恰当处理。驾驶人的不同性格特征对其驾驶活动有不同的影响。优秀驾驶人的性格,大多数具有热爱驾驶工作、关心他人、虚心好学、责任心强、法制观念强、情绪稳定等特点,这样的驾驶人在行车中心平气和,是安全行车的基本保证。相反,性格不随和、人际关系不好、情绪不稳定、易冲动、心胸狭窄、过度紧张的驾驶人,在行车中性格会影响判断能力,极容易发生交通事故。因此,驾驶人要心态平和,始终保持愉悦心情,确保交通安全。

一、驾驶人的性格特征

(一)驾驶人性格的态度特征

驾驶人性格的态度特征表现在驾驶人对待交通法规和交通安全的态度、在调节通行关系时的态度以及对待自身的态度等方面。

驾驶人对待交通法规和交通安全的态度是一种对社会的态度。这直接影响到行车安全。一般表现为两种情况。第一种是消极被动的,倾向于将交通法规理解为对人的种种约束,而不能够从深层次去认识法规的真谛,在行车过程中表现为被动地、不情愿地去执行交通法规,驾驶人以自我为中心、对他人和自身安全极度不重视,这往往是交通安全事故发生的重要原因。第二种是对他人和自身安全高度重视,在任何情况下都能自觉地遵守交通法规,这是每一名驾驶人应该具有的良好性格特征。

驾驶人在调节通行关系时的态度,大致可以分为让行、先行和抢行等。不同的交通参与者要在同一空间或同一时间获取通行权时,就会产生需要冲突。在解决冲突时,交通参与者具有不同的态度。有时互相持同样的态度,如互相持"让行态度";有时态度各不相同,一方持"先行态度",而另一方持"抢行态度"。在这些态度中,抢行危害性最大,抢行行为通常会破坏客观上已经确定的通行关系,极易导致交通危险与交通事故。

在交通过程中,驾驶人对自身所持的态度,一般有谨慎与骄傲、自尊与自卑、自律与放任等。优秀的驾驶人通常具有谨慎、自尊、自律等态度特征。不合格的驾驶人往往具有易骄傲、自卑或放任的态度特征。

(二)驾驶人性格的理智特征

性格的理智特征是指在感知、记忆、思维等认识过程中所体现的性格特征。对驾驶人来说,它突出表现在感知方面的个性差异,驾驶人在感知方面的差异有主动观察型和被动观察型、快速型和精确型。

1. 主动观察型和被动观察型

主动观察是指驾驶人有目的地、积极地获取与驾驶活动相关信息的感知过程。主动观察型驾驶人比较注重信息的获取,努力避免交通违法、交通危险状态等现象的发生。驾驶人的感知差异与驾驶人的驾龄有关,一般来说,刚刚取得驾驶证的驾驶人对路况的信息感到生疏,而且缺乏规律性认识,往往比较紧张,怕出错,在上路驾车时往往都倾向于主动观察;对于驾龄不长、经验不丰富的某些年轻驾驶人来说,往往缺乏主动性观察,他们对于自己的反应能力往往过于自信。驾龄长的老驾驶人,经验丰富,有很强的交通预测能力,在感知上多呈现主动性观察。

被动型观察是指某种信息由于具有强烈的物理刺激直接作用于感觉器官而产生反应的过程。被动型观察不具有目的性,但它也会激发驾驶人的一系列心理过程及行为模式,对感知对象做出相应的反应。例如,驾驶人在高速公路上正常行驶,突然看到路侧设置的醒目的限速标志或车距确认标志。驾驶人对限速标志的被动感知会产生新的心理过程,重新审核当前的车速,并有可能做出相应的调整;车距确认标志映入眼帘后,也会引发驾驶人对车间距离的注意。

2. 快速型和精确型

快速型驾驶人对于交通信息感知迅速,但是往往不细致、精确性差。感知的快速性有利于在紧急情况突然出现时,做出快速反应。例如,在交通状态处于约束或拥挤状态时,驾驶人对于前车运行状态的突变,必须能够做出快速反应,才能避免追尾事故。

精确型驾驶人对于交通信息的感知较为准确,但需要较长的感知时间。感知的精确性有利于驾驶人培养准确的感知能力,这对在险峻条件下驾驶汽车,保证运行中的汽车与周围景物或其他交通元素之间保持适当的空间关系,是非常有益的。

(三)驾驶人性格的意志特征

驾驶人在驾车过程中,需要通过对交通行为的自觉调节,来适应客观情景的需要。驾驶人性格的意志特征可从主动性与被动性、自制性与冲突性、果断性与优柔寡断性、沉着冷静与惊慌失措等方面进行考察。

1. 主动性与被动性

交通行为能够自觉地控制在与客观需求相一致的程度,这就是主动性调节。主动性调节的前提是驾驶人能够充分地认识活动的要领及交通规则的深刻含义。大多数驾驶人都能够自觉地遵守交通法规,这说明驾驶人对交通行为的控制,主要还是靠主动性调节。

被动性调节是在施加外界压力,如有交通警察执勤、路上装有监控等情形下,驾驶人往往迫于无奈,被动性地将行为控制在某种程度。

2. 自制性与冲动性

驾驶人在驾驶过程中,经常会遇到各种强烈刺激,例如,有人强行超车或突然横穿街道,造成危险局面,致使驾驶人不得不采取紧急措施。这时,有些驾驶人对于这种强烈的刺激会产生较大的情绪变化,并产生报复行为;而有些驾驶人对这种强烈刺激会产生抑制过程,在行为上保持沉默,依旧以自己特有的行为方式继续平稳地驾驶汽车。对于前者,我们认为他具有冲动性的性格,而后者具有自制性的性格。

3. 果断性与优柔寡断性

在驾驶人参与交通的过程中,经常会遇到行为趋向不确定的情况,对这类情况,驾驶人必须当机立断,行为趋向明确,切忌犹豫不决,当断不断,贻误时机。如果驾驶人的行为趋向出现反复变化的情况,就很容易导致交通冲突。事实上,有些行人过街时被汽车碰撞,就是由于行人行为趋向的反复变化造成的。

4. 沉着冷静与惊慌失措

驾驶人遇到紧急情况时,会产生不同程度的心理反应。一般来说,缺乏实践经验的驾驶人,遇到紧急情况时,由于缺乏相应的体验或训练,往往会丧失行为能力,惊慌失措;实践经验丰富的驾驶人,由于先前具有这方面的体验,并在大脑中保留有特有的行为模型,受到紧急情况激发时,就会调用储存在大脑中的行为模型,从而具备一定程度的行为能力,即显得沉着冷静。

(四)驾驶人性格的情绪特征

性格的情绪特征是指人在情绪活动中的强度、稳定性、持久性及心境等特征。例如,有的驾驶人的情绪活动一经引起,就比较强烈而难以用意志加以控制,表现为易受情绪的支配;有的驾驶人情绪体验比较微弱,能够冷静对待现实,善于用意志控制情绪;有的驾驶人情绪易于波动,而有的情绪比较稳定。

二、驾驶人的性格类型及行为特征

1. 理智型、意志型、情绪型

理智型驾驶人的性格结构中理智特征占优势,主要表现为用理智来衡量一切,依据理智来支配自己的行为。意志型驾驶人的性格结构中意志特征占优势,主要表现为行为目的明确、自我控制力强、积极主动,果断、顽强。情绪型驾驶人的性格结构中的情绪特征占优势,表现为情绪体验深刻,行为易受情绪左右,对情绪的控制和支配能力较弱。在实际生活中,典型的理智型、意志型、情绪型驾驶人数是少数,多数是属于混合型。

2. 独立型、顺从型、反抗型

独立型驾驶人具有较强的独立性,不易受他人的意志干扰和左右,在驾驶活动中,他们往往表现为自信、果断,在危急和复杂情况下能应付自如,容易发挥自己的能力。顺从型驾驶人,一般独立性差,易受暗示,容易听信他人的意见、主张,从而服从他人,这种驾驶人在困难、危急情境中往往缺乏主见,表现为惊慌失措,特别是在道路交通情形复杂,又需要快速准确地做出决策时,驾驶人的驾驶适应性较差。反抗型驾驶人易以自我为中心,喜欢把自己的意志、愿望强加于他人,往往表现为过分相信自己的能力。

3. 内、外倾向性格

外向型的人具有喜欢社交、善于言辞、内在体验肤浅、办事粗枝大叶、寻求刺激、喜欢冒险、标新立异等性格特点,这类驾驶人经常有冒险、超高速行车、在行车中制造刺激、有意识地去破坏交通秩序等恶劣行为。内向型的人具有不善于交际、孤僻、有问题难以启齿、动作缓慢、应变能力差、内在体验深刻、办事稳妥、讲究条理、喜欢单独行动等性格特点。内向型性格的驾驶人的显著优点是自我控制能力较强,较少出现交通违法。在良好的道路条件和交通状态下,从维护道路交通秩序、确保道路交通安全的角度考虑,内向型性格的人比较适合做驾驶人,但这类驾驶人的缺点是紧急情况的处理速度较慢。

三、容易引发交通事故的不良性格

研究证明,具有以下不良性格的人,容易引发交通事故:反应迟钝,遇事优柔寡断者;性格暴躁,感情容易冲动,一不如意就火冒三丈,不能自我控制者;遇事想不开,爱钻牛角尖者;观察事物粗枝大叶,思考问题肤浅、草率、简单者;情绪变化太大,喜怒无常者;个性太强,太任性者;不关心别人,工作得过且过,不负责任者;狂妄自大,强行超车或争道抢行者;安全意识淡薄,藐视法律尊严者。

我们把容易引发交通事故的驾驶人分为五种类型:①霸王型,这类人属于危险一族,平时挺和气,一旦转向盘在手,立马变得兴奋、冲动,开霸王车、高速车。②斗气型,这类驾驶人心胸狭窄,一旦被人超车,便按喇叭,把道路当成奥林匹克竞赛的竞技场。③无知型,这类驾驶人高度自我,有的连最基本的交通法规都不懂。④马大哈型,这类驾驶人有的对自己的汽车实行不保养、不检查、不维修的"三不主义",哪怕喇叭不响、制动失灵,也敢继续开。⑤自责型,这类驾驶人胆子小,遇事不果断,经常造成其他汽车的误会,因而导致车祸。

四、驾驶人性格的完善

汽车驾驶人应具备的良好性格品质与驾驶活动的特点和要求紧密相连,对驾驶活动具有积极影响的性格品质主要有以下5种。

1. 沉着冷静

沉着冷静,是指镇静,遇事不慌、不乱,不感情用事。汽车驾驶人的沉着冷静表现为行车从容不迫,有条不紊,尤其是情况紧急时能情绪稳定,判断准确,果断抉择。沉着冷静对汽车驾驶人特别重要,主要表现在它使汽车驾驶人能在平常心平气和地行车,在遇到特殊情况时能恰当处理,化险为夷。

2. 宽容大度

宽容大度,是指胸怀宽广、有气量,不过分地计较和追究。汽车驾驶人的宽容大度表现为顾全大局、不计较小事,在非原则问题上能忍让,表现为"吃得下、睡得香""拿得起、放得下"。在对方无理、自己有理时,也不盛气凌人,不以无理对无理,而是以有理对无理。宽广的胸怀是汽车驾驶人保持乐观情绪,防止不良情绪的最佳心理品质。

3. 正直诚实

正直是指公正、坦率;诚实是指忠诚老实、实事求是、不虚假。汽车驾驶人的正直诚实表现为做事公正、有原则,对人真诚、不虚伪。正直诚实的性格品质有助于汽车驾驶人正确处理好和领导、同事之间的关系,建立和谐的人际关系。

4. 自信果断

自信就是相信自己的力量,深信自己能完成所交给的任务;果断就是不犹豫。汽车驾驶人的自信表现为相信自己能胜任驾驶工作,能顺利完成交给自己的任务。自信有助于他们调动自身积极性,全身心地投入到驾驶工作中,使注意力集中,思维敏捷,各方面能力都得到发挥。汽车驾驶人的果断表现为遇事不瞻前顾后、不优柔寡断,能迅速采取决策。果断有助于汽车驾驶人正确处理行车中出现的各种意外情况。

5. 谦虚进取

谦虚就是虚心、不自满;进取就是要求学习、上进。汽车驾驶人的谦虚表现为虚心听取别人的意见,虚心向有经验、技术高超的汽车驾驶人学习,服从领导安排和调遣。汽车驾驶人的进取表现为不断学习驾驶理论和驾驶技术,努力提高自己的文化知识水平,积极锻炼和塑造自己良好的性格品质。

一般来说,具有良好性格特征的汽车驾驶人,在驾驶活动前,其心理活动表现为:情绪饱满、精力充沛,对即将完成的驾驶任务有充分的信心,对所要完成的任务有清醒的认识,能控制自己有条不紊地做好出车前的各项准备;出车后表现为:善于总结优点,克服缺点,积累经验。相反,具有不良性格特征的汽车驾驶人则表现为:情绪紧张而不稳定,难以控制,注意力难以集中,有的则表现为态度冷漠,无精打采,对完成任务信心不足或没有信心,想打退堂鼓。

第五节 驾驶人的气质

现代心理学认为,气质是一个人情感发生的速度、强度、稳定性以及活动灵活性上的特点总和,它是人典型的、稳定的心理特点。心理学按人的气质特点把人分为胆汁质、多血质、黏液质、抑郁质四种气质类型,同时指出大多数人具有混合型气质。

一、不同气质类型驾驶人的行为特征

1. 胆汁质驾驶人的行为特征

这种类型的驾驶人,在行为上表现出均衡性差,脾气急躁,挑衅性强,态度直率,言语、动作急速而难于抑制的特点。工作特点是当他们情绪高涨时,能以极大的热情投身于工作,并

有克服行驶道路上遇到的各种困难的决心。一旦他们对自己的能力失去信心时，情绪顿时跌落，一事无成。在驾驶活动中，攻击性强，表现为超速行驶、争道抢行、强行超车等不安全行为。而且，他们还常会因为一些小事，开"斗气车"，甚至互相排挤。绝大多数超速行车而不注意交通安全规则的驾驶人是胆汁质的人，在通过路口时，他们往往以较高的车速冲入路口，显得不管不顾，易造成交通危险状态及交通纠纷。

这类驾驶人驾驶汽车的特点是：操作动作干脆有力，处理情况果断、开车速度较快，严格要求自己的愿望很强烈，但这种愿望往往被自己的一时冲动所破坏，行车中易被对方不礼貌的行为激怒，一旦被激怒将会做出危险的报复行动；处理危险情况时不够沉着仔细，喜欢冒险尝试，因此，处理情况的危险系数比较大。在恶性的交通事故中，这种类型的驾驶人比较多。

对胆汁质驾驶人的缺点错误，不要当面批评，不要用"激将"法。这类驾驶人不适宜长距离驾驶汽车，因为他们很难在长时间内保持良好的工作效率。

2. 多血质驾驶人的行为特征

这种类型的驾驶人在复杂的道路交通条件下，表现良好；而在道路景观单调时，情绪不够稳定，而且在长距离的高速公路上行驶时，容易打瞌睡。

这类驾驶人驾驶汽车的特点是：操作动作敏捷，反应较快，处理情况准确；行车中能坚持礼让，并乐于帮助其他驾驶人解决困难；遭遇紧急情况采取的措施也较有力，但不稳定；汽车驾驶的平顺性随着情绪变化有较大的波动，车速时快时慢，有时车开得十分平顺，有时马马虎虎，粗心大意；时常忽视对设备的定期检查；当别人讲奉承话或心情高兴时，经常忘乎所以地开快车；经常耍小聪明蒙混对方或有关人员，对一些重要的情况观察得不细致，导致行车中险情和小事故不断。

在易发生交通事故人群的调查中，多血质的人排第二。多血质的驾驶人，应注意锻炼和培养自己坚定顽强的意志品质，着重进行踏实、专一、不开快车等方面的教育，克服那种浮躁好胜的特点。

3. 黏液质驾驶人的行为特征

这种类型的驾驶人在驾车过程中，能够自觉地遵守交通规则，很少出现交通违法；能够处理好其他交通参与者对自己带来的不便；遇到紧急情况时，能够有效地控制自己的紧张状态。这类驾驶人由于性子慢，在遇到紧急情况时，应变能力较差，决策和反应过程慢，不利于对情况的快速处理。

这类驾驶人驾驶汽车的特点是：操作动作稳定自如，行车中不急躁，不开快车，车速具有较强的节奏性，不易受外界的干扰，能严格执行交通规则；驾车节奏较慢，车队行进时经常掉队；对情况处理不够果断，对危险情况的处理，常因优柔寡断而坐失良机，这种人发生行车事故的主要原因是遇情况犹豫，自信心不足。

这类驾驶人性子慢，抉择的过程长、不果断，往往延误了短暂的判断时间而造成事故，所以应在决断方面加强训练。他们适宜在道路情况不复杂的条件下长途驾驶，而不适宜在情况复杂的条件下短途驾驶。

4. 抑郁质驾驶人的行为特征

这种类型的驾驶人多表现为行动迟缓，优柔寡断。在与交通参与者调节彼此间通行关系的过程中,要求任何一方必须在最短的时间内决定自己的行为方案,并以确定的姿态展现给与其相关的交通参与者,很显然,抑郁质驾驶人如果优柔寡断,就不利于调节通行关系,并容易导致交通事故。

这类驾驶人驾驶汽车的特点是:操作动作较正规,能严格按操作规程和交通规则驾驶汽车,车速会比较稳定,行车中有主动礼让的精神;但这种人处理情况有时会出现顾此失彼的现象,对一些交通情况观察得不够全面,思想较狭窄,致使处理意外情况时不知所措;行车中,情绪虽稳定,但一种意念产生后,就非要付诸实现,不易改变主意,一旦遇到超车、让车、会车不顺心而产生固执情绪时,便会强行付诸行动;心理承受能力和自我调控能力较弱,容易受到各种压力所拖累而造成交通事故。

这类驾驶人积极性低,易疲劳,工作效率不高,在紧张情况下尤其如此。因此,他们不适宜做特种汽车驾驶人,如救护车、消防车驾驶人等。同时,抑郁质的人应及时做心理疏导和放松训练,多寻找一些释放压力的渠道,而不是将所有问题放在心里。

二、驾驶人气质类型的测量

指导语:请仔细阅读下面每一个句子,根据与你的符合情况,从"完全符合""比较符合""一般""比较不符合""完全不符合"中做出选择,答案无对错之分,请如实回答,回答时不要太费时考虑,也不要讨论。

(1)做事力求稳妥,一般不做无把握的事。
(2)遇到可气的事就怒不可遏,想把心里话全说出来才痛快。
(3)宁可一个人干事,不愿很多人在一起。
(4)到一个新环境很快就能适应。
(5)厌恶那些强烈的刺激,如尖叫、噪声、危险镜头等。
(6)和别人争吵时,总是先发制人,喜欢挑衅别人。
(7)喜欢安静的环境。
(8)善于和人交往。
(9)羡慕那种善于克制自己感情的人。
(10)生活有规律,很少违反作息制度。
(11)在大多数情况下情绪是乐观的。
(12)碰到陌生人觉得很拘束。
(13)遇到令人气愤的事,能很好地自我克制。
(14)做事总是有旺盛的精力。
(15)遇到问题总是举棋不定、优柔寡断。
(16)在人群中从不觉得过分拘束。
(17)情绪高昂时,觉得干什么都有趣;情绪低落时,又觉得什么都没有意思。
(18)当注意力集中于某一事物时,别的事很难使我分心。
(19)理解问题总比别人快。
(20)碰到危险情景,常有一种极度恐惧感。

(21)对学习、工作怀有很高的热情。

(22)能够长时间做枯燥、单调的工作。

(23)符合兴趣的事情,干起来劲头十足,否则就不想干。

(24)一点小事就能引起情绪波动。

(25)讨厌做那些需要耐心、细致的工作。

(26)与人交往不卑不亢。

(27)喜欢参加热烈的活动。

(28)爱看感情细腻、描写人物内心活动的文艺作品。

(29)工作学习时间长了,常感到厌倦。

(30)不喜欢长时间谈论一个问题,愿意实际动手干。

(31)宁愿侃侃而谈,不愿窃窃私语。

(32)别人总是说我闷闷不乐。

(33)理解问题常比别人慢些。

(34)疲倦时只要短暂地休息就能精神抖擞,重新投入工作。

(35)心里有话宁愿自己想,不愿说出来。

(36)认准一个目标就是希望尽快实现,不达目的誓不罢休。

(37)学习、工作同样一段时间后,常比别人更疲倦。

(38)做事有些莽撞,常常不考虑后果。

(39)老师或他人讲授新知识、技术时,总希望他讲得慢些,多重复几遍。

(40)能够很快地忘记那些不愉快的事情。

(41)做作业或完成一件工作总比别人花时间多。

(42)喜欢运动量大的剧烈体育运动,或者参加各种文艺活动。

(43)不能很快地把注意力从一件事情转移到另一件事上去。

(44)接受一个任务后,就希望把它迅速解决。

(45)认为墨守成规比冒风险强些。

(46)能够同时注意几件事情。

(47)我烦闷的时候,别人很难使我高兴起来。

(48)爱看情节起伏跌宕、激动人心的小说。

(49)对工作抱有认真严谨、始终一贯的态度。

(50)和周围人的关系总是相处不好。

(51)喜欢复习学过的知识,重复做能熟练做的工作。

(52)希望做变化大、花样多的工作。

(53)小时候会背的诗歌,我似乎比别人记得清楚。

(54)别人说我"出语伤人",可我并不觉得这样。

(55)在体育活动中,常因反应慢而落后。

(56)反应敏捷,头脑机智。

(57)喜欢有条理而不甚麻烦的工作。

(58)兴奋的事常使我失眠。

(59)老师讲新概念,常常听不懂,但是弄懂了以后很难忘记。

(60)假如工作枯燥无味,马上就会情绪低落。

气质类型测试评分标准

1. 记分标准

若与你的情况,"完全符合"记2分,"比较符合"记1分,"一般"记0分,"比较不符合"记-1分,"完全不符合"记-2分。

2. 分别计算每一类气质类型问题的得分

胆汁质类型题目序号:(2)、(6)、(9)、(14)、(17)、(21)、(27)、(31)、(36)、(38)、(42)、(48)、(50)、(54)、(58)

多血质类型题目序号:(4)、(8)、(11)、(16)、(19)、(23)、(25)、(29)、(34)、(40)、(44)、(46)、(52)、(56)、(60)

黏液质类型题目序号:(1)、(7)、(10)、(13)、(18)、(22)、(26)、(30)、(33)、(39)、(43)、(45)、(49)、(55)、(57)

抑郁质类型题目序号:(3)、(5)、(12)、(15)、(20)、(24)、(28)、(32)、(35)、(37)、(41)、(47)、(51)、(53)、(59)

3. 气质类型的确定

(1)如果某一类型或某两类型问题的得分超过20分,则为典型的该类型气质。

(2)如果某一类型或某两类型问题以上得分在20分以下,10分以上,其他各项得分较低,则为该类型一般气质。

(3)若各类型得分在10分以下,但某类型或几类型得分较其余类型为高(相差5分以上),则为略倾向于该类型气质(或几种类型的混合气质)。

一般来说,正分值越高,表明该类气质特征越发明显;反之,正分值越低或获得负分值,表明越不具备该类气质特征。

经过测试,知道自己的气质类型,我们还要认识到,不论驾驶人属于哪种气质类型,对驾驶活动来讲,都存在有利的一面和不利的一面,在驾驶活动中要注意扬长避短。直到目前,我们还不能做出这样的规定,即属于某一种气质类型的驾驶人不准驾驶汽车。况且,从气质理论上讲,只有极少数的驾驶人属于四种典型的气质类型,而多数驾驶人属于复合型。对于不利于驾驶活动的气质特征,在有些情形下,可以寻找到对应的补偿方法。例如,黏液质的驾驶人不善于处理紧急情况,但可以通过实践不断锻炼,从而对交通情况有一个很好的预测能力,提高预见性驾驶能力,就可以避免紧急情况的产生。

第六节 驾驶人的能力

能力是指人们顺利完成某种活动所必须具备的个性心理特征。驾驶人在驾驶过程中准确感知客观刺激物,迅速辨别、判断、推理、发挥高度一致的动作协调性和随机应变能力,实现安全行车,这些是从事驾驶活动所必备的能力。因此,能力是顺利有效地完成某种活动最必需的那些心理特征。

一、能力和知识、技能的区别与联系

人们从事一项重要的活动,完成一件有意义的工作都必须依靠一定的能力。例如:我们要搞创作,必须具备写作能力;我们要想从事绘画,必须掌握绘画的技巧;我们要想驾驶,必须掌握驾驶的技能。如果我们在这些方面的能力很强,那么从事这些活动便会感到比较顺利,活动的效率就会提高。人的能力总是和活动相联系的,是在活动中形成、发展和表现出来的。离开了实践活动,人的能力就无从体现。同样,缺乏某种能力的人也会对他从事某种实践活动带来障碍。

人们在从事某些活动时,单靠一种能力往往是不行的,必须具备多种能力,才能顺利完成任务。为了顺利完成某种活动,多种能力的完备组合就是才能。因此一个人的才能主要体现在他的能力结构是否合理上。驾驶人必须具备感知能力、判断能力和反应能力等,方能安全行车。

1. 能力和知识、技能的区别

如前所述,能力是顺利完成某种活动所必备的心理特征。这种心理特征是在人的多次实践活动中形成起来的。它表现出两个特点:一是它作为心理能量保留下来,成为人们完成活动,掌握知识、技能不可少的条件;二是由于能力形成是建立在对多种事物的综合分析基础之上的,所以它具有较为一般的概括性,如观察力、记忆力、思维能力一旦成为个人的个性特征,在新的情况下,它就能广泛地迁移。

知识、技能不等于能力。知识是指人类社会历史经验的总结和科学概括,它包括社会科学和自然科学两种。技能是在理论活动或者在实践活动中运用的基本动作方式,它是人们在长期的实践活动中逐渐形成的。人们在交往和接受教育中掌握了知识和技能,并形成了自己的知识系统。二者虽都具有概括性,但其迁移的范围是极其狭窄的。例如,你在某项驾驶操作动作上虽具有娴熟的水平,但在支配和调整动作的活动中所表现出来的注意转移性、思维的敏捷性等就不一定得当。能力作为一种效率活动过程,对于人们掌握知识和技能起着一种调节和支配作用,它可以强化活动,起着一种动力推动作用。能力影响着人们掌握知识技能的快慢、深浅、难易和巩固程度,而知识的掌握、技能的发挥又会导致能力的提高。但是,能力与知识、技能的这种相互促进发展并不是完全一致的,掌握了同样知识、技能的人其能力不一定相同;具有相同能力水平的人也不一定能获得同等水平的知识和技能。能力与技能一般来说就是内涵与外延上的差异,在一定的条件下,二者又是一致的。

2. 能力和知识、技能的联系

能力是掌握知识、技能的必要前提。首先,缺乏感受能力的人就无法获得感性知识,也无从正确感知驾驶中的障碍物,不具备抽象、概括、推理和判断能力的人,就不可能领会理性知识,当然也就不可能掌握它。其次,就是能力高低直接影响着知识的掌握和运用,同时一个人掌握一定的知识和技能也会促进能力的提高。能力和知识、技能尽管如此密切,但二者的发展过程可能并不完全一致。

二、能力的个别差异

能力的类型差异主要表现在各种效率获得过程方面有所差异。例如:在知觉方面,有的人整体概括能力强些(适合驾驶中对障碍物的确认),有些人则富于分析,不善综合(适合驾驶中的决策);在记忆方面,有人形象记忆好些(便于感知,但不一定利于判断),有人则抽象记忆好些(不一定便于感知,但利于判断);在表象方面,有人视觉占优势,有人听觉占优势。

能力发展的水平差异。人的智力水平有高有低,基本上是属于正态分布,两头小中见大,智力偏高和偏低者大约各占20%。

能力表现得早晚差异。在能力的发展方面,有的人能力发展得快一些,有的人则慢一些。这里有三种情况:一种是人才早熟现象,既有些人很早便表现出了优异的才能;二是中年成才;三是大器晚成。

三、能力形成和发展的因素

1. 先天素质的影响

能力的形成依赖于一定的自然基础——先天素质。先天素质是指有机体天生的某些特点,它是由遗传性与胎儿期母体环境形成的,即生来就有的感觉器官、运动器官以及脑的结构和机能等方面的特点。它是能力发展的自然前提,离开这个物质基础,就谈不到能力的发展。例如,生来的盲人,就难以发展绘画方面的能力,也会直接影响驾车方面的能力;有严重听觉方面缺陷的人,也难以发展音乐甚至语言方面的能力;而当其他条件大致相等时,一个身材高一点的人比身材矮一些的人,在跳高、篮球、排球等运动和驾驶大型汽车等活动中要有利得多。尽管能力是在素质基础上产生的,但素质本身并不是能力,它只是为能力的发展提供了可能性,而要把这种可能性变为现实性,即在素质的基础上培养出良好的能力,还要依靠教育和自身的实践活动。

2. 早期环境和教育的影响

能力除受遗传因素制约以外,还受早期的环境教育所制约。它是在不断地满足社会需要的活动中形成和发展起来的。

一个天资聪颖的人如果没有受到教育,没有充分实践的机会,他也就会成为平常的人。例如,北宋的王安石曾写过一篇叫《伤仲永》的文章,大意是金溪有一个叫方仲永的孩子,五岁时能"指物作诗立就",表现出较好的天赋之才,但由于其父把他当成生财之道,带他每天周旋于权贵之家,使他未受到良好的教育,到了十二三岁时,他便和一般的孩子没什么大的差异了,二十岁时已完全成为一个平常的人。王安石为此总结到:方仲永虽然先天通达聪慧,但因为后天未受到足够的教育,最终成为一个平凡的人。这说明先天素质是天才发展的必要前提,但与环境、教育条件差异给儿童带来的影响相比,则退居次要地位。环境、教育起决定性作用。

3. 实践活动与驾驶经验

人的智力是在改造客观现实的实践活动中发展起来的。我国东汉思想家王充曾提出"施用累能"的思想，就是说人的能力是在使用中积累的。"实践出真知""实践出才干"，就是这个道理。实践活动不断地向人们提出要求，人们满足了这些要求，把它变成自己的需要。经过几十年的汽车驾驶培训，人们发现了心理学在驾驶培训中的作用与地位，心理学推动着人努力克服困难，勤奋劳动，在出色地完成任务的过程中，使人的能力得到高度发展。

驾驶经验是影响驾驶人能力的一个重要方面。有经验的驾驶人要比缺乏经验的驾驶人更加擅长于把自我效能感调整到准确的水平上，有经验的驾驶人对于自我效能感有着更为稳定的总体认识，因此，他们对情境的评估也更加准确。在驾驶中遇到失误时，有经验的驾驶人更有能力对其进行矫正。因此，丰富的驾驶经验可以引起更好的驾驶行为表现。在澳大利亚，年轻的、缺乏经验的驾驶人在领取驾驶证的人群中占比很低，然而，这些驾驶人却在遭遇车祸和事故的人群当中占有相当大的比例。

4. 勤奋和爱好的影响

能力的提高离不开人的勤奋和努力。勤奋就是有意识地、长期地坚持工作和学习，这对于提高能力有极大的作用。我国著名的数学家华罗庚说过："根据我自己的体会，所谓天才就是坚持不断的努力。聪明在于学习，天才在于积累。"驾驶动作的形成不能因为你很聪明，很喜欢而不用练习。而且，不仅需要练习，还需要足够时间的练习，方可牢固掌握驾驶技能。同时，能力发展与兴趣爱好有着密切的关系，对于某种活动的爱好和对该种活动的能力往往是彼此吻合并一致发展的，二者既互相促进又相互制约，相辅相成。想当一名驾驶教练员，首先要喜欢这个职业，才有能力提高的可能性。没有喜欢，也只有应付或敷衍而已。

四、驾驶人应具备的能力

为了安全驾驶汽车，驾驶人应具备的能力有：感知能力，驾驶动作的准确性、灵活性和协调性，自我评估能力，驾驶人的自我效能感等。

1. 驾驶人的感知能力

驾驶人的感知能力是指驾驶人通过感知器官（如眼、耳）对道路交通系统的当前状态做出的反应，是人的感知觉系统对客观存在的道路交通状况做出正确判断的能力。根据道路交通系统的特征及汽车驾驶活动的客观要求，驾驶人的感知能力包括对车体及其空间关系的感知能力、车速感知能力、车距感知能力、道路感知能力、时间知觉能力和操控汽车的感知能力等。例如，汽车在道路上行驶时，驾驶人需要感知本车与前方及两侧汽车的距离，通过后视镜感知左侧车道上汽车与本车的距离，以便超车需要；借助路面交通标线、行道树及路灯杆等静态物的闪现率，来感知本车的车速；在道路拥挤状态下，准确地感知车间距，尤其在碰到红绿灯时，能正确感知车速、距离与红绿灯时间的关系，避免交通冲突。此外，随着汽车引发的交通事故不断增多，对危险知觉的研究已成为交通事故心理研究中的一个热点。所谓危险知觉，是指对外部环境潜在危险的主观认知和评价，以及相应的准备行为。如果驾驶人在行车过程中能够不断获得充分的相关信息，在事故之前对可能引起事故的危险信息能有准确的感知,就可做到安全行车,减少交通事故的发生。因此,对驾驶人进行危险知觉能力的训练,培养预见性驾驶能力就显得尤为重要。

2. 驾驶动作的准确性、灵活性和协调性

驾驶动作的准确性、灵活性和协调性反映了驾驶人的驾驶技能和躯体能力。驾驶汽车时,驾驶人需要随着路况环境和汽车类型的不同,以不同的力量、速度和顺序去完成各种驾驶动作,因此要求驾驶人具备熟练的驾驶技能,具体又包括以下5个方面:一是行进方向把握稳妥;二是合理控制车速;三是行进路线、转弯角度估计准确;四是启动、制动协调适当;五是对路况环境分析、判断正确。躯体能力是就人的体力、精力、肢体灵活性、身体协调性而言的,驾驶工作对人在体能上提出了一定的要求,如持续重复发动肌肉力量的动态体能、躯体力量、抵抗外力的静态体能、伸展躯体与肌肉的能力、爆发力、迅速扭曲躯体的能力、身体各部分的协调能力、较长时间使用最大体力的能力(精力)、协调能力等。

3. 自我评估能力

自我评估能力是影响驾驶安全的一个重要方面。如果驾驶人对于自身的驾驶能力进行过高地评估,就可能给驾驶带来危险。对于一般驾驶技能的评估可以影响到驾驶人对行车速度的选择,例如,过高评估自己技能的驾驶人要比不把自己的能力看得很高的驾驶人更多地出现超速行为,或者发生更多的事故。仅有一到两年驾驶经验,认为自己的驾驶水平高于普通驾驶人的年轻驾驶人,要比认为自己技能低于普通驾驶人的驾驶人有更高的事故发生率。

4. 驾驶人的自我效能感

驾驶人的自我效能感并不是指实际的驾驶技能,而是指人们认为他们能够在未来的某个特定任务中表现如何。因此,自我效能感是对他们能够有效完成某一特定水平任务的能力的主观评估。在某一特定的情境中有着较强的自我效能感的人会把他们的注意力和努力投入到任务要求当中,当遇到障碍以及困难的情境时,他们会更加努力,并且坚持更长的时间。

小知识

与驾驶相关的典型人格特质

(1)感觉寻求型人格。感觉寻求型人格是一种寻找多变的、复杂的、强烈的感觉经验的特质,并乐于为此采取身体、社交、法律、财产方面的冒险行为。感觉寻求型的驾驶人更可能冲撞到道路上的其他使用者,或者在开车时对汽车失去控制。

(2)攻击性人格。攻击性人格具有较高水平的反社会和攻击倾向,较低水平的同情心,这是部分年轻驾驶人卷入危险驾驶行为和超速行为的先导因素。

(3)冲动型人格。冲动型人格与感觉寻求型人格在概念上有一些类似,冲动型人格更侧重于一个人对其思想和行为的自我控制。例如,酒后驾驶、不系安全带、驾驶行为削弱、感知交通信号的能力削弱,并因此有更高的事故发生率。

(4)"大五"人格。"大五"人格是人格结构五因素模型的简称。人格结构的五因素分别包括:外倾性、神经质、责任心、宜人性和开放性。

第三章

驾驶人安全意识培养

一般说来，意识看不见、摸不着，但实际上意识无时不在，又无处不在。安全就在每个人的身边，与我们的生活息息相关，安全意识就在每个人的心里，与我们的生活血脉相通。人类自从有了意识以后，从出生到死亡，整个生命过程伴生着安全这种意识，饥饿、天灾、战争等这些对自身安全产生影响的事物，都会被人类绞尽脑汁地尽量避免。举个生活中的例子，我们口渴得非常厉害，突然来了一杯热水，我们往往不是举杯一饮而尽，而是先用口鼻感受一下水温，防止被烫伤，这不是本能，而是一种自我保护的安全意识，我们把这种安全意识转化成行为，就体现在各个层面，这种意识的强与弱，个体之间存在着很大的差异，而这种差异来自个体所接触的环境，与其受教育程度也有着很大关系。

案例 3-1

2021 年 10 月 11 日，石家庄市某公司一辆核载 55 人、实载 51 人的通勤大客车在滹沱河王母桥落水，事故共造成 14 人死亡。据称事发前几日，村干部就在微信群通知大桥不允许汽车、行人通过，并安排有人员值班，事发前路段管控卡点设有隔离路锥，且有管理人员值守，但事发班车最终仍继续通行。面对涉水驾驶，有人可能胆大妄为、侥幸冒险，有人可能会谨慎小心、三思后行，其差异就是安全意识的差异。

第一节 安全意识的含义

一、安全意识是什么

什么是安全意识？所谓安全意识，就是人们头脑中建立起来的生产必须安全的观念；是人们在生产活动中，对各种各样可能对自己或他人造成伤害的外在环境条件的一种戒备和警觉的心理状态。

考虑到死板的定义总是很枯燥，这里就讲几个故事来谈谈。看过一本古代的书籍，里面讲的是隋代末年群雄逐鹿的故事。其中写道，单雄信、程咬金等英雄参加起义，夺取了瓦岗寨，突然帅府裂开了一个深不可测的大地穴，诸位好奇的将领正想下去瞧瞧新鲜，被徐茂公阻止了："不可，先取千丈绳子系一篮子，放一鸡一犬下去，倘拉上来鸡犬俱在，则是一个神穴，反之则是一个妖穴。"

从现在的角度看，徐茂公的方法就很科学，地窖容易产生有毒气体，贸然下去难免中毒窒息，徐茂公的动物气体试验分析虽然对小动物不那么和善，但绝对可以说，他很有安全意识。

再如，2022年12月24日，贵州省黔南州一个5岁女孩双腿被姜汤烫伤的视频令网友揪心。视频中，带火炉的桌子上熬着姜水，三个孩子围坐在桌子旁，奶奶去楼下买东西了。姐姐(比妹妹稍大)试图挪动姜汤锅，不料锅子倾倒，滚烫的汤汁瞬间洒出，5岁的妹妹被烫得号啕大哭。这个案例中，孩子奶奶的安全意识不足，家里开着明火熬着姜水，孩子奶奶却只留3个孩子在家，说明奶奶的安全意识不足。视频中姐姐也就八九岁的样子，妹妹五岁，还有一个年龄更小的弟弟，三个孩子在一起，就有行为失范的可能。再加上一个滚烫的器皿，就是一个非常严重的危险源。当网友听到视频中孩子烫伤后撕心裂肺的哭声，就像自己的孩子哭一样，刺痛着所有父母的心，也呼唤着所有家长要提高安全意识。

二、驾驶及培训中的安全意识

具体到驾驶活动中，安全意识就没有那么抽象。例如，上车前绕车一周检视，一是绕车的方向，二是绕车检查的内容和标准，都有具体的规范。单就绕车方向，如果不按照规范去做，也许一次两次不会出问题，但长此以往，就难说不出事故。规范的难度并不大，但关键在于坚持按照规范去做，这实际上就是驾驶人的点滴安全意识积少成多，就是汽车驾驶中的整体安全意识。

教练员作为学员驾驶技能的传授者、安全意识的塑造者和文明行车理念的培养者，更应具有安全意识。安全意识教育好了则惠及万民，不好则误及苍生。驾驶培训是生命的托付，是一份沉甸甸的责任，是为社会培养安全、文明、高素质的驾驶人的责任，是为交通行业培养合格、安全的职业驾驶员的责任。驾培行业应该推行素质教育，让安全文明意识与驾驶技能一样成为必修课；应该让所学与所用更为贴近，让结业学员能开车、敢开车；应该让文明交通、安全出行成为常态；应该让驾校成为传播安全、文明驾驶理念的主阵地。

驾校作为培养驾驶人的摇篮，应把好道路交通安全源头关，配合交通安全宣传教育大环境做更多贡献，提高学员对交通安全的关注度，做到培训有气氛、有活力、有效果，并可以在潜移默化之中让学员受到有益的安全意识教育，使交通安全的理念渗透到未来的交通活动中，让关注安全、珍爱生命的理念形成全民共识。

第二节 安全意识的表现形式

安全意识的表现形式主要包括社会责任意识和遵章守法意识两大方面，其中社会责任意识的具体表现为:珍爱生命、安全第一、预防为主、安全文明;遵章守法意识的表现则为:崇尚法律、遵守法规、安全操作、规范行车。

一、珍爱生命

世界万物,唯有生命最为珍贵,没有生命就没有一切,失去生命,就失去自我,失去生活的权利。珍爱生命是体现安全意识最重要的一个形式。我们扪心自问,自己珍爱生命吗?你用哪些实际行动去珍爱过生命呢?且看每天的新闻,每起交通事故的出现都涉及生命安全,有些事故直接夺去了一个个鲜活的生命,有缺乏交通文明素养的"霸王车",有驾驶技术尚不熟练的"实习车",有遇事握不紧转向盘的"摇摆车",还有酒后驾驶、疲劳驾驶、超速驾驶等各种违法驾驶行为都是交通事故的源头,甚至还有些以不顾安全寻求刺激的人或抱有侥幸心理的人,他们有安全意识吗?

生命,是指生物所具有的活动能力。对人类来说,生命是人类生存的根本条件。无论是驾校的教练员,还是一名驾驶学员或汽车驾驶人,不论是对自己,还是对别人,尊重生命都是至高无上的。安全事故无贫富贵贱之分,无行业地位之分,任何不安全的行为都极可能给当事者带来不可想象的严重后果,我们必须树立珍爱生命的安全意识,有了正确的安全意识,才能获得人生最有价值的生存保障。

驾驶培训教学的责任和义务就是培养安全、合格的驾驶人,只有将珍爱生命的安全意识贯穿于教学之中,珍爱生命的真正意义才能有效发挥,才能培训出安全、合格的驾驶人。驾校是否有感恩生命的爱心,一个重要的标志就是能否经常举办相关活动。这种爱心激励驾驶人员将安全意识转化为行为动力,以推动自身的驾驶能力和教学能力的提升,驾驶素养的提高是驾驶安全的基础,教练员首先应教会学员怎样去珍爱生命。学员是否具备珍爱生命的安全意识,首先应具备正确的自我保护意识。

安全源于预防意识,预防意识需要培养才能建立,建立这种意识并不是简单地说说就能完成的,预防意识的建立需要长时间的培养与适应。驾驶培训阶段是建立安全预防意识的最佳时段,人们常说"吃一堑,长一智",如果在驾驶培训阶段不去加强培养安全预防意识,那么以后就会体会到"吃一堑,长一智"的真正含义,甚至有些人会付出生命的代价。

自我预防与群体预防是分不开的,群体预防是建立在自我预防的基础之上的,具备自我预防能力的同时也就具备了群体预防能力,安全文明的出行表现是珍爱生命安全意识的总体表现,所以说,在驾驶培训阶段无论是教练还是学员都应以"珍爱生命"为主,将安全预防和安全文明意识贯穿于整个驾驶教学中。

二、崇尚法律

作为驾驶人,首先要遵守安全法律法规,当你遵守法律时,既保护了自己,也保护了别人。守法既是公民的基本义务,也是驾驶人的安全需要。当不遵守法律时,自己和别人一样同样会受到伤害,还要接受法律的制裁。《中华人民共和国道路交通安全法》(以下简称《道路交通安全法》)是目前我国在道路交通安全方面的最高法律。作为汽车驾驶人,遵守此法,一方面规范自身的交通行为、保护自身的安全;另一方面有利于形成畅通、有序的道路交通秩序。

作为驾驶学员,交通法规的学习是安全教学的重要环节也直接影响交通安全。在学员的法规学习阶段,需要全面掌握道路通行的法律规定,这是培养树立安全意识的重要时期。这类学习不宜用一系列的刷题软件来完成,追求速成的学习方法是为了应对考试和完成任务,我们必须教育学员改变这种学习方法和学习态度,让其全面掌握交通法规,让安全法规真正起到保护生命的作用。

三、安全职业行为

有一个故事,说有一个小和尚跟老和尚学剃头,老和尚让他先在冬瓜上练习。小和尚每次练习完剃头动作后,就会随手将剃刀插在冬瓜上。后来,小和尚学成技术,就给老和尚试着剃头,自己看着非常满意,当剃完的一刹那,他也将剃刀随手插在了老和尚的头上。结果肯定是非常悲惨的。

我们知道,人的行为具有惯性,改变行为很困难。很多时候,人的行为不完全受管理者控制,也不完全受自己控制,现实中总有促使我们做出不安全行为的条件存在,我们必须明白安全职业行为的重要性。

安全职业行为对员工的工作、生产具有指导和约束作用,安全职业行为能够充分地体现安全理念,在现实中员工可以用这种安全理念指导自己的职业行为。安全职业行为的最终目的是形成一种内容充实的系统性的安全行为文化,这种系统性的安全行为文化具备内在的约束力,激发员工安全生产的积极性、主动性和创造性。

一名教练员将珍爱生命的安全行为落实到具体工作中,就是教练员职业的安全行为表现,这种表现由教练员的工作特点来决定。教练员的安全职业行为一般应包括以下 6 个方面。

1. 分析案例吸取教训

分析事故的不安全行为,从中学习法规的重要内容。及时搜集典型事故案例并做具体分析,深刻吸取教训,提高学员的安全意识,规范学员的驾驶行为,加深学员对安全法规的学习和认知,从中获取更多的安全知识与防范手段。

2. 将安全意识内化于教学之中

将安全意识始终贯穿于整个驾驶教学中,是教练员的职责所在,同时也是建立学员安全意识和学习安全驾驶的重要部分。如何能让安全意识内化于教学中,其实不是简单地介绍和讲解,还需要教练员在不同驾驶环境下,应用不同的安全预防措施进行教学,引导学员提高安全驾驶意识并作出预防安全的动作。例如,如何预防驾驶盲区中险情的安全意识,如何达到安全行车的防御性驾驶等。

3. 应急预案制定与演练

制定应急预案的目的是建立健全交通安全事件的应急处置机制,确保安全事故应急处理工作高效、有序地进行,最大程度地减轻事故灾害,减少人民群众生命和财产损失,维护社会稳定。

应急演练能够使教练员熟悉安全事件的处置方法和处置顺序,避免事故发生时处置混

乱现象,学员通过演练可以获取处置知识,同时也能起到事故预防的警示作用,能够为处置事故的安全、快捷、有序奠定坚实基础。

4. 不擅自离开教学车辆

在教学中坚持随车指导是教练员的职责所在,学员初次参加驾驶培训时,动作定式没有形成,缺乏安全防护措施知识和动作,很容易出现紧张和慌乱现象,同时也是最容易出现安全事故。

教练车发生安全事故大多因教练员不在现场引起,所以教练员必须全程跟随指导,如果确需离开时,必须要有严格的安全防范措施,必须坚持"安全第一"的教学理念,这种职业行为的规范,是预防安全事故和提高教学质量的前提条件。

5. 细化教学流程

在落实《机动车驾驶培训教学大纲》的过程中,还要对培训流程进行细化,将安全意识与安全操作全部融入教学,确保顺利完成每个阶段的安全教学目标。首先,应确保学员学习安全法律法规,正确树立安全驾驶意识,掌握各操纵机构的安全操作方法,按照驾驶安全目标完成基础驾驶、场地驾驶、道路驾驶各部分的教学。

6. 坚持安全培训理念

作为教练员,不仅是要教会学员开车,更多是教会学员怎样做一名合格的驾驶人,所谓"合格"就是懂安全、爱安全、守安全,具备安全驾驶的技能。技能的形成需要练习时间的积累和练习动作的肌肉记忆养成,安全意识则需要时时刻刻牢记与固化。教练员必须让学员牢记"安全重于一切",改变"重收益、轻质量、重考证、轻素质、重操作、轻意识"的陋习,培训出合格的驾驶人。

四、安全驾驶行为

安全驾驶行为就是安全意识的一种表现形式。安全驾驶能够保障驾驶人和其他交通参与者的安全出行,安全驾驶行为的主要表现形式是"安全第一,预防为主"的意识。"安全第一"是做好一切工作的基石,是落实"以人为本"的根本措施。

1. 安全第一

树立强烈的安全行车意识、培养较高的职业道德、增强安全责任感、养成良好的驾驶作风,是驾校完成培训任务的前提。驾校应建立完善的安全制度,引导学员将遵守安全行为作为重点,努力为社会和国家培养优秀的驾驶人员,树立行业遵守安全行为的典范。安全永远没有保险箱,安全工作无法做到一劳永逸,一个环节的疏漏、一时的麻痹大意都有可能留下安全隐患或造成无法挽回的损失。驾驶人要以安全为重点,珍爱生命、安全第一。

2. 一日三检

一日三检是人们在长期的汽车应用实践中积累的经验和可靠的安全措施。一日三检是指出车前、行车中和收车后的检查,这些看似简单的检查既可保证汽车安全性能,又可对汽车正常运行起到维护作用。例如,出车前检查轮胎,可以防止汽车高速行驶时,轮胎因气压过低或轮胎漏气引起爆胎。"安全源于意识,意识源于行为",只要坚持一日三检的安全行为,在教学中多研讨一些相关案例,就能启发学员对一日三检的重视。

3. 规范驾驶操作行为

规范驾驶操作,避免驾驶陋习,是控制汽车安全行驶的有效措施。不良的驾驶操作不但直接影响安全驾驶,而且对汽车的使用性能有损无益。例如:起步、变更车道、转弯、掉头、靠边停车中不按规定使用转向灯的行为,就是驾驶操作不规范的一些表现。作为教练员,首先应严格要求学员规范操作,不要为了降低操作难度而减少操作步骤。例如,场地驾驶技能(考试部门称"科目二")中坡道定点停车和起步项目的教学方法,大多数教练员为了降低难度,省略了使用驻车制动器的教学。这种方法可能在考试时无关紧要,但是在实际驾驶中使用驻车制动器却是一种非常重要的安全保障。

> **案例3-2**
>
> 2017年的一天,叶某驾驶轻型普通货车从厦门明发商城停车场由西往东倒车,至明发商城停车场道闸处停车,他下车欲升起道闸,但由于未拉起驻车制动器操纵杆,致汽车倒溜。叶某跑到车后欲阻止该车倒溜,被车尾左侧挤压至停放在路边的轿车上,造成叶某受伤,后叶某经送医抢救无效于当日死亡。

> **案例3-3**
>
> 北京某驾驶人驾驶一辆小型自动挡汽车,在小区门口停车刷卡时,由于没有将挡位置于空挡位置,也没有拉紧驻车制动器操纵杆,右脚踩着行车制动去刷卡,不慎将停车卡掉在车下,这时她开门去捡回掉下的停车卡时,汽车突然开始向前行驶,驾驶人在慌乱之下去踩制动踏板,谁知她踩踏的并不是制动踏板而是加速踏板,造成汽车直接撞到侧边停车杆的升降机上,最终造成驾驶人当场死亡。

4. 文明礼让

文明礼让不仅属于法律范畴,而且属于道德范畴。文明礼让既能体现一个人的驾驶素质,也能体现出他的安全意识。谦让如此美好,却又如此难得。例如,闯红灯、横穿马路、跨护栏、车辆乱停乱放、斗气车等依然处处可见。

文明礼让是我们日常工作、学习、生活和为人处世的重要素质体现,更是我们人格魅力的展示,要想让这种展示成为习惯,就需要从我做起,在教学中构筑起文明礼让先行理念,构建"教为本,德先行"的文明礼让教育体系。

第三节　安全意识的培养

随着我国经济的快速发展,安全意识提高问题越来越得到重视。但具体到如何有效提高驾驶人的安全意识仍然是目前的重要难题。驾校作为驾驶人的摇篮,应抓住学员学习驾驶的关键时期,切实做好驾驶培训工作,提高学员的安全驾驶意识。

一、驾校发展是前提

驾校是以培养驾驶学员的安全意识、培训驾驶学员的驾驶技能为教学任务,为社会公众有偿提供驾驶培训服务的机构。要提高学员的安全意识,其前提就是有一个健康发展的驾校。如果没有可持续发展的驾校,一切都等于零。近几年驾培市场总体出现下滑趋势,但依法、健康、规范的驾校仍然存在。这类驾校不仅具有可观的经济收益,具备培养学员安全意识的物质基础,更重要的是所积淀出的规范培训机制及其企业文化,成为培养学员安全意识的精神基础。与之相反的是靠恶意竞争、低价倾销、善于利用管理漏洞生存的驾校,名义上打着提高安全意识的旗号,实则是典型的应试教育机构,根本不注重对学员安全意识的培养。

二、提升素质是基础

培养学员综合素质是提升安全意识的基础,培训重点应该包括:生命意识、礼让意识、保护意识、群体意识、规则意识、安全意识。在正规系统的驾驶技能培训课程之外,应该传授法律法规和安全知识,让学员明白事故多由违法造成,用鲜活的警示案例让学员从内心生发出理应承载的巨大使命和神圣责任,刺激学员形成完备的道德素质和生命意识。

例如,2018年5月30日,昆明市公安局交警支队与盘龙区人民法院在晋宁区晋城镇一乘驾校内联合开展"阳光司法"案件审理警示教育活动,一乘驾校教练员和学员共计300余人旁听了审判过程。盘龙区人民法院当庭对4起醉驾案件进行了宣判。再如,邢台交警支队根据真实案例拍摄了公益广告《放慢车速,才能看到更远的未来》,片中男主人公从小好胜心就很强,每一次比赛都以最快速度冲向终点,长大后,他仍然保持着同种心态迈入最好的大学,最终成为一名受万人瞩目的成功人士,在他的人生格言里,做什么事都要力争最快,甚至在开车这件事上也超出限度,结果发生事故致残,大好前程被毁,最后得出结论:放慢车速,才能看到更远的未来。

我们可以组织开展"入耳、入脑、入心、随行、倡行"的集体培训,向学员传输健康、向上、阳光的生活理念,提高自身修养,潜移默化中提高学员的遵纪守法观念、安全驾驶意识,如山西运城万荣驾校推崇意识培训,把国学文化融入驾驶培训,这在国内驾培行业并不多见。我们可以引导学员积极参加体育锻炼、体操活动甚至舞蹈活动,引导他们了解只有良好的身体状况和心理状态才能保证驾驶安全,如郸城县职业中专驾校就坚持每天开展类似的活动。

我们可以尝试对学员进行心理素质训练。比如,学员紧张时,教练员要协助学员通过自我暗示、松弛、转移等方法进行缓解,多鼓励学员,积极引导,消除心理问题;针对易路怒、易暴躁的心理疾病,驾校可以开设心理咨询课,帮助学员排解负面心理,使其能够更好地控制不良情绪,陶冶情操,培养耐性。教练员可以选取典型的案例来说明没有控制好情绪的巨大危害。

三、规范操作是重点

安全驾驶意识应该融入分解动作、讲解示范教学之中。通过学员学习之后给教练员复述所学的内容、口诀记忆、正确动作和错误动作对比等技巧,保证学员严格按安全操作程序标准进行练习。

例如，教练员应在每一个教学环节和训练项目中，如起步、停车、会车、超车、变更车道等，都将安全意识放在第一位，实施"指差确认"，并尽可能纳入结业考核成绩。"指差确认"始创于日本，原为铁路事业用的安全动作，做法是在各程序中以眼望物件、手指指着物件、同时口诵确认、心手并用及集中精神，以达到减少人为失误导致意外的效果。后来它广泛用于不同领域，包括建筑业、制造业及机电工程等。广州地铁驾驶员全面推行了指差确认。

例如，在教练车日常维保方面，教练员应该让学员参与其中，指导和监督每位学员通过实操和检查，养成良好的安全检查习惯。再如，很多学员存在一种错误认识，说学开车就是学技能，别的都没用。针对这种情况，教练员应该向他们多举一些案例，并讲述物理学、机械学的一些至关重要的常识，让他们感觉到技能只是表面功夫，这些常识包括：制动片为什么会失灵？汽车转弯为什么要减速？下坡的车为什么要让上坡的车？车辆在100km/h的速度下1s能够跑多远？汽车盲区究竟在哪里？……这些都可以通过规范操作，让学员多一分小心，多一些敬畏，多一分安全。

四、创新教学是关键

学员安全驾驶意识的培养是一个循序渐进的过程，创新的、科学的教学方法可以加速这一过程的实现，创新教学是培养安全意识的关键，能够于无形中培养学员自我控制、自我学习的能力，树立"预防为主、文明礼让"的安全意识。

1. 真实案例研讨

根据教学的目的和训练所设定的内容，采用近期发生的典型案例、接地气的动漫、小视频及Yiya工作室提供的相关材料等，对不良驾驶行为进行深入揭示、详尽诠释、全面解剖，组织学员认真学习、研究交通事故发生的原因。

驾校可以和当地交通管理部门紧密联系，获取第一手用于教学的资料，建立相关案例数据库，教育学员可以有针对性地从案例库中提取材料。以案论理，以事说法，唤醒珍惜生命的安全意识，鼓励学员发表意见和建议，让学员主动参与思考和探讨，在有冲击力的真实案例中培养安全意识。

2. 宣教基地体验

交通安全宣传教育基地（简称宣教基地）可以利用虚拟现实、互动控制等各种科技手段，实现模拟驾驶、再现事故、演练逃生、知识测试、能力评价等，具有知识性、趣味性、互动性。教练员可以根据参与者的年龄、学历进行细分，为各类群体设计与其相匹配的交通安全教育体验区，使之切身体会其中的奥妙。例如，大众体验者可以感受模拟酒驾、爆胎、起火、翻车、远光灯等场景，理解风险源和危险驾驶类型。针对儿童和青少年，可以以参与交通安全游戏为主，配合道路、信号灯和交通标志场景进行体验，调动他们的兴趣，以了解知识；成人学员则以模拟驾驶为切入点，体验复杂交通环境中的驾驶。

国外很多国家开发出驾驶情景互动软件，如东京交通局，他们曾经与一些游戏公司合作开发《东京巴士》软件，融入日本严谨的交通法规，体验者需要完成各种公交车驾驶操作，可以体验如何驾驶公交车，在身临其境中体会安全意识。美国也开发过类似产品，例如《三维驾校》等，青少年可以借此练习如何通过驾校考试。

3. 反复巩固记忆

斯坦福大学施拉姆教授曾经提出过"重复作用原理"，即将一个概念在不同场合或用不同方式去反复呈现，其中包括两层含义：一是将一个概念在不同的场合重复呈现，二是用不同的方式重复呈现一个概念。这样可以帮助学习者理解、记忆，从而达到更好的教育传播效果。交通参与者学习安全知识，必先遵循"依从—认同—内化"的学习过程，需要反反复复地坚持，最终形成一种不需要思考的下意识行为。要想形成坚不可摧的下意识，必须做到"日日讲、事事讲"，变"要我安全"为"我要安全"，反复灌输同样的思想，让无形的、抽象的逐渐变成有形和具体的。例如，很多新手驾驶人会错把加速踏板当制动踏板，教练员就可以用反复记忆法使之形成肌肉记忆，平时不踩加速踏板时右脚自然地移放到制动踏板上，要反复练习到像一种条件反射一般，不经过大脑就能正确操作。

4. 情境渗透教学

驾校还应该将学车环境进行再造，让学员走进驾校就走进了安全意识教育的氛围之中，努力做到处处有图片、教室有案例、不时见视频、进门有实物。既要有"贴海报、挂条幅、播视频、宣传车"老四样，又要有新媒体、视频、歌曲、微电影等新颖载体。通过以景激情，在情境中渗透安全教育，培养学员的安全意识。正如名人所言，最好的教育就是学员看不到教育的发生，却实实在在地影响着心灵。选择安全宣传标语也应该谨慎，例如，选择一些能够直达人心的句子做成标语，如"车可修复，人无来生""醉（罪）在酒中，毁（悔）在杯中"，也要规避那些雷人标语，如"急弯不响喇叭，迟早会掉下巴""开车不系安全带，牛头马面在等待"等。在教学过程中，可以有目的地引入或创设具有情感色彩的具体生动的场景，利用大量的图片，运用幻灯片、多媒体、驾驶模拟器、沙盘等，创设逼真的交通环境，让学员体会安全驾驶的乐趣与事故的危害。

5. 结业考核评价

驾校应重视结业考试，组织经验丰富的教练员对即将结业的学员进行全面考察，在实际操作中感受学员的真实水平，关注操作不当之处，帮助学员找到深层次问题，抓住最后考试前的机会进行反复训练和不断修正，提升学员的安全意识和驾驶技能。结业时，还可以安排安全意识较强的学员与相对较弱的同学进行组合考核，安排老学员与新学员组合考核，互相印证比对，共同教育，互促互补，互帮互学。

6. 口诀固化操作

学车口诀是根据内容要点编成的便于记诵的语句，对于掌握操作要领、养成良好习惯、促进安全意识形成具有不可或缺的作用。例如，培训左右脚，应牢记"油门刹车莫错踩，左脚不常踩，右脚不空踩"；起步七个关键步骤为"一踩（离合），二挂（挡位），三开（灯），四鸣（喇叭），五松（手刹），六抬（离合），七关（灯）"等。

7. 防御性驾驶培训

防御性驾驶，又称为预见性驾驶，旨在能够准确预判各种危险源，并能及时采取必要、合理、有效的措施防止事故发生,让驾校真正可以向学员输出安全,向社会输出安全。这就要求驾驶人有联想能力,并且能够快速做出判断,要从最可能发生的不利情况的角度去设想和联想。为了培养学员的驾驶敏感性,有实力的驾校应该选择特定的路段、特定的天气,带领学员进行实战。在防御性驾驶培训方面,可以重点突出地进行教育。例如,学员时刻扫视"15s 距离"以外的情况;培训高速公路 3s 安全距离的估算方法;培训不间断地、有目的地搜索汽车周边 360°空间内的交通危险源等。

五、个性定制是升华

不同交通参与群体的行为特点、认知能力和素质基础各有不同,培养的安全意识,必须制订有针对性的个性化培训方案。根据公安部统计数据,截至 2022 年 6 月底,全国汽车驾驶人达到 4.4 亿人。从驾驶人的年龄分布看,主要集中在 26～50 岁年龄段之间,其中 26～35 岁的约有 1.5 亿人,占驾驶人总量的 34.1%;36～50 岁的约有 1.7 亿人,占 38.6%。由于我国汽车保有量趋于饱和,相信随着时间的推移,驾驶人的年龄结构变化不大。

现阶段,26～50 岁的驾驶人居多,对于他们,重点是法律法规的普及、交通安全意识的增强、驾驶技能的提高以及职业道德教育;对超过 60 岁的驾驶人,应该引入驾驶适应性评价,进行体质和认知功能方面的测试,提升他们更新交通安全知识的兴趣,及时更新老龄驾驶人的交通法规知识、熟悉新的驾驶环境;对 18～25 岁的驾驶人,重点是良好交通习惯和文明交通行为的养成,以及抵制交通违法意识的增强;对公路沿线村民和外来务工人员类型的驾驶人,重点是交通安全意识的增强和自我保护能力的提高;对城市居民驾驶人,主要是提高交通文明素质,倡导交通文明风尚,抵制不文明交通行为。

据预测,2035 年左右,我国 60 岁以上的人口将占到总人口的 30% 以上,针对老年人的培训与再培训迫在眉睫。英国曾经开展过专门针对老年驾驶人和患病一段时间后又开始驾驶的人员的培训活动,除为老年驾驶人提供安全驾驶技能培训外,还开展与老年人驾驶有关的安全意识教育。

另外,除了年龄,学员的性格、心理特征也不一样,往往导致驾车风格不同。有的个性粗放,马虎大意,不注意观察危险源,发生紧急情况则危机四伏;有的谨小慎微,过于细致,走在高速公路上也慢慢悠悠,慢速行驶,同样成为一个流动的危险源;有的性格要强,情绪大起大落,容易暴躁。针对学员的不同个性,教练员必须反复提醒、纠正,培养他们具备健康的驾驶情绪、高尚的道德情操,养成善于控制感情,克服不良心态,保持乐观向上、冷静理智的良好心态。

六、教育链条是延展

有人曾经讲过,三年过后,你会发现,除了最好的教育,你所买的其他东西都贬值了;十年以后,你会发现,除了最好的教育,你买的其他东西都不知道扔哪儿了。这告诉我们,只有教育能够留下最闪亮的痕迹,拿到驾驶证之后的毕业学员,多年以后,技能已经固化,往往留在心中的只剩下当年所接受的一些安全意识和生命教育常识。

在一些发达国家,交通安全意识教育已经编织成覆盖到所有公民整个人生过程的培训链条,其对公民的每一个人生阶段(如幼儿园、小学、中学、大学、步入社会)都能有组织、有条理地进行教育,中间不存在任何的缺失和断档,我国目前则很难达到这一连贯状态,大多数人都是在踏入社会这个环节后才接受全面的交通安全意识的教育和培养,加之缺乏入脑入心的教育手段,致使已经形成的陋习和固有模式,很难在根本上得到改变。

驾培行业应该在这个教育链条的诸多"盲点"上做出自己力所能及的贡献。一所大学要有文化内涵,要有博爱、大爱,包括爱老师、爱学生、爱社会、爱国家、爱世界,一所驾校同样要有文化内涵,我们要体现出爱学员、爱社会、爱国家、爱世界,主动走近受教育对象,进行义务宣传和教育。

例如,针对小学生、中学生,驾校可以邀请他们走进来,围绕有关交通安全及次生灾害的安全防范、尊重生命等设定一些主题,给学生开展安全教育课、主题班会,通过谈话、讨论启发学生,并采取多种形式进行安全指导;可以组织校园交通安全文化节、驾校夏令营、交通安全演习、知识竞赛等活动;可以抓住青少年心理,引入交通安全游戏体验系统,以闯关游戏形式让他们认知交通常识,辨识各类交通行为的规范程度,了解、熟悉各种道路交通规则,了解各类交通陋习、危险交通行为、不良或特定交通环境下的通行方法等。

七、优秀教练是保障

驾校应创造优厚的条件吸引优秀教练员加入,优秀的教练员是提高教学质量的保障力量,在教学中起主导作用,必须慎重选择,尽心培养,让他们具备教学能力、表达能力、演示能力。他们必须是一群有爱心、有正能量、热爱驾培行业的人,只有热爱才能产生正能量,才能点燃驾培行业的圣火,才能塑造出安全出行参与者。

驾驶教学过程应把法、理、情融于一体,对一个人的行为习惯进行重塑,从学习驾驶开始就要进行法制教育,并且经常利用安全教育的形式在驾驶学员中宣传交通相关法规,促使学员形成安全驾驶的思想,使学员自觉遵守交通规则,并将安全意识贯穿于教学始终。应当让学员认识到,驾驶员的任何举动都与自己和他人的生命财产安全密切相关,只有懂安全的驾驶人才是既合格又合法的驾驶人。

驾驶教学过程中应尊重学员的尊严,关心理解他们,喻之以理,晓之以害,做到以情施治,带着责任教学,带着情感培训,导之以行,动之以情,体现关怀,把安全意识点点滴滴渗透于学员心中,进而提升其安全驾驶意识。

第四章

驾驶操作中的心理活动

驾驶动作过程不仅具有典型的心理特征,也充斥着心理过程。随着汽车制造的自动化升级,驾驶人用肢体操作的频次大大下降、范围不断缩小(如自动挡汽车)。但汽车驾驶中的心理活动,不但没有减少或减弱,反而频次越来越多、强度越来越大(如接近堵车时的交通情况处理),这使得驾驶人不得不从过去频繁的肢体动作向日益增多的心理活动过渡或转移。

第一节 驾驶操作心理活动过程

无论是普通驾驶人,还是职业驾驶员,他们在道路上驾驶时都在反复完成着一个连续的心理活动过程,如图4-1所示。这个过程都是按照感知、判断、操作的心理程序完成的。尽管这个过程在不同的路段、不同的信息下有着不同的差异,但主要心理活动程序、次序是基本不变的,而且最后一道程序就是人肢体支配下的驾驶操作。这个过程既有心智过程(体现心智技能),也有操作过程(体现动作技能),心智过程决定操作过程。驾驶操作过程的时机、层级来源于前置的心理过程,也即我们常说的驾驶技能是体力与智力交替进行的活动。

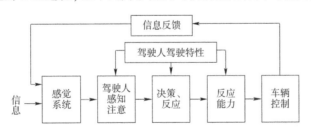

图4-1 驾驶人在驾驶中的心理活动

行车中,驾驶人要随时密切注意周围环境和车内一切情况的变化。但每个人的感知、判断效果是不一样的。如果感知不当后续可以纠正,只要最后操作前对操作的指令准确即可;如果感知不当后续不能及时纠正,即使操作再正确,依然会影响到最后汽车驾驶的准确性。当驾驶人感知信息后,一般都要在0.5~1s内做出正确的判断。从感知、判断再到驾驶操作整个心理过程(包括修正),需要最后操作(动作)不允许有0.1%的差错或绝对准确。这是驾驶活动与其他活动的重要差别,也是后果的危害性决定的。否则,将出现"差之毫厘,失之千里"的恶劣局面。

> **案例 4-1**
>
> 济南东南外环路有一处"怪坡"。"怪坡"从南向北的道路均为下坡,且与交通流量巨大的经十路交叉。在这段下坡中,坡度因路段而有差异。第一段坡长而陡,第二段坡短且坡度小,第三段坡度更小且长度大,并与经十路交叉。经过大量实践发现,在由第二段转入第三段坡道时,本来是下坡,有些驾驶人却看成了上坡(心理错觉),本应制动减速,却加油加速,致汽车(大型汽车更加突出)行驶过快。过快的车速,遇上消耗殆尽的制动力(第一段道路长而陡使得车辆制动力衰减),使"怪坡"事故频发。

济南"怪坡"一例最根本的问题在于心理错觉引发的"感知系统"失误。如果在心理程序"中游"及之前发现错误并及时纠正,也会挽救不利局面。但这种初始感知错误直到最后仍一直存在,才造成反复不断的悲剧。感知是驾驶人心理活动的第一关,第一关有误不及时纠正,则后续活动无论如何准确都是徒劳的。不仅如此,在最后一关"汽车控制"之前的所有关联因素或任何单一因素的错误或失误,都毫无例外地会导致最后结果的错误。因此,重视驾驶人的驾驶心理过程及其准确性,关注全链条心理因素,可能使最后的驾驶操作控制更加可靠、准确。

第二节 驾驶人的感知信息

驾驶人感知系统对所搜集到的感知信息,根据不同情况划分角度是不一样的。从不同角度划分信息,对驾驶敏锐、全面、准确地形成信息源是非常重要的。

一、按照感知效果划分的信息分类

汽车在行驶中,信息种类非常多。交通环境、汽车、行人以及车内的情况,都可以作为驾驶人的信息。按感知效果划分,常见的信息有以下 4 种。

1. 突现信息

在行车中,信息来得突然而又出乎意料。例如,列队行驶中,前车突然制动;与骑车人并行中,骑车人突然左转;在超车中,被超车前面突然有人或汽车横穿等,都属于突显信息。这种信息,如果驾驶人反应迟钝,往往会发生交通事故。同时,这在一定程度上也表明驾驶人经验不足,估计不准。一个优秀的驾驶人会估计到可能发生的一切事件。但对于反应快的驾驶人,或许处理一些突发情况,就如同足球不经意被踢入球门一样轻松。

2. 已现信息

它是指在行驶中,信息已经被驾驶人预料并发现、感觉。例如,行驶中有人横穿马路,有人酒后骑车,对面有来车,载货车超载,违法行驶等,都属于已现信息。驾驶人在行车中,应当根据已现信息的动态,采取相应的操作。对这些信息,除驾驶学员和一些新驾驶人外,绝大多数驾驶人都能处理得当、应付自如。

3. 微弱信息

这些信息虽然存在,但极其微弱,甚至因信息刺激量过小而易被忽视。通过驾驶人的感觉器官反映到大脑后,往往仍辨别不清,容易疏忽,甚至产生错觉。例如,接近黄昏时,太阳光线变淡;行驶中前方有一时有时无的信息或物体,驾驶人有时怀疑自己的眼睛有问题而放弃和忽视,这种信息就是微弱信息。另外,信息刺激量的感觉还与驾驶人的注意力、分析综合能力以及判断能力有关。如果注意力不集中,分析能力差,车速又非常快,这时信息即使有一定的刺激量,也会因驾驶的大意而未被感觉。

一般来讲,优秀的驾驶人能够敏感地感受到微弱信息。事实证明,有许多驾驶人未能及时感受到微弱信息或产生错觉而发生交通事故。

4. 潜伏信息

这种信息,由于存在一定的障碍,往往在行车中不容易被发现。例如,盲区内的汽车和行人;雾天行驶中的汽车和行人;高速行驶中路面上的易滑物;雨后的土路;没有征兆的安全机件失灵等都属于潜伏信息。这种信息,驾驶人往往难以预料从而引发交通事故。当然,这种信息也不是不能被发现或觉察的,只要驾驶人能小心谨慎,经验丰富,认真观察,及时预见可能发生的事件,就能感受到潜伏信息,从而避免交通事故的发生。

二、按照感知对象划分的信息分类

按照感知对象划分,常见的信息有以下 5 类。

1. 坐姿

坐垫、靠背、角度是否舒适是使驾驶人产生行车工作负荷的重要因素。座椅的结构由骨架坐垫、靠背、防震材料所组成,它们的主要构件既有分开的,也有整体的。一般靠背的结构比坐垫简单一些,这是因为作用在靠背上的负荷极小,同时通过减少靠背的厚度可以增加驾驶室内的空间。座椅与驾驶人的身体各个部位摆成一定的角度,能消除不必要的肌肉紧张,有利于完成操作动作,且使身体消耗最少的肌肉能量。这时,驾驶人的坐姿便认为是舒适的。舒适的坐姿应当让人体的各部分彼此之间处于最佳角度,如图 4-2 所示。舒适的坐姿由座椅元件的结构和位置确定。

当驾驶人处于最佳坐姿时,他们的双脚能很方便地移到踏板。他们的双手转动转向盘应轻松自如,这样消耗的体力最小,否则将付出较大的体力和能量。研究证实,变换部分个体位置的一定自由度取决于坐垫的宽度;膝关节运动的自由度取决于坐

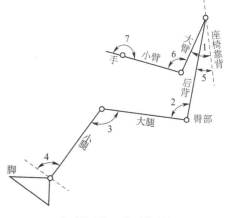

∠1:15°~25°; ∠2:85°~100°;
∠3:95°~120°; ∠4:85°~95°;
∠5:15°~35°; ∠6:80°~110°;
∠7:170°~190°

图 4-2 驾驶人舒适坐姿时身体各部分间的角度

垫的厚度;相对于车高和后视镜的位置、驾驶人进出的方便性取决于坐垫与地板平面的夹角;驾驶人坐得稳而不会从座位上滑落取决于坐垫的倾角;躯干获得足够的支撑以及肩关节运动自由度取决于靠背的高度;防止颈椎外伤取决于头枕对头部的支撑。

2. 操纵机构

汽车上使用频率最高的五大操纵机构是:转向盘、加速踏板、制动踏板、变速器操纵杆和离合器踏板。

转向盘。它通过转向轴、转向器来控制汽车行驶方向。从转向轴中心径向伸出的环状转向盘构成旋转力臂,驾驶人可用较小的力量转动转向盘。转动转向盘的角度应随行驶速度大小及需要而变,并保证可靠操纵汽车。

转动转向盘是否轻便主要取决于转向器速度、转向盘直径以及前轮转向的润滑程度。多数汽车的转向器角传动比在 15～40 范围内,转向盘轮缘为 300～500mm 之间,现代汽车为减轻驾驶人的转向负荷广泛采用了液压助力转向装置或电动助力转向系统。

变速器操纵杆。扳动变速器操纵杆的力主要取决于变速器操纵杆相对于驾驶人的位置。如果变速器操纵杆正处于驾驶人的活动空间,那么可以认为施加于变速器操纵杆上的力是最小的。对于一般人来说,驾驶人操纵变速器操纵杆的身体幅度范围不宜超过 60mm。否则,将容易引起身体的迅速疲劳。

制动踏板、离合器踏板和加速踏板。它们决定着汽车行驶的安全性和通过性。在设计时已经考虑到每种踏板的使用强度、持续时间,施力大小应与安装位置相对应。图 4-3 为踏板位置与施力关系图,如果座椅支撑在大腿部分,则腿能发挥最大作用。经测试,在支撑位置与垂直位置夹角为 70°时可达到最大力量(1900N)。安装踏板的位置应当适宜,以获得踝关节、膝关节、髋关节的最佳角度值。除此之外,踏板还应具备一定的强度,以承受不同踏板所对应的踏板力。

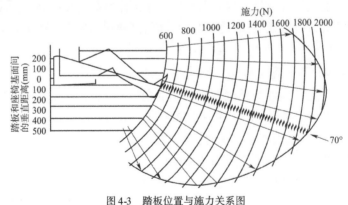

图 4-3 踏板位置与施力关系图

3. 温度、湿度和空气流动性

温度、湿度和空气流动性对人体的影响取决于驾驶人的年龄、对不良气候因素影响的忍耐程度和其自身的健康状况。

驾驶室内的温度取决于外界气温、驾驶室隔热、暖风和通风条件。最佳气温为 18～24℃。汽车驾驶室气温高于或低于上述温度都会增加驾驶人的疲劳程度。气温过高,会降低驾驶人的注意力,导致记忆力减退,难以收集情况的变化,反应时间增加。研究表明,在50℃时,人的脑力和体力极度变差,容易疲劳,操作失误率大大增加;在30℃时,脑力活动变坏,反应迟钝,易出现错误;在25℃时,人身体会逐渐疲倦;在18℃时,驾驶人能保持最佳的状态;在低于17℃时,身体开始变冷;在接近11℃时,肌肉的活动能力降低,驾驶行动变得拘谨和不准确。一般来说,夏天驾驶室要高出外界气温4~12℃,载货汽车驾驶室气温可达50~60℃。

体温主要靠空气的湿度和流动性来调节。空气湿度就是空气中水蒸气的含量。一般用绝对湿度或相对湿度表示。当空气湿度达到饱和时,身体中的热量很难排出,不能调节体温。在气温近30℃时,相对湿度大于70%的时候,所产生的影响特别不利。一般人而言,相对湿度在30%~70%的范围之内最适宜,同时人体能感觉到大于0.25m/s流速的空气流。

4. 恶劣天气

在雨、雾、风、雪等恶劣天气下驾驶,会增加驾驶人行车中的工作量。雾天影响了非机动车和行人的视线,使之不容易看到来往的汽车和其他非机动车;雨天,行人急于奔走,往往慌不择路;雪天,除了影响行人的视线外,行人还极易摔倒;大风天气,行人及骑车人常被风沙迷住眼睛,驾驶人视线和注意力都受到极大的影响。因此,驾驶人要认真观察汽车和行人的动态,随时做好停车的准备,对突然出现的情况,要采取果断措施,预防交通事故的发生。

5. 特殊路段

驾驶人行车中受道路条件的限制,工作负荷会增加。例如,通过桥梁、涵洞、铁路、渣油路、弯曲路、狭窄路等特殊路段时,信息刺激量增加,驾驶人信息处理量增加,危险程度加大。长期在这样的路段下驾驶,驾驶人容易疲劳。

三、按照感知觉类型划分的信息分类

在汽车行驶中,车内外的信息首先作用于驾驶人的感觉系统,而主宰感觉系统的是驾驶人的感觉器官。与行车有直接关系的感觉有视觉、听觉、嗅觉、平衡觉以及肤觉、动觉、触觉等,见表4-1,间接的感知觉还有空间知觉。

感知觉类型　　　　　　　　　　　　　　　　　　　　　　　表4-1

感知觉类型	注意方式	感知器官	刺激物	信息感受量分配比例
视觉	看	眼睛	结构物体变化	80%
听觉	听	耳	空气振动	14%
嗅觉	嗅	鼻腔	介质	2%
平衡觉	位置方向	前庭器官	力	2%
肤觉、动觉、触觉	触	皮肤、关节、肌肉	使之感受的物体	2%

驾驶人通过这些感觉,从汽车运动的声音、车速和仪表等的变化中,了解到汽车的运动状态;从道路的两侧、周围环境中了解汽车所处的位置和行驶条件等,这些信息输入到驾驶人的中枢神经,并进行识别、判断和抉择,从而控制汽车。

1. 视觉

视觉是刺激物通过眼睛引起的感觉。驾驶人在行车过程中,由视觉获得的信息占全部信息的80%以上。所以驾驶人的视觉机能对驾驶影响最大。视觉包括视力和视野两种。

(1)视力。视力是指眼睛对物体形象的辨别能力,是指视觉的灵敏程度。视力强,对外界的刺激就能早感觉和识别;视力弱,就不能很快识别刺激物。因此,国家规定,机动车驾驶人两眼视力均为4.9以上(包括矫正视力)。视力包括静视力和动视力。在静止情况下测定的视力,称之为静视力。一般通用的是符合国家标准的E型标准对数视力表,共14行,由上向下排列,在距视力表5米处检查,看清第一行为4.0,第10行为4.9,至最下一行为5.3。驾驶人在行驶中,视觉所接受的是相对运动状态的物体形象,这种视力为动视力。动视力决定于刺激物露出的时间,它比静视力低。刺激物露出的时间越短,动视力越低。汽车行驶过程中,车辆速度越高,驾驶人动视力则越低。例如,每小时车速为60km、80km时,注视点距离分别约为240m、160m。

(2)视野。视野是指头部和眼睛不动时,两眼所能看到的空间范围。它也分静视野和动视野。任何物体都无相对运动时的视野称为静视野。根据测定,两眼视野左右可达160°,单眼视野略小。视野还与颜色有关系,其从大到小依次为白、蓝、红、绿。驾驶人在行车中的视野称为动视野。动视野随车速变化而变化,车速越高,视野越窄。例如,车速为40km/h、60km/h、70km/h、100km/h时,视野分别约为95°、75°、60°、40°。

(3)眼睛的明适应和暗适应。人的眼睛对于光亮程度的突然变化,要经过一段时间才能适应,由暗处到亮处的适应叫明适应,一般需要8s到1min就能适应。人的眼睛由亮处到暗处的适应叫暗适应,从看不到物体到逐渐看到物体,有一段视力恢复过程,一般为3~6min初步适应,15min基本适应,30~40min才能完全适应。黑暗程度不同,恢复时间也不同。暗适应对行车安全有着很大的影响,由于这个原因而造成的交通事故也屡见不鲜。因此,驾驶汽车遇到光线突然不足的情况下,应降低车速,谨慎驾驶。

2. 听觉

听觉是由人的耳膜接受外界声波产生共振而产生的。行车中,要求驾驶人听觉正常,否则,对外界通过声音的方式发生的信息就觉察不到。例如,驾驶人在驾驶中,遇到超车的情况时并没有观察到超车汽车,但此时由于两车交织在一起会发生更大的声音(共振),如果驾驶人听不到就不能感觉到超车行为的发生,不能引起对超车的警觉。外界声音对人来说,只能在一定频率范围内才能起作用,人耳正常的听力频率范围为20~20000Hz。一般情况下,人对1000~3000Hz的声音最为敏感,如果当驾驶人疲劳的时候,感受性将有所下降。但是恢复较快,一般在10~15s就可完全恢复。我国在申请驾驶证时对听力的要求是,音叉距耳50cm能辨清声音方向。

3. 嗅觉

嗅觉是一种由感官感受的知觉。它由两种感觉系统参与,即嗅神经系统和鼻三叉神经系统。嗅觉和味觉会整合和互相作用。嗅觉是外激素通信实现的前提。嗅觉的受器位于鼻腔上方的鼻黏膜上,其中包含了支持功能的皮膜细胞和特化的嗅细胞。驾驶人通过嗅觉可以感知到汽车及汽车周围的信息。例如,通过汽车未燃烧的燃油味道,可以判断汽车发动机漏油;通过汽车橡胶烧焦味道,可以判断汽车密封橡胶或轮胎的损坏;通过迎风而来的液化气味道,可以判断前方液化气汽车的泄漏等。

4. 平衡觉

平衡觉也叫静觉,反映驾驶人身体或头部在空间的位置、方向等姿势,它是根据重力的方向发生的变化而引起的。平衡觉的感受器位于内耳部分的前庭和半规管中。行车中,由于路面不平的变化,会引起驾驶人身体姿势的相应变化,此时,促使内耳半规管处的一种特别液体发生变动,这种变动刺激神经并传到大脑中枢神经系统,从而使人觉察到身体的变化。例如,汽车在弯路上行驶,就会靠平衡觉来判断自己的位置。

5. 空间知觉

空间知觉是对物体的形状、大小、远近、范围等特性的反映。知觉是各个感觉器官对符合刺激物进行分析、综合的过程,也是上述单一指标的二次进阶指标。行驶中,驾驶人对于道路、汽车、环境等都应当有一个形状、大小、远近、方向的了解,以便正确处理行车中出现的问题。例如,通过隧道、窄桥、弯路时,驾驶人对对面是否有来车、汽车是大车还是小车、窄桥的宽窄、前方是否有障碍物等都要作一下详细的了解和观察,待查清以后再作相应的对策。根据心理学研究,形状知觉主要靠视觉、触觉和运动觉参加活动,远近知觉要靠视觉、听觉、运动觉参加活动。空间知觉是在长期的生活实践中逐渐形成和精确起来的。

第三节　感知信息的储存与判断

当驾驶人接收到感知信息后,就要有储存、判断、决策的过程,称为信息处理。为保证驾驶过程的安全性,要求驾驶人在信息处理过程中不得有误。

一、驾驶人的信息储存

驾驶人在行车中,不断地实现注视点的转移,转移之后,大脑皮层里仍然保持着以前注视点的景象,这就是信息的储存。例如,驾驶人经常驾驶汽车往来于某公路,在第一次行驶后,对该公路的道路情况和行驶特点可以做出不同程度的储存,以利于第二次、第三次……的安全运行。道路上的情况是在完成刺激作用后被保留下来的信息,即使这些情况不在前面,它仍然会显现出来,所以这个过程也称为记忆。根据信息储存量的大小和时间的长短,记忆可分为瞬时记忆、短时记忆和长时记忆3类。

1. 瞬时记忆

瞬时记忆也叫感觉记忆,它是极为短暂的记忆。进入到感觉器官的各种刺激,当刺激停止后,感觉并不立即消失,但稍纵即逝。研究证实,通过视觉的感觉记忆,时间不超过1s,通过听觉的感觉记忆不超过4~5s。例如,驾驶人行车中,前方有一比较难以发觉的障碍物,驾驶人在行进中虽条件反射地做过相应的处理,但过去这个念头,就难以回忆这个障碍物的表象。

2. 短时记忆

它是将瞬时记忆中的部分材料和信息予以特别注意并加工储存的信息。储存的时间比瞬时记忆长。一般不超过1min,容量不超过7个信息单位。驾驶人在行车中能接受许多信息。例如,交叉路口前一般有指示标志,如果因故只看一眼便转移到路面上的情况处理,这时立刻回忆,只能回忆5~9个单位的标牌。如果超过7个信息单位,则无法回忆。但是,如果把上面的一系列数字分成几组则可能回忆起全部数字。图4-4a)所示为最高速度限制标记,它表示机动车最高速度(km/h)不准超过标记所示的数值。一旦过目看一下,便能记住标牌中的速度值。但如果改成图4-4b)所示连排的数字就难以记忆。

图4-4　数字的两种排法

短时记忆的特点是信息保存的时间很短,容量有限,易受干扰。短时记忆如果经过复述、运用或进一步加工,就会被输送到长时间记忆中去。

3. 长时记忆

信息在记忆中的储存超过1min,直至数日、数周、数年……,这都叫长时记忆。它的容量是很大的,至今还没有人给它确定一个范围。例如,驾驶人在某处有禁止左转弯标志的路口转弯时被交通警察作违法处理。经过交通警察的教育以及罚款,禁止左转弯已深记于脑。此时的禁止左转弯信息便进入长时记忆,几年或十几年都不会忘记。

长时记忆的特点是对短时内容有加工复述;保持的时间在1min以上,以至许多年,甚至终身;大量的材料是根据其意义联系起来进行编码的,是经过语言加工的;记忆容量非常大,只要有足够的复习,没有数量的限制。

总之,外界物理刺激引起感觉,它留下的痕迹就是感觉记忆,如不注意便瞬息即逝;如果注意就转入短时记忆,对短时记忆的信息,如果不及时加工和复述,痕迹也会消失或被新的信息所取代;如经过复述,就转入长时记忆。信息在长时记忆中被编码,储存起来,但在一定的条件下可以提取转为短时记忆。驾驶人在行车中,不断地接受信息的刺激,有意义的、有用的信息不断地被强化、运用而转入短时记忆或长时记忆。长时记忆储存了大量的能用以解决行车中的许多困难,这些信息就是使驾驶人赖以自豪、骄傲的驾驶经验。

二、驾驶人的信息判断

驾驶人在行车过程中,会遇到许多的信息,此时驾驶人要根据自己的驾驶经验、知识及操作特性进行判断、分析,并做出相应的决策,这一判断、分析的过程称为信息加工。例如,在行驶中,遇有超车、会车等,驾驶人要根据当时的情况和经验做出正确的判断。信息加工过程始终贯彻于驾驶行为当中。如若判断不当,就会采取错误的动作而导致交通事故的发生。有关研究证实,因观察和判断错误造成的交通事故占84%以上。错觉是对外界事物的不正确知觉,其原因可能是生理的,也可能是心理的。当前知觉与过去所积累的经验相矛盾时,或者思维、逻辑推理上的错误等都可能引起错觉。

1. 距离判断

距离的判断对驾驶人行车非常重要。不论是超车、会车，都要对距离进行判断。这种距离是纵向距离，也可能是横向距离。"差之毫厘，失之千里"，对距离判断稍有差错，便会出现恶劣的后果。距离的判断与驾驶年龄有关。有关研究证实，新驾驶人往往低估距离，老驾驶人容易高估距离，分析其原因主要由于新驾驶人担心距离不够而发生撞车，宁肯低估而不开过去。例如，新驾驶人遇有交通信号控制的路口时，往往停在离停止线较远的地方，担心压线或越线而被警察罚款；学员在城市街道跟车时，往往停在距前车较远的地方。另外，驾驶人对汽车左方距离的估计能力优于右方或前方，这主要因为驾驶人坐在驾驶室的左侧，对汽车左方的情况观察比较清晰。

驾驶人在夜间行车中，受前照灯亮度、车速、物体颜色等因素的影响，对距离的判断比较复杂。例如，当汽车驶近白色物体80m左右时，即可认知白色物体；而对穿白色衣服的人则要靠近到45m时才能认知，若要确定此人走向，则要在20m处才可辨认。

对于道路上的各类汽车，驾驶人有时对来车的车长、会车间距、跟车距离产生错觉，使会车的距离不够或跟车的距离过近而导致事故。为安全起见，可采用跟车距离的米数和车速的千米数相同的方法加以预防，如：60km/h的车速时与前车要保持60m间距。会车间距一般为1.5m左右。

2. 速度判断

（1）低估车速。一般情况下，对对面来车的速度估计，驾驶人容易把车速估低，这是因为大多数驾驶人都有先行或抢行的心理，认为对面的汽车比自己车的速度低，让自己汽车先行过去。然而，除了在特殊情况下（如发生故障）会降低车速外，对面汽车驾驶人则认为该车仍应以较高的车速行驶。随着驾驶年龄的不断增长，驾驶人的驾驶技能不断提高，胆量增大，认为对面汽车驾驶人的技能不如自己，其车速也不会快。这是驾驶人对对面来车车速估计的误区，行驶中应当引起特别注意。

（2）城乡道路速度估计。表4-2为某市74名驾驶人分别在市区和郊区道路上的车速估计。从其结果看，一般在市区道路上对小汽车车速的估计高估多于低估，而在郊区公路上对小汽车车速的估计低估多于高估。这主要是因为小汽车在市区里受众多景物的衬托，驾驶人或其他人的视觉感受了许许多多的信息，而且汽车和行人的拥挤使人不乐意看到较快物体移动，使单一的小汽车信息只占全部信息的一小部分，如果小汽车与其他景物移动稍有相对差别，便使人感觉到小汽车的行驶速度是较高的。而小汽车在郊区行驶时，由于汽车和行人相对较少，人们普遍认为小汽车应发挥它的高速行驶作用，行人可以只注意少量汽车，并且不至于因小汽车的高速行驶而带来不安全的因素。因此，小汽车在郊区虽车速达到规定的最高车速，但人们仍感到车速太低。

某市74名驾驶人分别在市区和郊区道路上的车速估计 表4-2

车速估计情况	高 估		低 估		相 等	
	次数	百分比（%）	次数	百分比（%）	次数	百分比（%）
郊区	896	21	2870	65	674	15
市区	1154	44	941	36	545	21

（3）大型车的速度估计。不论是大型车的驾驶人、乘客，还是道路上的其他驾驶人、行人

都这么认为：大型车车速稍有提高（如80km/h），人们便感到车速太快。这主要是因为大型车占用道路面积较大，且又较高，在心理上容易给人产生不安全的感觉。人们希望车速能慢一点，以保证交通参与者及周围环境的安全。

（4）景物参照下的速度估计。行车过程中，驾驶人大多是根据观察到的景物移动作参照物来估计车速的，并不是完全依靠汽车自身车速表的指示来判断。路边景物多时易高估车速，景物少时易低估车速；长时间以某一速度行驶后会对该速度产生适应，对其余速度易于错估，特别是误将高速低估，这是非常危险的，机动车从郊区驶进城区易发生追尾撞车事故，就是这个原因。要减少这种速度误判，最直接有效的办法就是时刻留意车速表，保证车辆在一个法定安全的时速下行驶。

3. 弯度判断

驾驶人在公路上行驶的快慢，经常随公路的弯度而改变。变速的程度也会造成错觉。一般对于未超过半圆的圆弧，驾驶人往往感觉到的曲率半径总是比实际的小，圆弧的长度越短越感到曲率半径小。在连续转弯的山路上行驶，驾驶人会感到山区比平地容易转弯，所以在行驶中容易出现高速连续急转弯情况，这是很危险的。

4. 坡度判断

在距离很长的坡道上下坡，会产生好像是在平路上行驶的感觉；在下长坡接近坡底、坡度变得越来越小的时候，驾驶人往往会以为已变成上坡，若这时踩踏加速踏板，车速会更快；相反，在上坡途中也会产生错觉。

在上下坡之前，切记要试一试制动性能，同时为防止坡度错觉，要注意观察坡道上的标志牌，感觉发动机的声音，选择好挡位等。全国这样的例子非常多，如北京的八达岭高速、济南的东南外环（图4-5）等都有称为"怪坡"的路段。这样的坡道陡而长，没有参照物，开始感觉有坡度，慢慢会感觉没有坡度或者感觉就是平道，当车行至另外一个坡度稍小的坡道时，感觉好像上坡，其实是下坡。

5. 宽度判断

夜间在林荫树夹道的公路上行驶，两旁树木的反光会使驾驶人产生一种汽车在狭窄的通道里行驶的感觉，当路两旁树木变矮或消失后，驾驶人又误以为驶出窄道而开快车；高速超车时会感觉到道路比较窄；转弯时也误以为道路明显变窄（图4-6）；当汽车通过正在施工的路段时，本来路是从中间分开，但却感觉施工的一侧宽，自己行车的一侧窄等。如果路旁的标志物产生变化，要注意留出足够的空间，降低车速，缓行通过。

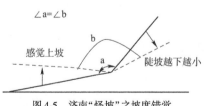

图4-5　济南"怪坡"之坡度错觉

图4-6　宽度错觉和颜色错觉

6. 颜色判断

在市区等交通复杂路段行车，因周围景物五颜六色、相互交错、灯光闪烁，加之人头攒动,极易分散驾驶人的注意力,尤其是在夜间,应当特别注意灯光的区分,避免产生颜色错觉(图4-6)。夜间在城市繁华区驾驶时,注意力一定要集中,万不可受外部环境影响而分散注意力。

7. 光线判断

太阳光、物体反射的亮光、夜间行车时远光灯的强光、会车时的阳光都会使驾驶人的视觉一时难以适应造成光线错觉。在行车中应尽量避免光线变化的刺激,避开强光或明亮的物体,如霓虹灯、玻璃墙上镜面的反射等(图4-7)。在遇到光线频繁变化时,应注意减速慢行。

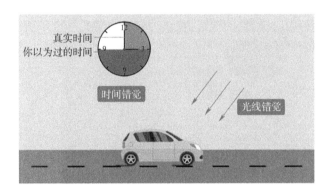

图4-7 光线错觉和时间错觉

8. 时间判断

驾驶人心情愉快时,行车中往往感觉时间过得很快,而心情烦躁时就会感觉时间过得慢。另外,在任务紧急、急于赶路时觉得时间短,容易产生抢行或盲目开快车,这种超前心理也会造成错觉(图4-7)。此时,驾驶人切忌心浮气躁,应调整好心态,耐心驾驶,控制车速,确保安全。开车上路最怕的就是错觉,一点的错觉都会令驾驶人陷入危险。驾驶人开车时一定要集中注意力,可不要被自己的眼睛欺骗了,细心留意参照物,让错觉消失无踪,安全行车。

第四节 驾驶操作

驾驶操作是用肢体作用于操纵件上的动作,是驾驶心理模式必不可少的一部分,是实现控制汽车的最后环节,也是驾驶人心理活动的最后程序。一般来说,驾驶操作在驾校或取得驾照之后的一段时间内经驾驶实践而形成。

根据《机动车驾驶培训教学与考试大纲》,汽车驾驶操作主要分基础驾驶,场地驾驶和实际道路驾驶,场地驾驶还分为倒车入库、侧方停车、曲线行驶等项目,道路驾驶分为跟车行驶、变更车道、靠边停车、掉头、通过路口等多个项目。这种分级分类方法,是基于实际实施方便或根据传统培训经验演化而来,并非适合驾驶心理学分析。为方便进行心理分析,根据驾驶操作的目标可分以下3个层级。

一、单一操作

单一操作是指驾驶人经过感知、判断或再感知、再判断等若干次心理程序及修正后的肢体与操纵件之间实现单一操作关系的过程（图4-8）。操纵件是指在驾驶室内，驾驶人频繁接触到的汽车驾驶操纵部件，如离合器踏板、加速踏板、制动踏板、转向盘、驻车制动器操纵杆、变速器操纵杆等。其操作是具体的单一的操作动作，也是狭隘的操作动作，是局部的人机交互，是肢体与操纵件的"一对一"直接接触。

在实际驾驶中，操纵件的单一操作是直接的、频繁的，也是精准的、精细的。例如，在高速公路上用不同车速行驶时，同样的弯道，转动转向盘的幅度不同，如图4-9所示。

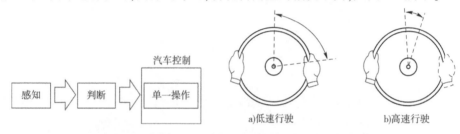

图4-8 单一操作　　　　　图4-9 不同车速下转向盘转动的角度

高速行驶转弯"三指法"就是指驾驶人在高速行驶中，转动转向盘的幅度一般以两指宽（4~5cm）为宜，最多不超过三指。这是因为在高速公路上行驶车速快，车轮对转向盘转动的灵敏度增加，猛打转向盘或打转向盘的转动量较大时，会使转向时的汽车离心力过大而容易发生侧滑或侧翻事故。用一般道路上操作转向盘的方法显然不适用于在高速公路上行驶，需要更加谨慎、精细。

二、复合操作

从心理过程看驾驶操作，驾驶操作并不仅仅是只有单一操作就能完成驾驶操作目标的。例如，汽车起步、停车、转弯等，都是比单一操作复杂的驾驶操作。需要多个操纵件联合协调配合操作。在实际驾驶中，选择单一操作还是复合操作，应视交通情况而定。这种由驾驶人经过感知、判断或再感知、再判断等若干次心理程序及修正后的由单一操作联合而成的操作称为复合操作，如图4-10所示。

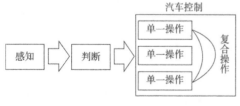

图4-10 复合操作

例如，汽车起步需要离合器踏板、加速踏板、驻车制动器和变速器操纵杆等多个操纵件的同步协调操作。从心理学的反应属性看，这属于复杂反应。需要驾驶人身体协调能力支持下的多个肢体动作的协调配合完成。如图4-11所示的停车过程，就是复合操作，复合操作比单一操作难度大。只有转向盘、变速器操纵杆、加速踏板、制动踏板的协调操作准确、及时，才能完成。目前复合操作在《机动车驾驶培训教学与考试大纲》中第二部分的"基础驾驶"中进行。但在实际驾驶训练中，有些驾校未经单一操作训练而直接进行复合操作训练,这不符合驾驶技能渐进式形成规律,也会在训练中事倍功半,况且学员在最后的驾驶考试中也往往因单一操作失误而不合格。

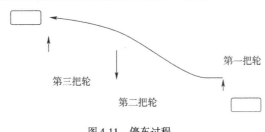

图 4-11 停车过程

三、高级操作

在汽车驾驶中,类似汽车起步、停车、掉头等,都是最基本的驾驶,也是汽车驾驶中的基础驾驶。其实还有更高级的驾驶操作,如驾校里类似倒车入库、曲线行驶、侧方停车等项目,都是驾驶人经过感知、判断或再感知、再判断等若干次心理程序及修正后的汽车驾驶中的高级操作,如图 4-12 所示。它是在复合操作基础上的高一级操作,难度比复合操作更大。整个高级操作中,需要反复地进行起步、停车、转向、倒车、前进等复合操作,非常挑战一个人单一操作、复合操作的多频次配合能力,即身体协调能力的极限。此时,身体协调能力会变得异常重要。

一般来说,人的身体协调能力并非人人都好,也不是学习成绩好就高。根据粗略统计,大约三分之一的人,身体协调能力是比较优秀的(技能型人才),大约三分之一的人相对比较差,剩余的也占三分之一。往往身体协调能力比较差的人,可能知识能力比较强(知识型人才)。社会上为何有人炒作学车难考证难,可能与知识型人才群体的身体协调能力差、存在短板有关。

一般来说,高级操作在进出停车场、复杂道路、特殊气候、倒车入库、曲线行驶、侧方停车等项目或在比赛或特定环境下的训练与考试时使用,即小概率使用或职业驾驶员经常使用。如图 4-13 所示为倒车入库项目,其教学目标是由多个要求组合而成的(如考试标准要求)。此项目训练需要一定的学时,几乎触及有些人的身体协调极限,甚至几十年驾龄的驾驶人,如果不进行有意训练,也不会轻易完成。

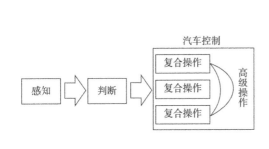

图 4-12 高级操作

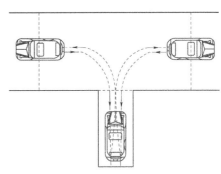

图 4-13 高级操作举例(倒车入库)

在实际汽车驾驶中,操作频次按照高级操作、复合操作和单一操作排列渐次变高;操作精确度按照高级操作、复合操作和单一操作排列渐次变大;身体协调能力按照单一操作、复合操作和高级操作排列渐次变强,且具有反包容的关系。这种归纳,作为一个熟练的驾驶人似乎显得比较烦琐,甚至没有必要。但随着大数据时代的到来,细化驾驶操作,在确保驾驶操作前置心理过程完全准确的前提下,建立心理过程与驾驶操作的关系,正确认识不同目标下三个层级操作的权重,对提高驾驶过程精确度或智能化训练将有很大的作用。

第五章

驾驶适应性

从公安机关交通管理部门发布的驾校考试合格率看,考生科目二、科目三道路驾驶技能考试合格率的差异性比较大。部分考生,甚至多次考试不合格;即使考试合格获得驾驶证的驾驶人,也有一定比例的驾驶人存在着不能或不敢驾驶的现象;更有甚者,还有一些驾驶人经常违法被扣满12分或经常发生道路交通事故。出现以上情况,可以找出许多原因,但可能最根本的一条就是驾驶适应性问题。

第一节 驾驶适应性的内涵

一、驾驶适应性的定义

我们知道,职业适应性是指一个人从事某项工作时必须具备的生理、心理素质特征。它是在先天因素和后天环境相互作用的基础上形成和发展起来的。如果是职业驾驶员,驾驶适应性是职业适应性的一种,是指驾驶人安全有效地驾驶汽车所必须具备的生理、心理素质的最低特征,包括职业训练前已具备的天生的、潜在的素质和由后天经验或学习所形成的整体能力。但普通驾驶人,也存在驾驶适应性,即在生活性汽车驾驶中,能安全有效驾驶汽车所必需的生理、心理素质对应的基本能力特征。

二、驾驶适应性的三个突出特性

驾驶适应性具有以下3个突出特点。

(1)广泛性:驾驶适应性是指普通成年人都能具有的一种驾驶汽车的能力。凡是达到一定生理、心理素质要求的人都可能具有驾驶适应性。因此,驾驶适应性具有广泛性的特点。

(2)淘汰性:一般适性的研究旨在选择具有特殊能力的人,即选择那些将来可以从事诸如音乐、美术等特殊职业的少数人,是从大多数人中间选出少数适合的人。而驾驶适应性的研究旨在淘汰那些不适合驾驶汽车的少数人,是在大多数人中淘汰少数不合适的人。在一般适性研究中,适合者少,不适合者多;对驾驶适应性而言,适合者为大多数,不适合者为极少数。

(3)易变性:在道路交通过程中,有环境的不安全因素和人的不安全因素。环境的不安全因素包括道路的不安全因素,如交通拥挤、道路设计不合理等,具有相对的稳定性;人的不安全因素,包括驾驶人生理、心理素质状态、家庭关系、工作环境等,具有很大程度的易变性和难预测性。

三、驾驶适应性与事故倾向性

驾驶适应性的反证科学依据就是事故倾向性,即因为人具有事故倾向性,反之人也具有驾驶适应性。

事故倾向性(Accident Proneness)是指在一定时期内和特定环境下,某人具有潜在的诱发事故的生理、心理素质特征,它既是稳定的也是可变的。在同样的情境下,有些人由于生理或心理上的原因,比另外一些人在本质上更易发生事故。它偏重于个体之间的内在差异,并且是因人、因时而异的。事故倾向性驾驶人虽然也会引起事故伤害,但往往都是非故意的、过失的。

事故倾向性传统理论认为,道路交通事故主要是由人、车、路三方面的因素引起的,其中人的因素起了主要作用。根据美国印第安大学的一项事故调查研究,至少有92.6%的交通事故与人的因素有关。早期研究主要集中在以下3个方面:(1)从生理指标、感知觉等方面来探讨事故致因;(2)事故倾向的精神医学分析和身心医学研究;(3)认知方式的差异影响事故的发生,场独立性和场依存性是研究最广泛的课题。

在定义事故倾向性驾驶人之后,为了探讨我国驾驶人是否存在事故倾向性,金会庆等对1983—1992年合肥、济南、西安三市的驾驶人事故情况进行了比较研究。研究认为,我国驾驶人群中存在事故倾向性驾驶人的比例为6%~8%。进一步研究发现,这6%~8%的事故倾向性驾驶人发生的事故数占驾驶人群体总事故数的30%~40%。

20世纪50年代,以产业心理学领域为代表,开始对事故倾向性概念、理论及调查方法提出各种质疑。例如事故率的降低并不总是受事故多发者的影响;事故倾向性是人与环境相互作用的产物;环境的作用对事故倾向性特征的表现程度有很大影响;事故多发者并非都是事故倾向性者等。进一步研究证实,早期的研究对事故频发的致因控制不够,包括年龄、工作环境、危险水平、家庭环境、事故报告偏见等,还需要在今后的研究中进一步对事故倾向性有一个完整的、科学的定义和解释。

第二节 驾驶适应性的特征

一个人是否适合驾驶汽车不是由单一因素决定的,其与驾驶安全有关的心理、生理素质等多种因素有关。

一、驾驶适应性心理学特征

1. 速度估计

速度估计(Speed Anticipation)是运动知觉的一种,是指对速度感知判断的准确性及过高或过低估计车速的倾向,可通过图 5-1 中的仪器来测试。在驾驶过程中,驾驶人经常要对距离和车速进行判断,以完成避让、超车、会车等驾驶行为。驾驶人对速度的感觉,主要是通过边缘视区中景物的移动来获得。速度估计受行车条件和环境的影响,但也与驾驶人的个人素质和经验有关,即使是在同样的驾驶环境条件下,不同驾驶人对速度的估计偏差也不一样。速度估计类似于日常所说的"谁快些,谁先到!"是一种心理预期效应。

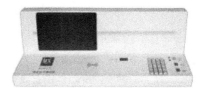

图 5-1　速度估计测试仪

在驾驶过程中,驾驶人对两车间的距离和对相对速度的估计往往比对自车速度的估计更为重要。高估两车的相对速度,容易造成追尾;会车时速度估计偏低或距离估计偏大,也会造成正面冲撞。因此,速度估计与驾驶安全密切相关。

2. 注意

注意(Attention)是指人的心理活动指向并集中于某一对象时的心理现象。驾驶人的注意是指驾驶人在驾驶过程中,心理活动有选择地指向和保持集中于一定的道路交通信息。正是由于这种心理活动的存在,驾驶人才能及时、有效地获得行驶过程中的各种道路交通信息,经过信息加工、采取适宜的驾驶行为来保障行车安全。注意可以通俗理解为日常所说的"把某东西看紧了!""不要走神,全神贯注某事"等。

驾驶人在驾驶过程中,与驾驶安全有关的主要注意品质有:注意的广度、注意的分配、注意稳定性、注意的转移。注意的广度又称注意的范围,是指驾驶人在同一时间内能清楚捕捉到对象的数量。注意的分配是指在同时进行两种或两种以上活动时,把注意指向不同的活动对象的能力。驾驶人在驾车过程中必须把注意有效分配在有关的道路交通信息上,即选择性注意能力。注意稳定性是指注意长时间地保持在某种事物或某种活动上。驾驶人在行车过程中需要在一定时间内把注意集中于一定的交通信息,防止驾驶人注意力分散、注意力不集中。注意的转移是指驾驶人积极、有效地把注意从一种信息转移到另一种信息上的能力。事故驾驶人经常表现为注意的转移迟钝。

研究发现,事故倾向性驾驶人的总失误次数明显高于安全驾驶人,表明事故倾向性驾驶人的注意稳定性差,很难把注意力在一段时间内完全集中于当前事物,因而难以有效识别危险障碍物,从而引发交通事故。事物倾向性驾驶人在复杂的信息条件下注意力分配不当,不能使注意力有效分配在当前的各个任务上,因而表现出顾此失彼的现象。对两组驾驶人操作练习率的进一步比较还发现,事故倾向性驾驶人的练习率明显低于安全驾驶人,可见事故倾向性驾驶人注意保持的持续时间短,易受外界因素干扰,注意易分散。

3. 反应特性

反应是指人体器官因外界刺激而发生的效应动作,整个过程所需要的时间称为反应时间,又称反应潜伏期。反应时间包括感觉器官接受刺激所需要的时间、大脑信息加工所消耗的时间、神经传导的时间以及肌肉反应的时间。反应时间分为简单反应时间和复杂反应时间。简单反应时间是指对单一刺激做出确定动作的反应时间。复杂反应时间也称选择反应时间,是指在各种不同的刺激之间选择出一种刺激作出反应的时间。反应具有两个品质:一是敏捷性,二是准确性。常用反应时间表示反应的敏捷性,即反应快慢。用反应错误率或正确率来表示反应的准确性。安全行车要求驾驶人反应既要快、又要准。

由于道路交通瞬时动态变化,驾驶人在行车途中随时会遇到各种各样的复杂情况,因此,要求驾驶人必须时刻保持警觉,对随时出现的危险情况作出及时正确地判断、选择和反应。驾驶人在行车途中复杂反应的内容包括位置刺激反应、时间刺激反应、声音刺激反应等,一般可通过图5-2中的仪器测量驾驶人的复杂反应特性。研究表明,驾驶人反应不及时、制动过缓、制动过错等在交通事故的原因中占有相当大的比例。尤其是由误操作加速踏板与制动踏板引起的事故危害更大,这些都是误反应特征的典型表现。通过对比事故组和非事故组驾驶人反应特性测试结果,发现事故倾向性组反应特性不合格的人数显著高于安全组。事故倾向性组平均误反应次数≥4的驾驶人占75.0%,而安全组误反应次数≥4的驾驶人仅占26.7%,两组差异显著。可见,复杂信息条件下,事故倾向性驾驶人的误操作次数多,复杂反应判断能力普遍较差。

图5-2 复杂反应判断测试仪

4. 个性特征

一个人身上经常地、稳定地并带有一定倾向性地表现出来的心理特征的总和就是个性(Personality)。个性也叫人格,通俗理解为人的脾气或者性格。如有的人脾气暴躁,有的人脾气温和,有的人性格内向,有的人性格外向等,这些都是个性的特征表现。个性具有相对稳定性,因此,可以采用一定的手段进行测量或评判来判别一个人的个性类型。但是个性也有一定的可塑性,如有人说某个人最近性格变化很大,不像以前那样暴躁了,这就说明人的个性可以改变,利用个性的可塑性,可以通过训练手段来矫正不良个性。

研究表明,驾驶人个性与交通安全密切相关。临床心理、社会精神障碍、应激、量表测验、投射测验、场独立测验等多方面的研究均在不同程度上证实事故倾向性驾驶人个性特征的存在。

5. 安全态度

安全态度(Safety Attitude)即指对安全的心理倾向性。驾驶人的安全态度就是驾驶人在行车中必须具备的安全行驶的观念。态度是一种主观意志,它通过主观看法左右了所采取的行为,与行为具有高度一致性。正如足球教练米卢先生的一句名言"态度决定一切"。虽然有点武断,但一定程度说明了态度的重要性。安全态度决定了对交通安全的重视程度,驾驶人如果不重视交通安全,难免会发生交通事故。

我国学者采用驾驶人安全态度量表对三组驾驶人进行测试,结果表明:安全组、事故偶发组、事故倾向组在责任归属、自我中心、自信心、行动性、冲动性、轻率性和认知性7个分量表上的得分均存在显著意义的差异。事故倾向性驾驶人群存在潜在的、稳定的、易发事故的不安全态度特征,表现在事故责任归属时倾向外归因、以自我为中心、自信水平高、行动无准备性、冲动、驾驶行为不慎重、认知能力差等特点。事故倾向性驾驶人在事故责任归属时很少追究自身原因,事故发生后这类驾驶人不会认真总结经验教训,不充分认识自身的素质水平,对事故预防没有足够的警惕,易出现反复发生事故的现象。认知失误也是事故倾向性驾驶人不安全态度的特征之一。事故倾向性驾驶人对交通信息预测乐观,不能从众多的交通信息中发现潜在的危险因素,因而驾驶行为总是无准备、盲目超车、开快车,在特定的交通环境中极易诱发事故。

6. 危险感受

危险感受(Risk Perception)的概念源于20世纪70年代,主要是指对外部环境潜在危险的主观认知、评价及其相应的准备行为。其中,危险有客观危险(Objective Risk)和主观危险(Subjective Risk)之分。客观危险是指驾驶中各种不同的、具体的交通障碍,如儿童行人、雾、雨、雪等,通常以危险暴露距离和时间或危险人群的规模等形式表示,还有以危险情境的年死亡数、危险暴露的每小时死亡率、生活期望丧失来表示。主观危险是与感知危险水平有关的心理维度,它受个人经历、当时情境等因素的影响。主观和客观危险是危险感受的两种水平。不管是主观危险还是客观危险,驾驶人的危险感受能力影响其安全驾驶水平。

研究表明,事故倾向性驾驶人群与安全驾驶人群的危险感受水平存在显著差异,不论在交通信息的认知方面,还是在行动的风险决策水平上都存在差异,即危险感受能力低下的驾驶人在驾驶危险认知方面以及行动准备性方面可能存在一定程度的缺陷。研究还发现,不同驾驶经历的驾驶人群危险感受水平各不相同,驾驶经历为1~5年的驾驶人与驾驶经历为6~10年、10年以上的驾驶人之间知觉点存在显著性差异,而驾驶经历为6~10年与10年以上的驾驶人群之间知觉点差异亦明显,即知觉点随着驾驶经历的增加而增加。缺乏驾驶经历的驾驶人注意力分配不当且不能有效收集交通信息,因而知觉点得分少。驾驶经历越丰富,驾驶人越有经验将注意力集中在有效的道路交通信息上,越容易发现潜在的交通风险。因此,驾驶人应该不断提升自身的危险感受能力。

二、驾驶适应性生理学特征

驾驶适应性要求驾驶人必须具备一定的生理素质才能胜任驾驶工作。机动车驾驶人在工作中因生理原因出现任何过失都会侵害他人合法权益,同时自己也承担相应风险和健康后果,因此,驾驶人必须高度重视自身生理条件存在的问题,提高综合风险防范意识。驾驶人的生理素质至少包括视力、视觉机能(动视力、立体视觉、深视力、夜视力)、辨色力及听力等,这些基本条件直接影响驾驶安全。

1. 视力

视力是指人的眼睛辨别物体形状的能力。它分远视力(5m或5m以外的视力)及近视力(阅读30cm距离视力表的视力)。通常所说的视力是指静止状态下的中心视力,即远视力。据洛克威尔(Rockwell)的研究,在人脑获取的全部信息中,有95%以上的信息获取来自视觉。可见人眼在认识外界事物中占有极其重要的地位,驾驶人更是如此。

驾驶安全要求驾驶人必须具有良好的视力,因为这是安全驾驶必备的基本生理条件。研究表明,只要不低于驾驶人标准视力,则视力的优劣与交通事故的发生不存在高强度的联系。因此,对驾驶人标准视力的大小,世界各国均做了相应的要求。我国《机动车驾驶证申领和使用规定》明确规定,申请大型客车、重型牵引挂车、城市公交车、中型客车、大型货车、无轨电车或者有轨电车准驾车型的两眼裸视力或者矫正视力应达到对数视力表5.0以上。申请其他准驾车型的,两眼裸视力或者矫正视力应达到对数视力表4.9以上。日本对职业驾驶员的视力要求规定如下:双眼视力为0.8以上,单眼视力在0.5以上,此外,在相应法规中对夜间照明、眩光影响、对比敏感性等方面都做了明确规定。可见,驾驶员的视力条件应该是驾驶适应性最基本的要求。

2. 动视力

动视力,是指人与物体存在相对运动时,人眼对物体的辨别能力,即在运动状态下的视力。动视力也是视觉感知机能之一,它是反映视觉和眼肌系统的整合功能,一般可通过图5-3中的动视力测试仪来测量。按驾驶人眼睛与目击物运动对象的不同,常将动视力分为三种:人动视力(如驾驶人看标志时)、物动视力(只有对象物体运动)、全动视力(如驾驶人看路上行驶的汽车),各种动视力均存在相对运动,运动对象的速度、节律、方向等均影响动态视力大小。经研究发现,动视力辨认物体时存在一个可辨区域,驾驶人在驾驶过程中,视标物由远向近移动,当视标物距离很远时,视角太小不易分辨;当视标物距离较近时由于速度较快,视力减弱较大,不足以靠视角扩大来弥补。于是动视力对于视标物而言在远与近之间产生了一个可辨区域,即视标物只有在此区域内方可被识别。动视力在辨认物体

图5-3　动态视力测试仪

时不仅存在一个可辨区域,而且对视标物的可辨宽度也有一定的限度,即存在最小可辨宽度。驾驶人在行车过程中车速加快,可辨区域的最近点近移,最远点有较大幅度位移,驾驶人用于有效识别视标物的时间缩短。如果车速过快,驾驶人有效识别时间和反应时间大于视标物从可辨区域的最远点向最近点移动的时间,驾驶人不能分辨视标物,这时必须靠增加视标物的宽度来进行弥补。因此,在道路两旁设置交通标志或在交通工程设计时必须考虑到动态视力的视觉辨认特点。

驾驶人在行车过程中,约95%的视觉信息都是动态信息。因此,动视力比静视力更为重要。驾驶适应性要求驾驶人必须具备良好的动视力。因为驾驶时,驾驶人的注视点较远,随车速增加注视距离也相应增大,若其动视力低下,则其静、动视力衰减较大,在视力方面对运动状况适应性低,因而在行驶中无法看清注视点的交通信息,也就无法发现注视点的危险情况,容易发生事故。大量研究表明,事故倾向性驾驶人的动视力明显低于安全驾驶人,而两者的静视力却没有多大差异。布格(Burg)和施纳(Shinar)的研究证实,动视力比静视力与事故的关系更密切,尤其在老年驾驶人中表现特别明显。因此,人们把动视力作为筛选事故倾向性驾驶人的指标之一,开展驾驶适应性的动视力检测将有利于提高交通安全系数,排除事故隐患。

3. 立体视觉与深视力

外界物体的形象通过每只眼的感觉系统,将信息传递到大脑视中枢,视中枢将分别来自

双眼的物象综合成一个完整的、单一的并有三维空间的物象,即为立体视觉。这种两眼视物只产生一个物体形象时,这个物体物象落在两眼视网膜上相应的点叫对应点。例如,两眼黄斑就互为对应点,如果物象不在两眼的对应点,则会产生复视。可见,立体视觉是双眼视觉的结果。双眼视觉的功能可分3级:Ⅰ级为同时视,即两眼对物象有同时接受能力,但不必二者完全重合;Ⅱ级为融合,即大脑综合来自两眼的相同物象,并在知觉水平上形成一个完整的印象;Ⅲ级为立体感,Ⅲ级功能是建立在Ⅰ、Ⅱ级功能的基础上的,两眼的视力如果相差很大,如一眼弱视或两眼屈光度相差较大,则两眼所看到影像不能融合为一体,而不能产生立体感。

立体视觉的功能根据被视物的动静之别可分为立体视力和深视力两种。立体视力是用来表示辨别静止物体空间位置的能力,而深视力是指反映运动物体距离的感知能力,二者同时产生立体视觉,但是各有所异。前者主要是侧重于双眼视觉的生理过程,而后者侧重于心理感知。深视力即深度感知,其是通过两种空间频率通道来辨别物体远近的。一种是针对注视面前方的通道,另一种是针对注视面后方的通道,两通道的信息在大脑纹状皮质及其周围皮质处进行整合,从而产生距离感,于是双眼视差的理论广泛被人们所接受。因此,现有的深视力测试仪(图5-4)或者深度知觉测试仪大多是根据双眼视差的原理而设计的。随着研究的深入,人们还发现,除了双眼

图5-4 深视力测试仪

视差可以感知物体远近外,其他一些物理线索和动觉线索也有助于物体距离的感知,具体地说,前者包括物体大小(近处物体大些,远处物体小些)、物体遮挡(前面的近,被遮挡的远)、明暗分析(近物清晰,远物模糊)、线索透视(近物视角大,远物视角小)、运动视差(观察运动物体,越近显得越快;从运动的车上看静物,近物快速后退,远物与车同行)、表面组织结构(地面的结构越远越密集)。后者包括眼睛调节(睫状肌调节产生的动觉信号成为距离的线索)以及双眼辐合(视近,辐合程度大;视远,辐合程度小)等。这些线索在各个距离上都可以利用,但物理线索主要用于对远处物体的感知,而动觉线索只在10m至数十米范围内起作用。不管是哪条线索,在没有彻底明了立体视觉形成机理之前,人们还是倾向性认为,双眼视差是形成深视力的基础,而立体视力则可能与视觉传导的秩序性密切相关。

由于一切物体包括人自身都处于相对运动之中,驾驶人是凭借深视力来快速准确地判断运动物体的距离和空间位置的,当驾驶人深度知觉较差或欠佳时,常因对距离和速度的判断错误而发生交通事故。日本自动车事故对策中心及国内学者对此也做了一系列研究,结果均证明,事故倾向性驾驶人深视力明显低下。可见,驾驶人的深视力水平与交通事故的发生关系密切。

4. 夜视力

夜视力是指在黑暗环境条件下,人眼辨别物体细节的能力,又叫暗适应视觉,它是人眼光觉的一种形式。人们通常以暗适应时间作为评价夜视力的指标。人眼视觉功能包括光觉、形觉、色觉及立体视觉等方面。其中光觉包含暗适应视觉(即夜视力)。光觉的形成取决于视网膜上的感光细胞,其视锥细胞对光的敏感性较差,但能产生色觉,而且分辨力较强。

夜视力主要与视杆细胞功能有关，视杆细胞具有较强的光敏感性，能感受弱光。

明亮环境下，眼对光的敏感度较低，这时的视觉功能由视锥细胞完成，称为明适应状态。从黑暗环境进入明亮环境时，视力要经历一个过程，这个时间很短，约 1min 即可完成。因此，人从暗室中走到阳光普照的户外时，感到阳光炫目，周围景物一片白，约 1min 后，明适应过程完成，感光阈值较高的视锥细胞开始履行视觉功能，周围物体就可看得清楚。反之，当从明亮环境进入黑暗环境时，敏感度低的视锥细胞不能分辨弱光下的物体，因此感到周围一片昏暗，渐渐地才能分辨出周围物体，这个过程称为暗适应过程，所需时间较长，约需 30min 才能获得在黑暗环境下的最佳视力。在暗适应下，视觉功能由视杆细胞来完成。

视杆细胞在弱光下工作，有赖于一种光敏色素——视紫红质的存在。感光物质视紫红质是视黄醛和视蛋白的结合物，对光极为敏感，在光照作用下即被分解而漂白，同时释放出的能量兴奋视杆细胞。视紫红质分解后的视黄醛在维生素 A 酶的作用下变为维生素 A，储存于视网膜的色素上皮细胞中，在黑暗环境中维生素 A 在酶作用下又变为视黄醛，进而与视蛋白结合成为视紫红质。环境越暗，视紫红质的浓度越高。因此，暗适应过程实质上是视紫红质恢复快慢的过程。从上述夜视力机制中可以看出，若视杆细胞有病变，或者体内维生素 A 缺乏，暗适应能力即降低，从而出现夜盲的症状。

驾驶适应性要求驾驶人应具有良好的夜视力，一般可通过图 5-5 所示的暗视力测试仪来测量。苏联交通事故统计表明，若白天 1h 发生了 3.8 次交通事故，夜间 1h 则发生 7.1 次事故。瑞典不幸事故预防研究所研究显示，一昼夜中白天与夜晚交通事故的比例，车撞行人为 1∶9，车撞骑自行车人为 1∶2.6；车撞障碍物为 1∶1.9，夜间交通事故的危害较白天严重。在美国，城市和市郊公路上死亡事故有一半发生在夜间，1km 行程中死亡人数，夜间比白天高出 1.5～2 倍。驾驶人夜间行车事故的发生率高于白天，其主要原因是夜间视觉获得的交通信息只有白天的 50% 左右。由此可见，驾驶人夜视力的好坏与交通事故的发生有着十分密切的关系。

图 5-5　暗视力测试仪

驾驶人的夜视力影响交通安全主要体现在以下 6 个方面。

（1）视觉错觉。夜间驾驶人较难判断汽车的行驶速度，且同样的距离在白天看来要短些，但在夜晚看起来要长些，这是由于运动视差（物体运动与观察者距离之差率）导致夜间驾驶人员会偏高估计车人（物）距离，从而易发生交通事故。

（2）色觉丧失。在夜间，由于视锥细胞功能显著下降，驾驶人对所有目标失去了色彩感，颜色的深浅差别也丧失；白天通过行人的衣着来观察行人距离的能力下降，易引发生碰撞事故。

（3）视力的短暂丧失。夜间行驶，因汽车经常交会，或路面照度分布不均，或路面交替出现水渍，这些情况不仅导致驾驶人的炫目感觉（明适应），而且会引起随后较长时间的暗适应。会车后的暗适应时间大约为 10s，时速为 40km 的汽车在这段时间里已驶出 100 多米，在这段近乎盲视的时间内极易发生交通事故。

(4)对比度下降。夜间背景昏暗,驾驶人由于感觉的反差度被破坏,很难看到沿车边或路边行走的行人,导致车与行人间的事故明显增加。

(5)反应时间延长。驾驶人在夜间分辨目标物而获得信息所需要的时间比白天要长。一般平均反应时间延长为 0.6~0.9s。如果汽车以 40km/h 的速度行驶,在此段时间内汽车要向前多移动 7~10m,即驾驶人在发现目标物(行人或汽车)时,往往已逼近目标物,交通事故发生概率明显增加。

(6)自身速度错觉。自我运动知觉(动觉)一直是夜间交通事故研究的重要课题。动觉在视觉信息降低时下降,夜间行驶,驾驶人只能看见前照灯照射的很窄的范围,视觉信息量明显减少,驾驶人易低估自己的速度。另一个可能原因是视觉在解剖学上存在两个系统,一个感知细节,一个感知空间,感受空间的系统可能对信息的减少感知更不敏感,导致驾驶人在无形中提高车速。夜间交通事故的原因很复杂,远远不只是上述所言,夜视力低下只是其中的一个方面。为了提高交通安全系数,限制夜视力存在缺陷的驾驶人夜间行车,有望大幅降低夜间交通事故发生的概率。

5. 辨色力

辨色力是指人眼辨别物体颜色的能力。人眼辨别颜色的功能是视觉机能之一,不同波长的光引起的不同的视觉反应即是色觉。自然界的光来自太阳,太阳光内含有不同波长的光,其中 400~750nm 波长的光可以引起视觉,从 750nm 的较长波长至 400nm 的较短波长,依次呈现为红、橙、黄、绿、青、蓝、紫色,构成一个连续的光谱。色觉是人眼对光的一种视觉反应,不同波长的可见光则产生不同的色觉反应。色觉的形成机理可用三原色学说解释:红、绿、蓝为 3 种原色,其他色调都是这 3 种原色按不同比例混合后而得到的。人眼视网膜也只有色觉的 3 种视锥细胞,各含有不同的感光色素,分别对红、绿、蓝光的刺激特别敏感。按不同比例混合的各种光进入视网膜时,则使 3 种视锥细胞受到不同程度的刺激,因而产生各种颜色的色觉。人眼通常能分辨 180 多种颜色,训练有素的美术工作者或一些特殊专业工作者辨色力更强。一般可通过图 5-6 的色觉测试仪来检测人的色觉。

辨色能力的缺陷叫色觉异常,它包括色盲和色弱。有些人缺乏辨别某种颜色的能力,称为色盲。根据不能辨别的颜色程度不同分为部分色盲和全色盲。全色盲是指完全不能分辨颜色者;部分色盲是指仅仅不能分辨某一种颜色者。在色盲患者中,较多的是部分色盲,全色盲的人数极少。中国人的色盲率,男性色盲约占 6%,女性约占 1.5%,男性色盲人数多于女性。动物界中的猫头鹰因缺乏视锥细胞,是唯一不能分辨颜色的色盲鸟类。

图 5-6　色觉测试仪

色盲有先天性和后天性两大类。前者是遗传性缺陷,后者见于视网膜、脉络膜、视神经的疾病。全色盲是缺乏识别色调和饱和度的功能,只具备对亮度的感觉。在这样的色盲者眼里,世界就像黑白照片、黑白电视一样,色泽单调。全色盲很少见,人群患病率只有几十万分之一。部分色盲尚能感受三原色(红、绿、蓝)中的某两种颜色,它又分为红色盲、绿色盲和青黄色盲三类。红、绿色盲是最常见的色觉异常,青黄色盲者不能感受光谱的紫色端,极为少见。色弱是指三色视觉中某一种感光色素异常（不是缺失），具有对三原色的感受能力，但对色调和饱和度的辨识能力差，对三原色按不同比例混合的识别力不如正常人，又称异常的三色视觉。色弱在程度上差异较大，重度色弱接近于色盲，而轻度色弱又与正常色觉相差甚微。色弱分为红色弱、绿色弱和青黄色弱三类。

色觉同视力一样，时时刻刻与我们的生活和工作紧密相连，不论色盲还是色弱，对颜色辨别不清，影响视觉信息采集和加工，由于交通环境中的信息量大，多数交通信息是以颜色来表达的，一切交通标志、交通标线、交通信号灯以及很多的路面交通信息均与颜色有关。若驾驶人患有色盲，则不能视认它们，所有的交通信号对其将失去交通指挥控制的作用，以致扰乱交通秩序，造成交通阻塞甚至引发恶性交通事故。所以不管是哪一种色盲或色弱患者，都难以胜任安全驾驶汽车的职责。因此，驾驶适应性要求从事驾驶工作前必须检查辨色力。汽车驾驶的职业禁忌证均一致规定，色盲或色弱患者禁止驾车。

6. 听力

听力是指人耳辨别外界物体声音特性的能力。在日常生活中人们需要听力来进行相互交流以及为各种行为获取判断依据，人在特殊环境下还可以利用听觉进行声音通信。在机动车行驶中，驾驶人除主要依靠视觉器官获取信息外，也需要听觉器官来获取信息。为保证交通安全，要求所有驾驶人必须具有正常的听觉功能。听觉是人类生理适应的重要组成部分。

声音是以声波形式传递，声波必须传到耳朵内耳的耳蜗才能引起听觉。形成听觉不仅仅在于能听见声音，关键还要对声音进行辨别。声音的不同主要是由于其声波的频率差异所致。辨别声音的强度即音量的大小一般不太难，难点在于辨别声音的微小差别——声音的频率。觉察频率变化的能力通常以能够分辨的两个音之间的最小频率差来表示。在2000Hz以内的声音人耳可辨别的频率差约为2Hz，2000Hz以上的声音可觉察的频率差则逐渐增大。在最好的条件下，人耳判断声源的方位可以达到只有一度的误差，这种能力叫听觉定位。低频声音的平面位置无论在何处造成的两耳强度都不会很大，对于低频声音的定位最重要的线索是声音到达两耳的时相差。高频声音的定位则主要靠两耳之间声音的强度差。判断驾驶人听力主要不是测试音量大小参数，而是测量声音频率，运用听觉定位原理来测试驾驶人对声音方位的判断能力，可通过图5-7所示的听力测试仪来判断。

图5-7 听力测试仪

驾驶人在超车、会车或遇到行人时常常用鸣喇叭来引起对方的注意，行驶中听到警车、救护车和工程抢修车鸣喇叭时，均需要良好的听觉，以便减速、避让或停车。因此，驾驶人的听觉应该具备以下要求：不仅对听到的声音能分析出它的强度、响度、音色和持续性，还必须能辨别出连贯的节奏旋律变化，分辨它的方位和距离。由于驾驶人长期经过听觉职业训练，相对一般人来说听觉更为灵敏。驾驶人的听觉具有以下几个明显的特征：

（1）听觉反应快。视觉反应时间一般为0.15~0.2s，而听觉更快，尤其驾驶人听觉反应时间可达到0.12~0.16s。听觉反应快可以帮助驾驶人及时避免险情。

（2）听觉辨别能力强。当两个声音同时呈现时，对一个声音的听觉因受到另一个声音影响而减弱的现象叫听觉掩蔽效应。听觉掩蔽效应是不利于交通安全的,因此路边应尽量控制环境噪声。驾驶人的听觉辨别能力必须优于普通人,因为环境噪声不止一种,必须在多种混杂声中,能听出其中的某一被掩蔽声,所以,驾驶人听觉辨别能力相对较强,很少因听觉错误而引发事故。

(3)听觉敏感性高。在公路上高速行驶,后方或侧方汽车贴近时,常按喇叭,驾驶人依靠听觉第一时间闪避。有经验的驾驶人在行车过程中,还能根据车内异样声响而敏锐推断某种机件或设备发生故障,这些安全防范手段均依赖于听觉敏感性高的特点。

第三节 驾驶适应性检测

研究表明,在人群中若能开展事故倾向性驾驶人筛选,可以防止事故倾向性驾驶人从事驾驶活动,从源头上有效减少驾驶人发生事故的频数。

一、驾驶适应性检测现状

1. 国外概况

美国开展驾驶适应性检测较早。从1930年开始,美国研制了一系列旨在测评驾驶适应性的量表,1947年美国劳工部人力资源局正式采用一般职业能力倾向成套测验(General Aptitude Test Batery,GATB),把其作为职业咨询、指导和选拔的重要依据,后来这套测验扩展到驾驶职业。许多国家相继开始研究驾驶适应性问题,并开发了许多检测设备和方法,其中,日本较为突出。日本从20世纪50年代开始研究驾驶适应性检测,1957年东京警察厅对事故驾驶人的心理特征进行了深入调查,在此基础上开发了各种驾驶适应性检测量表,随后,机械式的驾驶适应性检测仪器相继问世。1988年,日本警察厅开发出CRT驾驶适应性综合检测系统。在危险感受和预知训练方面,日本警察厅用动态的三维作图技术研制出驾驶模拟器,给驾驶人身临其境的感觉。经过几十年的努力,日本形成了一套完整的检测制度和方法,并普及开展职业驾驶员的驾驶适应性检测,目前,日本已成为世界上交通事故死亡率非常低的国家。

2. 国内概况

我国驾驶适应性研究起步晚,但发展迅速。自20世纪80年代开始,我国开始驾驶适应性方面的应用性研究,如中国农业大学研发的"机动车驾驶员驾驶适宜性系统";吉林工业大学研发的"驾驶适性检测系统";中国车辆检测中心研发的"驾驶职业能力检测系统";福建省交通科学技术研究所开发的"JS驾驶适应性测评系统";长安大学人-车-环境系统安全重点实验室研制的职业驾驶员适宜性检测设备等,相继促进了我国驾驶适应性检测的发展。其中,以金会庆教授为代表的安徽三联事故预防研究所结合国外先进的检测技术,开发了成套检测设备和检测系统软件,并牵头起草制定了我国第一个驾驶适应性检测标准《机动车驾驶员身体条件及其测评要求》(GB 18463—2001),建立了符合我国国情的驾驶适应性检测系统，促进了驾驶适应性检测在全国的推广应用。

目前，我国数百个城市已实施驾驶适应性检测，主要应用有两种类型：一是面向发生群死群伤重特大交通事故的营运车辆驾驶员，一些运输企业结合自身安全生产管理的需要而自发购置驾驶适应性检测设备，用以职业驾驶员的就业选拔和岗位培训；二是地方公安机关交通管理部门针对交通违法行为记满12分的驾驶人，开展驾驶适应性检测，寻找存在的安全驾驶缺陷，旨在对驾驶人进行安全指导和安全教育。

二、驾驶适应性检测系统

驾驶适应性检测系统是指应用现代电子信息、光机电一体化及计算机技术，检测机动车驾驶人心理、生理方面是否符合机动车驾驶人身体条件要求的综合系统。其测评主要是采用心理学、医学和计算机检测手段，通过建立驾驶适应性检测系统，来检测和评价驾驶人所具备的完成驾驶工作的素质和能力。目前系统主要用于公安机关交通管理部门及军队系统中对驾驶人身体条件的测评，另外，也用于医学等其他领域的人员生理和心理素质的测评。

（一）驾驶适应性检测系统的组成

驾驶适应性检测系统主要由硬件系统和计算机软件系统组成，具体组成见图5-8。硬件系统包括速度估计检测仪、复杂反应判断检测仪、夜视力检测仪、动视力检测仪、深视力检测仪、心理综合测试仪（安全态度、人格、危险感受三个量表）、操纵机能检测仪、听力检测仪、色盲检测仪、血压计、身高体重仪等。计算机软件系统包括自诊断分析系统、数据库管理系统和数据统计分析系统。

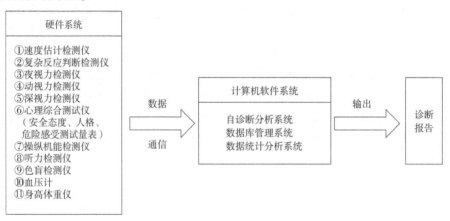

图5-8 驾驶适应性检测系统的组成

为了保证测试精度和稳定性，减少系统误差，系统性能应具备以下特点：①所有检测仪器均有计算机接口，数据实时显示，数据自动传输。②设备结构更趋于工效学设计，减少人为误操作，提升系统安全性能。③尽量以电子技术取代机械部件，减轻设备重量，提高测试灵敏度。

（二）计算机软件系统

计算机软件系统主要包括基于驾驶人事故倾向性动态神经网络模型而开发的事故倾向

性驾驶人计算机自诊断分析系统、配套的数据库管理系统以及数据统计分析系统等,软件通过数据通信技术及网络技术,将其与计算机相连并组成网络系统,通过互联网可以与任意管理平台对接,对接平台主要包括信息资源管理平台、办公应用平台、网络应用支撑平台等,具备查询信息、分析信息和组织应用信息的功能,平台之间通过 TCP/IP 协议来进行信息的传输与管理,运用网络管理技术、防火墙技术和路由技术、多媒体技术等进行系统维护。

1. 自诊断分析系统

驾驶适应性检测系统的自诊断分析系统,是计算机软件系统中面向用户的软件产品,是各检测基地(中心)进行数据维护、向受测者提供检测报告和安全驾驶建议书的主体软件。

驾驶适应性检测系统的自诊断分析系统具有数据录入、修改、查阅、打印诊断报告等功能。根据驾驶人"有无妨碍驾驶机动车的首要疾病""生理素质测试""心理适性测试"三方面的内容,生成驾驶适应性诊断报告书。报告书根据"有无妨碍驾驶机动车的首要疾病"中的"视力、血压、心脏、色觉、听力"等功能判断驾驶人能否从事驾驶工作;给出生理素质(握力、背肌力、血型、肺功能、视野、视机能)检测结果,并针对不良项目提出建议;给出心理素质(速度估计、复杂反应判断、操纵机能、人格和安全态度、危险感受、深视力、动视力、夜视力)检测结果,单项指标检测结果输入诊断分析模型,得出系统诊断结果。

2. 数据库管理系统

数据库是信息系统的基础。根据系统已确定的检测项目,设置驾驶适应性检测系统的数据库(表 5-1),常模数据库以及语言库。常模数据库是系统数据处理的参考系,语言库主要供"现场诊断系统"使用。

驾驶适应性检测数据库　　　　　　　表 5-1

库名称	内容说明	库名称	内容说明
TEST00	受测者登记信息(姓名、身份证号、年龄等)	TEST10	"体态(身高、体重)及肺活量"检测数据
TEST01	"速度估计"测试数据	TEST11	"血压、脉搏"测试数据
TEST02	"复杂反应判断"测试数据	TEST12	"心电图"测试数据
TEST03	"操纵机能"测试数据	TEST13	"色觉"测试数据
TEST04	"深视力"测试数据	TEST14	"背肌力"测试数据
TEST05	"夜视力"测试数据	TEST15	"握力"测试数据
TEST06	"动视力"测试数据	TEST16	"视机能"测试数据
TEST07	"人格量表"测试数据	TEST17	"听力"测试数据
TEST08	"安全态度量表"测试数据	TEST18	"视野"测试数据
TEST09	"危险感受量表"测试数据		

驾驶适应性检测系统的数据库管理系统主要对以各种方式采集的事故倾向性驾驶人及其他新老驾驶人驾驶适应性检测原始数据,运用心理学、统计学有关模型、方法进行数据维护、整理分类、异常数据处理、初始分析等,为驾驶适应性的检测、分析、对策提供全面的信息支持。

系统由三个层次组成:第一层次由原始数据库集和常模数据库集以及相应的管理模块构成一个基础数据库管理系统;第二层次是驾驶适应性检测现场诊断系统;第三层次是驾驶

适应性检测指标分析系统。

系统结构中,每一管理层均可利用其下层提供的数据信息。其中,原始数据库管理系统为基层管理;现场诊断系统为战术管理层,其基本任务是利用其下层数据信息,对驾驶适应性检测结果作出现场评价、分析和建议;最上层的指标分析系统可视为战略管理层,它利用其下层的各种数据,应用心理学、生理学、统计学等诸学科基本原理,对驾驶适应性的主要测试指标进行综合统计分析,为全国性测试指标的筛选、常模修订提供直接的参考依据。

3. 数据统计分析系统

数据统计分析系统位于计算机软件系统结构金字塔的顶层,对驾驶适应性检测研究提供直接的信息支持。统计分析系统使用的工具库主要包含以下两个软件包。

(1)SAS(Statistics Analysis Systems)统计软件包。在本系统中被用于驾驶适应性检测数据的方差、相关、聚类等常规统计分析和检验。

(2)专项分析软件包。专项分析软件包包括交通事故调查分析软件、机动车驾驶人安全调查分析软件、驾驶人人格测试分析软件、驾驶人安全态度测试分析软件、驾驶适应性生理与心理测试常模分析软件。驾驶适应性心理测试项目有速度估计、复杂反应判断、操纵技能、深视力、夜视力、动态视力6项仪器测试项目,人格量表、安全态度量表、危险感受性量表3项软测试项目;生理测试项目有身高、体重、视力、色盲、血压、心脏、肺功能、视野、握力、背肌力10项测试。常模分析软件包括全部19项测试数据的常模、均值计算,各测试项目间相关性分析,以及分年龄、分性别的均值、标准差、年龄差异、性别差异、百分位数等统计分析指标的计算和分析。分析结果为管理者决策提供依据或供组织反馈参考。

(三)驾驶适应性检测的发展

我国于20世纪90年代开始,先后在31个省(自治区、直辖市)开展了驾驶适应性检测工作,多年的实践证明,驾驶适应性检测对提升驾驶人队伍整体安全素质发挥了积极作用。然而,随着汽车家庭化及社会机动化水平的快速发展,驾驶适应性检测技术及其应用随之发生结构性变化,未来有望朝着职业化、专业化、智能化方向发展。

(1)职业驾驶员岗位检测。随着交通运输企业的集团化发展,行业对从事道路旅客运输、货物运输、危险货物运输等职业的驾驶人员有着更高的安全要求,科学选拔这些职业驾驶员是今后驾驶适应性检测必须承担的历史任务,也是交通运输职业化发展的必然选择。

(2)特殊驾驶群体专业化检测。我国疆土辽阔,海拔变化大,既有空气稀薄的高原,又有极寒冰地高山和飞沙干燥的戈壁,地形复杂,气候变化显著,对于畅游全国的自驾游、特殊物资专业运输、军用物资运输等驾驶群体必将面临高原缺氧、低温寒流、山路眩晕等特殊驾驶环境的适应性,为这些驾驶群体提供相应的驾驶适应性检测专业化服务有望成为新需求和新常态。

(3)便携化、智能化检测。随着互联网、大数据、云计算、人工智能等新兴技术的快速发展,传统的基于光机电一体化的驾驶适应性检测技术已不能满足交通系统信息化快速发展的需求,依托管理机构开展法定性检测模式也不再适应驾驶人类型的结构变化,尤其交通事故主动预防意识逐渐成为人们的自我意愿,迫使驾驶适应性的自我检测个性化需求将成为未来发展趋势,与之相适应的驾驶适应性检测设备必将朝着便携式、集成化、智能化的方向发展。

第二篇 PART 2

训练心理

在确定自己可以申领机动车驾驶证后,你所面临的就是如何把自己打造成一个能安全驾驶的人。良好的心理素质是安全驾驶的基础。尤其是随着我国经济的发展,人民生活质量的不断提高,人们对安全出行的要求越来越高,只有做好充分的心理准备、经过一定的心理训练,才能练就过硬的驾驶技能。

第六章

驾驶技能形成规律

一个自然人转化成驾驶人的过程,应遵循驾驶技能形成的过程、特征和规律,即驾驶培训内在的发展规律,唯有如此,驾驶人才能安全驾驶,才能享受到驾驶技能带给自身的无限乐趣。

第一节 驾驶技能的含义

在汽车驾驶中,驾驶技能一词频频出现,但究竟什么是驾驶技能,技能如何形成、形成的规律及其特征是什么样的,很多人则可能知之甚少。从心理学角度揭示驾驶技能内在的形成过程和模式,对深度认知驾驶心理学具有重要的意义。

一、驾驶技能

驾驶技能是借鉴以往的生活或工作经验,以及经验中与新动作相类似的动作,通过反复实践来建立这种一系列的复杂的新动作系统。归纳之,这种顺利完成由一系列简单动作组成的连贯的能实现汽车移动的活动过程称为驾驶技能。驾驶技能根据不同的角度划分,有很多类型。但常见的是从心理学角度分为心智技能和操作技能两种。

1. 心智技能

心智技能又称为智慧技能或智力技能,它是一种借助于内部语言在人脑中进行的认知活动方式,如默读、心算、写作、观察和分析等技能。心智技能属于认识活动,它包括感知、记忆、想象和思维,但以抽象思维为主要成分。在认识特定的事物发展中,又能解决具体的问题,这种心理活动按一定的、合理的、完善的、科学的方式进行就是心智技能。掌握正确的思维方式、方法是心智技能的本质特征。如汽车行驶时,驾驶人根据道路、交通情况运用已学过的知识和经验,进行合理的操纵,特别是对道路上的行人、汽车、障碍等的判断、思维、反应,这种技能属于心智技能,即心智技能就是对道路和汽车情况的观察、判断、决策的能力。有人称,驾驶人的工作之一就是智力劳动,实质上这就是心智技能的作用结果。

在当前我国汽车驾驶人教学与考试中，实际道路驾驶技能更倾向于心智技能的教学与考试。

2. 操作技能

操作技能也称动作技能，是指肌肉、骨骼运动和与之相应的神经系统部分的活动。在完成汽车安全驾驶的过程中，所涉及的一系列实际动作，以完善、合理的方式组织起来并顺利地进行时，就成为操作技能。它表现在外部行动上和对事物的直接行动中，是通过练习形成、巩固起来的一种近乎自动化的行为方式。例如，起步、加挡、减挡等。有人称，驾驶人的工作之一就是体力劳动，实质上就是操作技能的作用结果。

在当前我国汽车驾驶人教学与考试中，基础驾驶技能更倾向于操作技能的教学与考试。操作技能能否快速形成，取决于人的个性，也是驾驶人实际道路交通安全体验的前提。

3. 心智技能与操作技能的关系

心智技能和操作技能是相互联系的，两者不能截然分开。学员基础训练阶段，主要学习汽车安全驾驶的基本动作（如起动、起步、换挡、转向、制动、停车等），这些都是操作技能的训练。中、高级训练阶段，主要是进行场地内各训练项目的训练和对道路交通情况的处理，这些都属于心智技能的训练范畴。汽车安全驾驶心智技能是在操作技能训练的过程中产生、建立和形成的，而操作技能又是在心智技能形成和发展的过程中逐步提高和完善的，因此，两者总是相互联系、相互促进。正确处理心智技能与操作技能之间的关系，是我国汽车驾驶人教学与考试优化设计的基础，也是驾校教学质量与道路交通秩序良好衔接的关键。

二、驾驶技能与驾驶行为

单纯从心理学角度谈驾驶技能显得枯燥，借助行为可能更容易理解驾驶技能。心理在一定程度上影响行为，行为是心理的具体表现；心理在前，行为在后；平常我们的交通违法，处罚的是行为，而不是心理。但行为源自心理、行为取决于心理。因此，可以说，驾驶技能将驾驶心理外化为驾驶行为，在此基础上，我们对驾驶行为做进一步分析。

1. 驾驶行为的三个阶段

驾驶汽车的行为可分为三个阶段，即感知阶段、判断决策阶段和动作阶段，见图6-1。

（1）感知阶段。驾驶人主要通过视觉、听觉和触觉等来感知汽车的运行环境条件，如道路交通信号、行人的位置和动态、路面状况以及汽车的运行工况等信息。这一阶段主要由感觉器官完成。

（2）判断决策阶段。驾驶人在感知信息的基础上，结合驾驶经验和技能，经过分析，作出判断，确定有利于汽车安全行驶的措施。这一阶段主要由中枢神经系统完成。

（3）动作阶段。驾驶人依据判断决策所做出的实际反应和行为，具体指手、脚对汽车实施的控制，如加速、制动、转向等。这一阶段主要由运动器官完成。

驾驶行为不仅是感知、判断决策和动作三阶段不间断地多次串联组合，而且也是三者连锁反应的综合，详见图6-1。

由此可知，驾驶行为不仅受汽车仪器仪表显示、运行工况和道路环境的直接影响，而且也与驾驶人的知识、经验、生理、心理机能等有关,体现在三者的交互制约上。

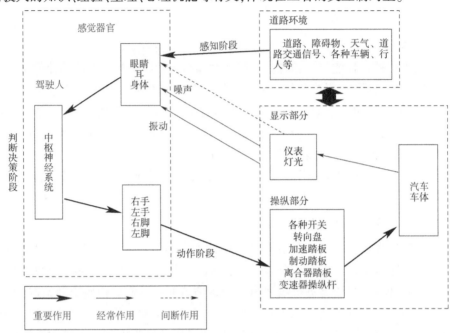

图 6-1　驾驶行为与道路交通系统相互作用

2. 驾驶行为状态的三个层次

良好的驾驶行为状态,是驾驶人在动态交通中有效工作的保障。这与在静态交通环境中的任务有很大不同,主要体现在以下两点:一是决策要在一个相当短的时间内作出;二是在做决策的过程中状态不断变化,需对其进行实时的分析,这决定了任务的内容。驾驶行为状态主要分为三个层次,如图6-2所示。

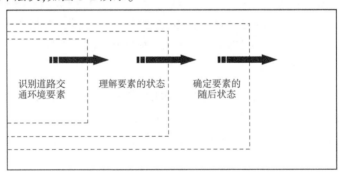

图 6-2　驾驶行为状态的三个层次

层次1:识别道路交通环境要素。在汽车行驶时,驾驶人需要知道其他汽车和障碍物在哪里,以及它们的运动状态和自己汽车的状态和运动特性。

层次2:理解要素的状态。理解要素的状态是基于对层次1中分散、不连贯要素的综合。例如,驾驶人必须不断地理解在特定路段上其他汽车的靠近行为意味着什么。

层次3:确定要素的随后状态。确定要素的随后状态是一种能力,这要求驾驶人在一段非常短的时间内结合层次1和层次2的结果,根据对现有状态的认识和理解来确定要素的瞬时或随后状态,以便正确判断决策和协调动作。例如,驾驶人常需要预测汽车有无发生碰撞的可能性,以便于采取更有效的行动。

3. 驾驶行为的十个特征

在道路交通系统中起主导控制作用的驾驶人,一方面其自身作为一个极其复杂而又相对高度完美的自适应反馈系统有利于做出正确的驾驶行为;另一方面他所具有的功能自由度又导致不同程度的驾驶差错。因此,驾驶行为具有明显的十个特征。

（1）复杂性。驾驶人信息加工的衰减性、处理能力的局限性以及道路交通系统中诸多因素的干扰,导致驾驶行为的形成极其复杂。也就是说,汽车安全驾驶技能并不是通过简单的教学就可以获得的。

（2）模糊性。影响驾驶行为的因素既有主观因素,又有客观因素,且各因素对驾驶行为的影响程度较难确切描述,具有一定的模糊性,这也说明汽车安全驾驶技能是不可以量化的。

（3）自学习性。在许多情况下,驾驶人能及时发现差错并能对差错即将造成的危险后果予以恢复或部分恢复,即具有对差错状态的恢复能力。也就是说,在没有汽车教练员的情况下,通过自己学习,学员同样可以学会开车,只是周期要长,危险性要大,这是法规所不允许的,但我们要认识到人们学习的这种特质,善于在教学中加以运用。

（4）相关性。驾驶行为具体体现在感知差错会影响到判断决策的正确性甚至动作的准确性,而判断决策差错则直接制约动作的准确性。因此,在驾驶教学中,不应该只是强调动作的学习,而忽视了心智技能即感知与判断能力的学习。

（5）延续性。在驾驶过程中,驾驶人的后续行为要受到前续行为状态的制约,即前续行为的差错有可能导致后续行为的不正确,所以,在进行驾驶教学时,要特别注重培养学员系统性和预见性的思维习惯。

（6）时变性。驾驶行为随驾驶时间的变化而发生变化。也就是说同一个情况,如果处理时机发生了变化,处理的方法也要发生变化。

（7）随机性。驾驶人在具体的时间、具体的地点和具体的道路交通状态中,其行为表现形式是很不确定的。比如,在城市道路、山路、冰雪路等不同道路驾驶时,驾驶行为会有所不同。

（8）自适应性。驾驶人对汽车运行状态的识别、对外界环境动态信息的处理,其变化范围很大,但一定程度上可以通过自身的调节和控制与之相适应。例如,由山路到平原、由城市到乡村、由白天到夜晚,驾驶人都会通过自身的调节和控制,来适应外部环境。

（9）离散性。驾驶行为由感知、判断决策和动作构成的行为单元组成,每一单元相对独立又彼此联系,即在一定的时间内实现的行为单元或多或少,从而表现出不同的驾驶行为。这也充分说明了驾驶行为(包括操作动作和智力动作)是可以分解的,这就为我们在培训中实施循序渐进的教学方法奠定了理论基础。

（10）突变性。驾驶差错对驾驶行为具有十分显著的影响,但这种影响状态一般应持续一定的时间,且受各种因素的交互作用在特定的道路交通状态下,才能使驾驶行为发生某种突发性变化而破坏道路交通系统的安全性,从而引发交通事故。不良的驾驶习惯虽然不可能马上引发交通事故,但一旦条件具备,发生交通事故是必然的。

4. 驾驶行为的基本模式

根据道路交通系统中驾驶行为的理论分析,结合驾驶行为形成主因子定量化的辨识结果,建立基于驾驶状态意识的驾驶行为基本模式,见图 6-3。

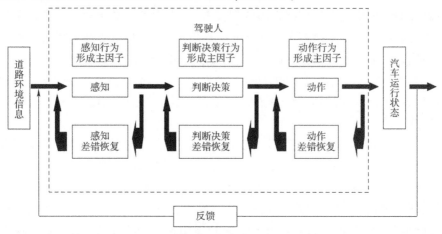

图 6-3　驾驶行为基本模式

道路上来往的汽车、行人,道路交通标志及汽车的行驶方向、速度等外界环境信息,首先经过驾驶人的感知阶段,由于受感知行为形成主因子的制约,往往会出现感知差错,驾驶人的恢复(纠错)能力对感知差错予以恢复或部分恢复后确保感知阶段的准确性、及时性,并进入判断决策阶段;否则,在感知阶段遗留的错误将造成后续恶果扩大。在判断决策阶段,同样因判断决策行为形成主因子的影响,仍会出现判断决策差错,驾驶人又依据判断决策途径将判断决策差错予以恢复或部分恢复后才能进入动作阶段。在动作阶段,由于动作行为形成主因子的影响,亦会出现动作差错,此时可通过动作方式来进行动作差错的恢复或部分恢复,从而实现对汽车的安全驾驶。然后,汽车运行状态和后续道路环境信息再反馈传递给驾驶人,驾驶人依上述过程进行新的心理过程,直至驾驶结束。

以上驾驶行为理论揭示了驾驶行为的本质特征,为我们认识汽车的安全驾驶行为,并且有针对性地进行研究奠定了理论基础。在制定汽车安全驾驶技能评价体系时,其作用尤为突出,只有从驾驶人的观察能力、判断能力和驾驶操作能力等多方面入手加以测评,才能真实地反映出驾驶人实际的驾驶技能水平。

第二节　驾驶技能的形成过程

驾驶技能的形成,既涉及驾驶心理,又涉及教育心理,这增加了探讨驾驶技能的复杂性。

一、心智技能的形成过程及影响因素

苏联心理学家对心智技能进行了非常系统的研究,其中加里培林从 20 世纪 50 年代就开始从事心智动作(又称智力动作)研究,并于 1959 年正式系统总结了有关的研究成果,提出了心智动作按阶段形成的理论。由于心智技能是由一个系统的心智动作构成的,所以心智动作的形成过程与心智技能的形成过程是一致的,心智动作的形成阶段也可用来说明心智技能的形成阶段。加里培林将心智动作的形成分成为五个阶段:一是动作的定向阶段;二是物质活动或物质化活动阶段;三是出声的外部言语动作阶段;四是不出声的外部言语动作阶段;五是内部言语动作阶段。我国心理学家冯忠良根据有关研究并结合教学实际,将上述五个阶段进行了简化和改进,提出了心智技能形成的三阶段说,即原型定向阶段、原型操作阶段、原型内化阶段,见图6-4。

原型定向 ⟹ 原型操作 ⟹ 原型内化

图6-4 心智技能形成的三个阶段

(一)心智技能的形成过程

1. 原型定向阶段

原型即事物的原样,由于心智活动具有观念性、内潜性和高度简缩性的特点,不易为人直接感知和把握。但心智活动也有其外化的物质原型,即实际的操作活动程序、实践模式。原型定向即了解这种实践模式,了解动作结构、各动作成分及其顺序等。该阶段学习者主要是在头脑中形成程序性知识。

通过原型定向,学习者在头脑中形成了有关活动方式的定向映象,而这种定向映象一旦建立,它就可以调节以后的实际心智活动,同时这也是心智活动得以产生的基础。

2. 原型操作阶段

原型操作即根据心智活动的实践模式,把头脑中建立起来的动作程序以外显的方式付诸实施。在该阶段,活动方式是物质化的,即以外部语言、外显的动作,按照活动模式一步步展开执行。在解决某一问题时,学习者大声说出实践模式中的每一步,同时实际做出每一步。在操作的开始阶段,需要逐步展开,并不断变更活动对象,也就是说,学习者将实践模式程序应用于多个问题的解决,以便为将来的内化提供基础。

学习者在该阶段的活动是展开的、外显的,并经常借助于外部言语的引导和外部辅助手段,学习者尚不能摆脱实践模式,而是依赖实践模式进行活动。

3. 原型内化阶段

原型内化即心智活动的实践模式向头脑内部转化,借助于内部言语,学习者可以在头脑内部进行程序化的心智活动,而且能够以非常简短、快速的形式进行。

当面临某一问题时,学习者不必用言语表达出实践模式的每一步骤,而是在头脑中运作这些步骤,运作时不必一一展开,有些步骤可以交叉、同时进行。有时学习者自身都难以意识到操作的每一步,但实际上确实是按照该活动程序进行的。在该阶段,学习者摆脱了实践模式,但已经将实践模式内化为一种熟练的思维活动方式,突出表现在外显的言语活动明显减少。学习者最初面临一个新任务时,始终复述任务规则,但随着练习的不断进行,规则复述消失,这是内化的一个标志。

原则上讲,新的心智技能应经过上述三个阶段才能形成,但若构成心智技能的某些成分已为学习者所掌握,则可以利用迁移规律而不必机械重复上述三个阶段。心智技能形成的三阶段理论对于揭示心智技能的实质及其形成规律是非常有益的,对于教学内容的选择、编排、教学活动的实施及有效地培养心智技能具有重要的指导意义和启发意义。

(二)影响心智技能形成的因素

心智技能的形成是一个非常复杂的过程,受到许多因素的影响,主要的影响因素包括实践模式的确立与选择、知识、教学三个方面。

1. 实践模式的确立与选择

心智技能的形成是由外部活动逐步内化的过程,心智活动是实践活动的反映,外部实践模式的确立是心智技能形成的前提条件。外部实践模式即心智活动的实际操作程序,它的确立直接决定着心智技能形成的难易和最终形成的水平。

由于心智技能是内潜、简缩、自动进行的,所以通过外部观察难以把握和推断其整个过程,加之学习者自身也难以准确意识心智活动的进行,这为心智技能的实践模式的确立增加了难度。根据有关研究和实践经验,确立实践模式可以从两方面入手。

(1)分析专家或有效的学习者的口语报告、问卷调查等。许多专家在某一领域表现出非常熟练的心智技能活动,通过分析他们心智活动时的口语报告,可以获取各种信息,这种方法被广泛应用。

(2)应用心理模拟和活动分析的方法。心理模拟即用那种与人的心理功能具有相似的关键特征的物质系统来模拟人的心理活动,比如计算机就是经常用于模拟人类心理活动的一个物质系统。无论应用何种物质系统作为人类心理的模拟物,都必须通过活动分析才能使其发挥作用。活动分析即根据系统要完成的具体的功能来确定活动的结构、各动作成分的关系及执行方式。

确立的实践模式不仅要有效、合理,还应该考虑可接受性,即学习者能否通过该模式形成心智技能。这就要求实践模式能够以外显的方式被学习者操作,并提供一套具体的可操作的实践程序,这是保证心智技能习得的前提条件。

2. 知识

大量的实验与经验都表明,技能的形成依赖于学习者所获得的知识。丰富的、组织良好的知识促进对新信息的加工,保证了技能的形成、发展与应用,同时也促进各种技能的整合,这为解决复杂的问题提供了前提。形成某种心智技能,尤其是形成某种复杂的心智技能,这是一个逐步的过程,而建构与技能形成有关的、随时可以应用的描述性与程序性知识基础是关键前提,随着这类知识的形成与应用,技能才能产生并发挥效用。

3. 教学

心智技能的形成不是自发的,更多的是在教学条件下习得的,教学对于心智技能的形成具有直接的作用,有效的教学可以使学习者形成有效的心智技能,使学习者学会学习,促使学习者成为自主而有能力的学习者。各种学习策略的教学在一定程度上有助于这一目的的实现。在综合有关策略与技能教学的基础上,我们认为有效的教学应该注意以下6点。

(1)在某一时期内,只教授几种策略或技能,并保证成功。很少有证据表明,短时间内教授大量的策略与技能可以迅速改善学习者的学习能力。

（2）在教授策略、技能的同时,也要教授元认知的有关内容,即告知学习者何时、何处、为何应用该策略、技能,同时要求对策略和技能的应用进行检查、监控。

（3）维持学习动机,通过给予反馈、列举技能和策略的作用等实现。

（4）提倡结合具体的学习课程进行教学。

（5）注重策略、技能与知识间的交互作用。脱离知识的技能教学是不可能成功的。

（6）无论是直接教学还是交互教学或其他的教学形式,都需要教员将策略和技能模式化、程序化,教员可以通过"大声思维"将使用策略和技能的过程外化出来。如给学习者提供必要的辅助线索、辅助手段,如记录策略的步骤和执行方式等内容的卡片;要求学习者整合多种策略,以解决更复杂的任务。

二、操作技能的形成过程及影响因素

尽管对操作技能学习的研究可以追溯到 19 世纪 50 年代,但有关操作技能学习的综合性的理论直到 1971 年才提出,并由此引起了广泛的关注与更深入的研究。

为了更好地理解操作技能的学习过程,研究者提出了操作技能的学习阶段模型。如菲茨与波斯纳（1967 年）的三阶段模型、亚当斯（1971 年）的两阶段模型、金泰尔（1972 年）的两阶段模型等。处于不同的技能学习阶段的学习者,其操作表现的特征是有差异的,而了解这些特征有助于在不同的阶段采取有效的教学手段。中国心理学家冯忠良通过分析操作技能形成过程中的动作特点,并从教学实际出发,整合了有关研究,认为操作技能的形成过程可以分为操作的定向、操作的模仿、操作的整合与操作的熟练这四个阶段,见图 6-5。

图 6-5 操作技能形成过程

（一）操作技能的形成过程

1. 操作的定向阶段

操作的定向即了解操作活动的结构,在头脑中建立起操作活动的定向映像的过程。虽然操作技能表现为一系列的操作活动,但学习者最初必须了解做什么、怎么做,即首先要掌握程序性知识。程序性知识不同于操作技能,前者形成的是操作活动的定向映象,后者是实际的操作活动方式。

操作定向是操作技能形成过程中的一个重要的环节,准确的定向映像可以有效地调节实际的操作活动,缺乏定向映像的操作活动经常是盲目尝试,效率低下。为此,不应忽视该环节在操作技能形成过程中的作用。

2. 操作的模仿阶段

操作的模仿即实际再现出特定的动作方式或行为模式,其实质是将头脑中形成的定向映象以外显的实际动作表现出来。因此,模仿是在定向的基础上进行的,缺乏定向映像的模仿是机械的模仿,动作执行方式是不够的,如果没有模仿这样实际的操作,那始终是纸上谈兵，不可能形成动觉体验，也不可能形成操作技能。通过模仿，学习者可以检验已形成的动作定向映象，使之更完善、更巩固，有助于定向映像在技能形成过程中发挥更有效的作用；此外，通过模仿，还可以加强学习者的动觉感受，动觉是一种反映身体各部分运动和姿势的内部感觉，它在操作技能形成过程中可以调节、控制动作的进行，是非常重要的一种控制机制；通过模仿，学习者可以获得初步的动觉体验，有利于准确的动觉体验的产生。

3. 操作的整合阶段

操作的整合即把模仿阶段习得的动作固定下来，并使各动作成分相互结合，成为定型的、一体化的动作。由于学习者在模仿阶段只是初步再现、作出定向阶段所提供的动作方式或模式，故动作整体水平较低。

通过整合，一方面动作水平得以提高，动作结构趋于合理、协调，动作的初步概括化得以实现；另一方面，学习者对动作的有效控制逐步增强。因此，整合是操作技能形成过程中的关键环节，它是从模仿到熟练的一个过渡阶段，也为熟练的活动方式的形成打下基础。

4. 操作的熟练阶段

操作的熟练是指所形成的动作方式对各种变化的条件具有高度的适应性，动作的执行达到高度的完善化和自动化。操作的熟练的内在机制是在大脑皮层中建立了动力定型，即大脑皮层的概括化的、巩固的暂时神经联系。

操作的熟练阶段是操作技能形成的高级阶段，是由操作活动方式的概括化、系统化而实现的。操作的熟练阶段是操作技能形成中的一个重要阶段，也是由操作技能转化为能力的关键环节，各种技术能力的形成都是以操作的熟练为基础的。在操作的熟练阶段，动作的特点实际上体现了操作技能的关键特征。

操作技能学习的四阶段理论根据操作技能形成过程中动作的质的差异划分学习阶段，弥补了传统的学习阶段跨度大的不足，有助于加速操作技能的形成。

（二）影响操作技能形成的因素

在操作技能形成过程中，主要存在着示范与讲解、练习、教学反馈、操作性向等影响因素。

1. 示范与讲解

示范与讲解在操作技能形成过程中是不可缺少的，准确的示范与讲解有利于形成准确的定向映象，进而在实际操作活动中可以调节动作的执行。

无论示范者是何种身份，其关键在于他能否准确地示范要学习的技能，示范的准确性是影响操作技能学习的直接决定因素。因为学习者通过观察示范动作而加以模仿，错误的示范直接导致错误的模仿，这在技能学习的初级阶段是非常重要的。

2. 练习

大量的实验都证明，练习是各种操作技能形成所不可缺少的关键环节，通过大量的不同形式的练习，可以使学习者掌握某种技能。在练习过程中，练习的量与练习的方式不同，所形成的操作技能的水平也有所不同。

首先，从练习的量来看，过度学习是必要的，过度学习在操作技能形成过程中也指过度练习或过度训练,即实际练习时间超过达到某一操作标准所需的练习时间。过度学习对于操作技能的保持尤为关键,但值得注意的是,并非过度学习的量越大越好。研究表明,50%的过度学习与100%、200%的过度学习所导致的操作水平的提高是没有差异的。所以,过分地过度学习是不必要的,有时甚至导致相反的结果,使学习者产生疲劳,没有兴趣,使错误动作定型化等。应用过度学习这种方法时,应注意下面3个问题。

(1)要了解达到某一操作水平时所需的基本练习次数,在此基础上才能确立过度学习的次数。

(2)过度学习的次数并非越多越好,究竟过度学习达到何种程度最佳,不同的研究所得到的结论并不一致,有人主张最保险的次数为100%。

(3)对于那些只能在一个特定的时期进行练习,而此后又不马上操作的一些技能学习来讲,过度学习更为有效。这对于职业技术培训有重要意义。过度学习虽然重要,但其作用的发挥要取决于其他许多因素,单纯的过度学习对技能形成的作用是不明显的。

其次,采取何种练习方式也直接影响着操作技能的学习。练习方式有多种,根据练习时间分配的不同有集中练习与分散练习;根据练习内容完整性的不同有整体练习与部分练习;根据练习途径的不同有模拟练习、实际练习与心理练习等。研究表明:①对于一个连续性的操作任务而言,分散练习的效果优于集中练习;对于不连贯的操作任务而言,集中练习的效果优于分散练习。②当操作任务不太复杂且各动作成分的内在组织性较强时,使用整体练习可以产生较好的学习效果;当操作任务比较复杂且内在组织性较弱时,采用部分练习容易产生良好的学习效果。③将实际练习与心理练习、模拟练习相结合,可以有效地促进技能的形成、保持与迁移。

3. 教学反馈

一般来讲,教学反馈来自两个方面:一方面是学习者通过自身的视觉、听觉、触觉、动觉等获取的反馈信息,尤其是动觉反馈信息最有代表性;另一方面是教员、示范者、录像、计算机等外部信息源对学习者的操作结果及其操作过程的反馈。毫无疑问,反馈在操作技能学习过程中的作用是非常关键的,准确的反馈结果可以引导学习者矫正错误动作,强化其正确的动作,还可以鼓励学习者努力改善其操作。

反馈的效用主要受到下面4个因素的影响。

(1)教学反馈的内容。给予何种内容的反馈信息,关键要考虑该信息能否使学习者的注意力指向应改进的动作方面。有效的信息可以使学习者在下一次操作中将注意力集中于要改善的某一动作或某些动作上面。过多与过少的信息都不能有效地使学习者抓住关键问题进行解决。

(2)教学反馈的详细程度,即反馈结果知识的具体或抽象程度。有关此问题的一些研究得到的结论并不一致,1989年,马吉尔综合有关研究,提出了三点结论。

①只有当学习者进行充分的练习之后,较详细的具体的反馈信息才有助于学习。

②对于某些操作任务而言,极其精确的反馈信息有时并非是最有效的。研究表明,过分精确的反馈反而导致较差的操作。

③过分精确的信息如同过分不精确的信息一样,都不易为学习者所应用。简言之,所提

供的反馈信息能否为学习者利用,这要视学习者所处的学习阶段、学习任务、对信息的加工程度等具体因素而定。

(3)教学反馈的频率,即在一定时间内给予反馈的次数。一般而言,并非每次练习都必须给予反馈,因为每次都给予反馈容易增加学习者工作记忆的负担,而且容易导致过分依赖外界的反馈,而不利于动觉体验的形成,也不利于自我发现错误、纠正错误能力的形成。许多研究者都认为,在几次练习之后给予某种总结性的、简要的反馈信息是非常有效的。

(4)反馈的方式,即以何种方式呈现反馈信息。最常见的呈现反馈信息的方式有言语的、录像的、动作图解等外部反馈方式及其学习者自身的累积性的内部动觉反馈。在学习的初始阶段,外部反馈的作用较大,因为学习者尚未建立准确的动觉感受,不能从运动分析中获取必要的反馈信息。在学习的中期和后期,应强调内部反馈的作用,以提高自我调节、控制的能力。尽管对每一种反馈方式有效性的研究结果不尽一致,但根据具体的操作,应用多种反馈方式是必要的。

4. 操作性向

操作性向即学习者操作某种活动所具备的生理与心理的素质,这些素质影响着学习者操作技能形成的速度与质量。对于许多操作活动来讲,都需要学习者的肢体参与、心理参与,而学习者的生理与心理特性必然影响技能的学习过程。目前对操作性向的研究主要在4个方面。

(1)身体素质。如肌肉耐力、韧性、敏捷性、力量、速度等。研究发现,这些基本的身体素质与技能形成水平之间具有显著的关系。在选拔运动员时,身体素质是一个非常重要的指标。

(2)心因性操作能力。主要是指对肢体运动进行控制的操作能力,由于其实质是心理控制,同时又表现为身体操作动作,所以称为心因性操作。专家认为影响操作技能形成的心因性操作能力主要有:精细控制能力、四肢协调能力、反应定向能力、反应时手臂灵活性、随动控制能力、腕—手灵活性、手指灵活性、臂—手灵活性、腕—指速度、瞄准能力等。

(3)信息加工能力。主要表现在加工容量与加工速度方面。学习者在操作某种动作时,要随时对内外信息进行加工,并做出相应的调整和反应。学习者的工作记忆容量、编码与提取信息的速度等都与操作技能的形成有关。

(4)学习者与操作活动有关的智力水平。研究发现,学习者的一般智力水平与操作技能水平之间的相关是非常低的,而某些专项智力与操作技能的相关度非常高。在考察智力与操作技能形成的关系时,应考虑不同操作任务特点及其所需的不同专项智力,只有这样才能真正揭示其内在关系。

汽车安全驾驶技能的培训过程是一项复杂的系统工程,培训方案的设计应严格遵循汽车安全驾驶技能形成的客观规律,才能使培训效能得到有效地发挥,汽车安全驾驶教学建模中的操式练习、引导驾驶就是基于此项理论而设计的。

三、典型驾驶技能教学模式

教学模式是在一定教学思想或教学理论指导下建立起来的较为稳定的由教练员的教、

学员的学组成的教学活动结构框架和活动程序,也是为完成教学大纲规定的总体教学目标,体现整体内容与分项模块之间功能,达到教学效果,由全部教学要素钩织的纵横交错、互为联系的教学活动体系。这种模式既不同于中学、大学的教学模式,又不是纯操作模式,也不是驾驶教学的唯一模式,仅是驾校教学中常用的比较切合实际的一种教学形式。按照学员学习的内容不同,分为理论教学模式和操作教学模式两种。操作教学模式就是我国典型的驾驶技能教学模式,如图6-6所示。

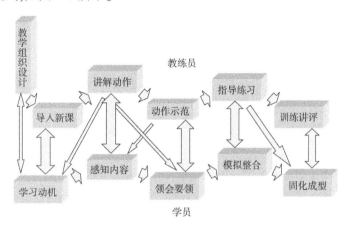

图6-6 典型驾驶技能操作教学模式

驾驶技能操作教学模式是驾校教练员进行驾驶操作教学活动的主要工作程序和核心工作内容,也是糅合了驾驶心理和教育心理的驾驶技能实践模式。由组织教学、导入新课、讲解动作、动作示范、指导练习和训练讲评等模块顺序形成。作为一名驾驶操作教练员,每完成一次课(或一个项目),必须要经过以上严谨的教学过程。其中导入新课是本条线的关键,讲解内容是本条线的核心。许多驾校由于教学不够规范,对导入新课模糊不清,甚至从未设置,这将会直接影响授课效果。在下面的教学模式分析中,理论教学的一些普遍特征在此不再赘述,主要突出说明操作教学的一些特征。

1. 组织教学

组织教学就是教学过程中教练员对学员情绪的调动和纪律的维护,是贯穿整节课的行为,行为的对象是学员。当它作为一个课堂教学环节的概念时,往往突出开始上课时的那一小段时间。

组织教学过程中师生之间可能产生误会。组织教学是操作教学的主要环节,就是"手把手"的互动。师生之间的近距离教学,使得他们在教学过程中,除必须履行双方应有的责任和义务外,还有各自的个性表现,有时就是个性排斥。当双方容忍度超过极限时,将形成师生之间的误会,这是驾校、教练员和学员都不乐意看到的。良好的组织教学能力与以下因素有关。

(1)组织能力。组织能力与先天、后天养成均有关系。从师生之间的互动深度、默契点、互动渠道以及互动的艺术性,也能看出教练员组织能力的高低。

(2)需有一定的专业素养。理论教学的组织,主要看教练员的专业素养。有目的、有能力地组织教学,必须有一定的专业支撑。

(3)较强的个人魅力。操作教学的组织,还要看教练员的个人魅力。个人魅力与人格、人生观、价值观、世界观、性格、知识、学历等有很大关系。

2. 导入新课

导入新课是指在非教学状态进入学习气氛的过程中,用来安定学员学习情绪、提高学员学习兴趣、激发学员学习热情的过程。通常借助社会中经典的名人名言、诗歌朗诵、事故描述等公众皆知的事件。驾驶操作教学中的导入新课环节存在以下特征或问题。

(1)驾驶技能的实践性,使得导入新课的素材丰富多彩。例如,交通事故案例无处不在、无时不有。尽管事故案例本身给人们带来伤害,但却给驾驶操作教练员提供了鲜活的反面授课素材。

(2)教学手段的限制,使得操作教学导入新课的表达方式受到局限。例如,理论授课在多媒体教室进行,而操作教学只能在现场,这就是使得驾驶操作教练员无法使用演示教学法进行教学,只能用讲授法讲述,口语表达能力显得尤为重要。

(3)教练员资格的初始准入偏低,使得驾驶操作教练员普遍存在语言表达方面欠佳的问题。同时许多驾驶操作教练员大都来自专职驾驶员,讷于言而敏于行,也使得他们在讲课中更显得捉襟见肘。

3. 学习动机

学习动机是指引发与维持学员的学习行为,并使之指向一定学习目标的一种动力倾向。以下3种因素均会不同程度地影响学员的学习动机。

(1)理论教学与技能教学的直观效果不同,造成了学员学习动机的巨大差异。国家尽管要求要按教学大纲规定的内容和学时培训,但是否按大纲执行就存在很多问题,驾校有原因,但主因仍是学员学习动机的问题。

(2)地区法治意识的不同,也造成学员对学习驾驶技能学习动机的差异。我国地域辽阔,文化差异较大,法制意识强弱不同,对驾车的学习动机也存在较大的差异。例如,部分农村地区的交通管理落后,直接使得许多学员学习动机不纯。

(3)操作教学中师生之间的紧密程度,会造成教练员能力、组织对学员学习动机的显著性关联。驾校经营上的不规范,会使得某些教练员与学员之间关系比较疏远,也会产生互动不足的问题。

4. 讲解动作

讲解动作是指教练员在开始授课时,对驾驶动作进行讲解、解释,以及为何规范操作的过程。就讲解本身来看,理论教学与操作教学没有什么差别,其不同就是讲解主体不同,一个是理论知识,一个是动作要领。在给学员讲解动作要领时,应介绍动作的名称、作用、基本原理和技术要求等,抓住操作要点、动作特征、规范方法等,并指出学员操作中易犯的错误。

5. 动作示范

动作示范是指教练员在授课中,亲自进行驾驶操作动作的过程。这是操作教学区别于理论教学的主要不同点。为了保证动作示范的准确性,驾驶操作教练员要求与理论教练员的要求不同。在初始教学资格方面,驾驶操作教练员除具有理论教练员相同的安全驾驶经历外,还要具备相应车型的操作经历,以为操作教学奠定一定的动作基础,这样才能传授学员真实的操作技能。驾驶操作教练员尽管具备一定的驾驶操作经历,但不见得具备规范、标准的动作。需要在初始资格认定中,建立规范正确的动作要领,方可进行授课教学。

养成规范、标准动作的前提就是执行国家规定的驾驶培训教学大纲。事实上,有些教练员认为能说会做、有驾驶经验,就能当教练员,这是一种误区。会做不见得规范,规范是建立安全意识的前提,没有规范的动作,谈不上提供安全意识的安全动作。

动作示范弥补讲解的欠缺。教练员在讲解动作要领时,往往对一些细微的动作信息解释不清楚,而通过示范则能使这些动作信息直观地表现出来,为学员提供模仿的榜样。此外对于一些复杂的动作,教练员应该进行分解动作示范,并做到分解动作示范与整体动作示范相结合,讲解和示范相结合,示范速度快慢相结合。教练员在必要的时候,可以将正确的动作和错误的动作做比较,便于学员领会。犹如镜头的慢动作,让人们看得更细、更准、更清楚。

6. 感知内容

感知内容是指教练员通过口语语言、肢体语言等各种不同的传递方式,向学员传递知识、内容的过程。驾驶操作教学与理论教学虽然都能够感知内容,但二者却差别较大。操作教学的感知内容除与理论教学共有的特征外,还具有以下4点差异。

(1)理论教学所感知的内容是间接的,而操作教学所感知的内容是直接的、直观的。直接、直观,更能身临其境、感同身受。

(2)理论教学的感知主要是视觉、听觉,而操作教学的感知不仅有视觉、听觉,还有触觉、嗅觉、平衡觉等。例如,变速器操纵杆操作的力度与方向,通过实际操作,学员将会感知得更准确、到位。因此,操作教学能够有较大程度地感知效果。

(3)尽管操作教学有理论教学不曾有的感知效果,但其教学手段的局限性也使得在某些内容上有不足的教学效果。例如,汽车部件的原理,在实车上是难以达到教学目标的,二者教学手段结合,将会使教学效果达到最佳。

(4)操作教学更善于因材施教,有助于进一步提升操作教学效果。操作教学的一对一教学,能够根据学员的个性,因材施教。而理论教学则多是大班制教学,难以面面俱到。

7. 领会要领

领会要领是指在操作教学中,学员对教练员所授内容、动作的理解情况、融会贯通情形。操作教学的内容(动作)比理论教学的内容更具有针对性。操作教学一般在限定的时间内完成规定的动作,而理论教学更注重体系的连贯性。教练员可以随时发现学员所出现的问题,进行针对性教学。操作教学的效果不仅取决于教练员的授课、学员的感知水平,还取决于技能的形成规律。驾驶技能的形成一般由基础、提高、完善和自动化等四个阶段组成,每一个过程都有着不可忽视的内涵。遵从这种规律,可能会事半功倍。另外,不同的学员因个性不同还会有不同的技能形成过程。

8. 指导练习

指导练习是指教练员在教学过程中,指导学员将所学知识运用于实际操作活动,以达到巩固所学技能的教学或训练行为。这是区别于理论教学的主要环节,它的设立主要基于学员技能形成规律的需要。技能形成规律告诉我们,驾驶操作技能的形成需要一个渐进的过程,且因人有所不同,因此,教练员在指导学员练习时,应注意以下5点。

(1)教练员始终要临场观察与指导。一些教练员离开教学现场的现象不值得提倡,因为学员练习一旦操作失误,可能会引起无法弥补和挽回的损失。

(2)在教学方法上以练习教学法为主,兼顾讲解、讨论、示范、演示等灵活多变的教学方法,以体现"统筹考虑、照顾个别"的因材施教原则。

(3)教练员应对学员练习过程进行记录,作为训练讲评的依据。

(4)教练员应当根据学员对动作的掌握程度,通过变换练习方式,调整练习次数、练习时间和每次练习之间的时间间隔,提高学员训练的积极性和主动性。

(5)当学员的操作技能达到一定的熟练程度时,教练员应适当增加动作的难度,进一步提高对动作稳定性和速度的要求;或者改变教学环境,让学员体会各种实际驾驶中可能出现的交通情况,帮助学员提高驾驶技能。

9. 模拟整合

模拟整合是指学员在教学过程中,对所学内容或动作,按照标准要求进行拟合的过程。动作练习是一个单调枯燥的过程,练习安排不合理,学员往往容易产生烦躁情绪和疲劳感,学习的兴趣降低。

学员在本阶段时,已经进行过复杂的练习和高难度的训练。学员大脑皮层的兴奋和抑制进一步加强和集中,有意动作逐渐向无意动作过渡,动作反应系统已经定性,部分环节可能出现自动化,在各连锁的系列动作反应中,能形成连续的有节奏的动作,错误的多余的动作已逐渐消失并形成了与汽车运行节奏相适应的一系列动作。例如,在变速换挡中踩离合器踏板变得轻捷而准确;加速踏板的使用能注意"轻踩缓抬";变速换挡能根据速度快慢作出相应的换挡动作等,这都显示了接近成熟而又未达到完全成熟的完善状态。

10. 训练讲评

训练讲评是指教练员在教学过程的后期,对所有学员或个别学员进行总结讲解、点评的过程。训练讲评是教练员在结束驾驶训练前,对学员训练情况的及时归纳、总结和分析,包括学员在训练中普遍存在的问题、还需加强哪些方面的练习等。训练讲评会再一次强化或调整学员大脑皮层的兴奋与抑制,从而帮助学员了解自己训练的效果,及时改进不足,为下一步提高动作打好基础。

11. 固化成型

固化成型是指学员驾驶操作的最后成型阶段。初期的简单训练,在大脑皮层局部会接收到按一定顺序出现的刺激物的作用,并由此产生了与之对应的暂时联系系统,这种联系系统巩固下来被称为动力定型。在继续接受始动刺激物类似情形作用时,动力定型会逐渐强化、巩固和确定。而确定了的动力定型被刺激时,一系列动作将按照一定的顺序自动化地、一个接一个地实现出来。

第三节　驾驶技能形成的心理特征

在驾驶技能形成过程中,总有一些心理特征伴随其中。掌握这些特征,对技能的形成具有促进作用。

一、从局部到整体

在驾驶技能形成初期,学员仅能按教练员的要求练好某一动作或几个动作,在操作训练中常常顾此失彼。例如,起步动作的训练,想到了离合器踏板就忘掉了加速踏板;专注于变速器操纵杆的操作,却忘记了观察前方的交通情况等。学员需要将若干个局部操作做准、做精、做熟练。当训练水平提高之后,各动作之间开始有了联系,大脑皮层开始分析活动,并暂时建立了联系系统(即动力定型),许多局部的动作通过联系开始有了整体的动作系统。因此,一个完整的动作系统,必须基于局部动作的正确、熟练和准确;否则,将事倍功半。例如,有些驾校的教练员在教学时,没有进行基础驾驶、直线前进等局部动作训练,就直接进行倒车入库训练,其结果将造成在倒车入库训练时同步进行单项动作训练,学习效率会大幅降低。

二、从多余、欠缺到恰当

驾驶技能是一套完整的、成熟的、规范的动作系统,任何欠缺或多余都是错误的,而且道路交通安全容不得哪怕微小的错误驾驶操作。然而,在驾驶技能形成的初期,大部分学员都有多余的、欠缺的动作。例如,操作变速器操纵杆时,使用很大的力量,以至于将变速器操纵杆拔出变速器。这看起来是笑话,实则说明了学员在驾驶技能形成初期所具有的多余的或欠缺的操作行为。这些要领,不是告诉学员他就能领会到的,需要教练员面对面地传授且学员要具有一定的悟性。

三、从紧张到消失

新鲜的、复杂的动作反应使学员大脑皮层兴奋并无节制地向周围扩散,这种兴奋紧张从而引起肢体无关部分不必要的多余动作。这些多余动作由于不会对整个活动发生效力,逐渐被淡化、抑制,同时正确的动作被强化,从而在人的大脑中产生了动力定型,多余的动作消失,紧张的情绪被抑制。由于多余的动作和情绪紧张容易消耗体力,所以驾驶训练初期学员容易疲劳。一旦多余动作消除,紧张情绪消失,动作变得省力、灵活,学员就不会感到疲劳。例如,在学车初期,学员很容易疲劳。他们在初期学习驾驶操作时,往往有很多多余的动作。这些多余的动作都需要消耗能量,以至于疲劳至极。相反,一个成熟的、成型的,甚至专业的职业驾驶员在驾驶操作时,能量消耗极小。有的人80多岁了仍能自如开车,与他的条件反射、动作的自动化有关。

四、从视觉到动觉

在驾驶技能形成初期,人首先会通过视觉控制自己的动作。训练中,大脑的运动分析器和视觉分析器逐渐建立了联系。随着训练的深入,这种联系更加密切,同时,大脑中的运动分析器之间也出现了联系,原来具有联系的视觉表象逐渐被知觉表现出来。例如,学员在学习起步要领时,开始要观察各操纵部件,都不一定能做好动作,但当训练到一定程度的时候,不用眼看各操纵部件,也能靠"感觉"正确操作汽车。再如,变速换挡,通过教练员的动作示范,控制和调节自己的动作。训练中肌腱运动的感知逐渐敏感并形成了有关动作的视觉表象,于是视觉控制作用逐渐减弱,动作控制作用逐渐加强。这时不用看变速器操纵杆,也能操作自如。当然,有些学员虽然习惯性地低头看下变速器操纵杆,但这种行为对换挡没有实际意义。同时放弃观察车前的信息,本身就是一种危险。

五、从被动到主动

对于新驾驶人,能处理道路中的一般情况,这仅仅停留在被动处理的层面上。例如,会车、转弯、经常使用较大制动力制动、超车不成功等。这不仅浪费燃料,也极不安全。通过强化训练,驾驶人可掌握多种动作技能来适应客观条件的不同变化。例如,在超车时,应考虑到自己汽车、被超车以及对面来车的速度和纵向间距,能够预测到什么时候超,自己车需要多大的加速度方能安全超越,一般老驾驶人能完全掌握,但新驾驶人就不能很好地做到。动作技能和心智技能熟练之后,驾驶人就能根据客观条件的多种变化,采取灵活机动的动作反应,达到汽车安全、舒适和经济地运行。

六、技能从干涉到迁移

学员在驾驶技能的形成过程中,增加准驾车型的或者以前开过车的学员,在道路驾驶处理信息中具有得天独厚的优势,进步非常快。原因是以前所掌握的动作技能或心智技能与要学习的驾驶技能有着极其相似的心理反应,在学习中旧技能对新技能的形成起到了积极的作用。例如,职业运动员或业余运动员,或者经常参加体育活动的人,在学习驾驶技能时进步就非常快,其道理与上述相似,具有同根同源的内在联系。这种旧技能对新技能起积极作用的现象称为技能的迁移,即旧技能迁移到新技能当中去。

如果已掌握的技能对新技能的掌握起到了消极的作用,并阻碍了新技能的形成和发展,就发生了技能的干涉现象。在这种情况下,以前所形成的动力定型联系越巩固,对新技能的掌握干扰就越大。例如,在学习驾驶中,以前开过车或经常跟老师傅"摸"车的学员,在信息处理中,以前所学是一种技能迁移,是有利的。但在规范动作要求中,以前所形成的动作如果是一种痼癖,在新技能形成中则是一种阻碍、影响和副作用,这种痼癖越牢固,新技能训练越难改。这就需要充分对比两种技能在动作方式上的差异,严格按照新动作程序,加强练习,强化训练,力排干扰,才能从旧技能中解脱出来,这与"一张白纸,没有负担,可以绘制最新最美的图画"具有一样的道理。

技能的互为作用,在整个驾驶技能形成中至关重要。充分认识和利用它,对迅速掌握驾驶技能具有重要的实际意义。例如,在驾驶技能训练初期,由于每一学员在教练车上的训练时间有限,为了尽快让学员早一天掌握好每一个动作,可以空手做训练或在驾驶模拟器上训练,然后充分借鉴在此时所形成的部分技能,将其迁移到实车驾驶训练中,以缩短学员在车上的训练时间,提高学习进度。

第四节　驾驶技能形成的规律

　　驾驶是一种脑力与体力重复交错进行的高度集中的活动。驾驶技能与诸如车工、焊工、修理工一样,既有相似之处,又有不同之处。不论是何种技能,通过大量的实践活动总能找出它的形成规律。

一、驾驶技能学习的一般规律

　　驾驶技能的训练与形成是驾驶培训工作的核心任务。从实际情况看,它符合正态分布,即训练情况较差的、较好的都较少。训练成效一般的,普通的学员较多。实践证实,驾驶技能的形成与训练时间有确定的关系,如图6-7所示。

　　在实际运用中,把动作反应的训练结果,即动作在限定时间内的正确率来作为驾驶技能的评价标准,出错率越高,正确率越低,即驾驶技能越差;反之,出错率越低,正确率越高,则驾驶技能越好。从图6-7中可以看出,在驾驶技能的形成(即驾驶训练)过程中,一般会出现三个阶段:提高区1、平缓区和提高区2。

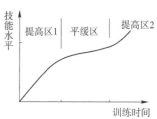

图6-7　驾驶技能的形成与训练时间的关系

1. 提高区1

　　学员从第一天训练开始,由于在学车前对汽车兴趣浓厚,好奇心强,求知欲旺盛,对新环境的新鲜感等,使他们进步速度加快,动作正确率提高。众所周知,仅凭一时的冲动、好奇是难以维持长久的学习积极性的。所以,大部分学员至几十个训练小时,不再有刚开始上车时的进步趋势。

2. 平缓区

　　提高区1之后,学员日渐感到动作训练的枯燥、乏味和单调;认为驾驶技能"不过如此",开始出现轻视、麻痹、自满等情绪;对新的复杂动作反应开始有为难消极心理,特别是基础驾驶动作掌握不好的学员,加大了向新动作转换的消极性,学车兴趣逐渐下降。实践证明,有5%左右的学员在此时提出"不再继续学习驾驶"的要求。例如,驾驶技能中的变速换挡这一基础驾驶训练,要按要求换好挡会涉及几十个以上的动作反应(如加速踏板踩踏的时机与力度,踩离合器踏板的时机,车速快慢的控制,变速器操纵杆的转换等),整个系列动作时间仅需0.2~0.5s,不得不说这种动作反应比较困难。而且有时仅仅为了一个动作需要翻来覆去、周而复始地练习。

　　国外学者布赖恩和哈特对一个学员接受电码的练习曲线进行研究,认为平缓区在14~

23周内出现,且持续一段较长时间。当然这种平缓区的长短、早晚并不是固定不变的,他与教练员的教学方法、学员的素质以及汽车的技术状况有着密切的关系,特别是教练员的教学方法对缩短平缓区时间有着重要的作用。

3. 提高区 2

学员在克服平缓区的"阵痛"之后,有了复杂动作反应的成功和喜悦,加强了信心。同时因为要面临驾驶考试,也必须要有战胜困难的毅力。这时完成了量变的累积,发生了质的飞跃,开始了驾驶技能形成的第二个提高区。

二、驾驶技能学习的特殊规律

以上是基于普遍性的一般规律。但人是有个性的,故也有少数学员特有的特殊规律。

1. 先慢后快型

图6-8展示的是先慢后快型的技能形成规律。这种规律形成的个性前提条件是:性格抑郁不开朗、不爱讲话、缺乏交流、社会活动差,文化程度不高但爱学习、肯钻研,情绪稳定,记忆力较好,内向,动作迟缓等。这部分人若参与这样的集体活动,先要适应这里的环境,语言障碍和心理上的隔阂使他们在学习初期进步不快。随着动作反应次数的增加,操作训练时间的延长,他对每一个动作反应有了较深刻的认识,而且一旦在大脑中存储,不受外界干扰,不容易忘却。经过积累,在其头脑中形成了较为稳定的系统联系,所以到了后期,驾驶技能有了质的飞跃,进步比较快。

2. 先快后慢型

图6-9展示的是先快后慢型的驾驶技能形成规律。这种规律形成的个性前提条件是:外向、性格开朗、聪明、易结交朋友、大胆、社交广泛、易学易会易遗忘、反应敏捷、动作迅速等。有些人在学车前已经零星学到过驾驶方面的动作或者做过类似的工作,有一定的基础。来到驾校后,经教练员稍加指点,上车后在很短时间内就能迅速掌握驾驶技能。与大部分学员相比,他能提前感受到驾驶工作的单调、乏味和枯燥。尽管如此,这部分人的驾驶技能仍比其他人高出许多,从而导致教练员容易忽视对这部分学员动作的强化和管理,直到后期这部分学员不仅没有进步,还有退步的可能。这种在开始训练就认定学员驾驶技能水平较高的看法是训练上的误区,实际上他们的技能高仅是表面现象,他们尚未建立心理定式,在驾驶考试时往往经受不住考验而失败,这应当引起教练员的关注。对这部分人,一般应在心智、思维技能上进行训练,不能只局限于某个固定的动作技能。目前,一般驾校的技能培训是有一定的能力极限的,对这部分人既没有时间也难以利用较好的办法进行指点或更高层次的心理训练,这是教练员进一步提高业务水平的需求之一。

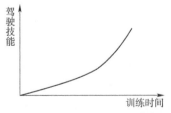
图6-8 先慢后快型驾驶技能形成规律

图6-9 先快后慢型驾驶技能形成规律

第七章

驾驶教学心理与调节

在市场经济体制下,驾校是驾驶培训的组织机构,承担着法律赋予的驾驶培训任务。而驾校的核心就是驾驶教学。探索教练员在当下巨大压力下如何保持或调整至健康的心态进行驾驶教学,对确保驾校可持续发展,提高驾驶培训质量具有重要的现实意义。

第一节 常见驾驶教学心理

教练员作为驾校教学的关键人物,不单单承担着独立的教学任务,在瞬息万变、复杂危险的道路环境下,还要承担着考试压力、招生压力以及各式各样的竞争压力。通过长期的、大量的实践发现,目前我国驾校教练员在具备规定的基本条件外,在驾驶教学中还存在着以下9种常见教学心理。

一、速成心理

速成心理也是应试心理的一种。在长期的驾驶技能训练中,教练员不仅有标准化的、规范化的驾驶技能模型,同时也形成了自然而然地从不会到会、从会到熟练的训练思路和方法。这种思路和方法一旦形成,在教练员大脑中便产生定式。当学员操作汽车时,所出现的动作作为教练员的始发信号,教练员通过分类、辨识即自动化地确定相应的训练方法。时间越长、训练频次越高,这种定式越坚固,直至形成一触即发的速成心理,也称为"恨铁不成钢"心理。这种心理形成的主要原因为危险的教学环境、单调重复的训练和严格的考试标准。

教练员在刚刚开始承担教学工作时,对于如何教、怎样才能改正错误的动作、如何迅速取得教学效果,尚是一项空白。教练员要不断观察学员的动作,并与自己的动作或想象中正确的动作进行对比来判断其是否是规范的动作,经过查找资料、长时间观察和询问别的教练员,加上一定时间的检验后,方可确认学员的动作是否正确。许多教练员在乘坐由正式驾驶人驾驶的汽车时,往往会出现踩副制动踏板的现象,这就说明了教练员的职业特征引发的影响。由于我国驾驶培训行业实行的是市场化机制,经济效益是重要的考核指标。这就需要教练员在有限的时间内,把学员训练成至少是符合考试标准的学员。由于学员的个性差异,有些学员出错率比较高,加之驾驶培训与驾驶考试管理间的衔接不畅等,直接导致了速成心理的形成。

二、急躁心理

驾驶技能训练,不单要培养学员的安全意识,提高其安全驾驶技能,还必须为学员提供可靠的安全训练环境。即保证行车安全不出事故,并且时时刻刻为之付出。这样教练员就容易产生急躁心理,具体原因有以下4个方面。

(1)安全需要。教练员在训练中,要时时刻刻保证教练车的安全,保证自己和学员的安全,保证其他交通参与者的安全。这种多角色的安全需要,使得教练员深感责任重大和心理压抑,尤其是遇有应激状态,一种需要减压排解的情绪亟待爆发。心理学理论认为,情绪由三种因素制约:环境、生理状态和认知过程。在认知过程中,复杂的驾驶环境也是教练员急躁情绪产生的重要因素。

(2)重复模拟。正式驾驶人在习得自动化动作后,认知过程得到较大的提高,急躁情绪有所减弱。但作为一名教练员,除具有一般正式驾驶人所具有的急躁情绪外,还增加了学员有意模拟训练所引起的情绪反应。即教练员在训练中,不断地观察、发现、判断学员动作的正误,以及由失误会引起何种可能的后果,如何改正错误动作等。并且这些行为都是单一的、重复的,不能提高教练员的刺激量、激活教练员的身体能量,使教练员身体处于懈怠状态。

(3)持久冲突。尽管教练员通过指导让学员达到尽可能完全正常的驾驶状态,但学员的操作差距决定了教练车的非正常行驶状态。实践证明,学员在无车、无人的道路上训练是难以达到预期目标的,必须在复杂的道路环境中锻炼,才能训练出应有的技能。这就要求教练员选择的道路与科目相对应。因此,教练车本身的安全需要与整体交通需要的冲突始终在不平衡与平衡中进行的,即教练员的感知场景始终有一定的危险度。

(4)心理阻断。当教练员产生急躁情绪时容易愤怒,这时心跳过速,心跳振幅过大,腹部动脉收缩,大量血液输送到皮肤、骨骼、肺部,这些部位的血压升高、循环加快,此时他就会呈现面红耳赤的状态。此时,交感神经系统的交感部位因受了刺激,而使消化系统停止活动,皮肤分泌汗液,肝脏的糖质也流入血管,供给氧气,提高体温。教练员在遇险情时暴怒,容易出汗,遍体发热即是这个道理。这种状况无法得到缓解,其原因是不能及时向同事、朋友、家人等进行沟通,形成心理阻断。

所以,教练员应当多学一点知识,特别是与驾驶相关的知识,提高驾驶操作技术,提高认知水平,避免冲突,缓解急躁情绪,使身体处于良好的心理状态。

三、失落心理

教练员教的学员,取得驾驶证以后,很大一部分学员就再也不和教练员联系了,甚至有的学员把教练员拉黑了。教练员们觉得付出了很多辛苦,学员反而一点不领情。教练员在工作的过程中,往往因为一个准学员的流失或考试的失利,内心深处感到非常沮丧,这种心理现象称为教练员的失落心理。这种心理现象,是因为内心期望较高,往往没有足够好的方法,把学员留下来。很多教练员都存在这种心理,其原因是态度不够端正、自信不够、信心不足。失落的心理,还是要从自身查找问题,问题就会轻松解决。具体可从以下3个方面着手。

(1)对每一个教学项目,学员容易出现的失误和隐患,必须进行强化练习,予以消除。努力提高学员对考场环境的适应能力。可以进行换教练测试、换场地测试、考试语音播报适应、考场考试规则适应、教练陪伴画图作业等,来提高学员对考试的熟悉程度。

(2)教练员内心要足够强大。由于是每一位准学员的观点不同、感觉不同,内心需求不同,教练员不可能满足所有人的要求,个别流失或驾考失败属于正常现象。此外,教练员也要查找自身原因,完善不足,补缺拾漏,不断改进。

(3)从提高能力和经验上面下功夫,不断提高培训质量和服务水平。每次考试,结果时好时坏,考试合格率忽高忽低;在训练过程中,没有发现失误的隐患,感觉有的学员练得非常好,反而没有考过去,都会导致心理严重失衡。针对这些现象和问题,要对每位学员逐个分析,对每个项目逐个把关。一定要让每一位学员对每一个项目,做到百分之百心中有底,失误就会自然而然地减少。

总之,要努力学习,刻苦训练,必须要牢固树立坚定的信心,相信没有完成不了的任务、没有克服不了的困难、没有攻不下来的市场!努力总结经验,刻苦练习,提高自己的教学水平。

四、攀比心理

攀比心理是指在工作中,教练员总是拿出一项教学指标与其他人比较。很多教练员,都曾存在攀比心理。这个攀比,并不是谁的合格率高,要超过谁;谁做事超前,要超过谁;比的不是业绩、先进、积极,比的却是没有价值的心理平衡。一样的勤务,我干了,别人为什么没有干;为什么对我要求严,对别人要求松;为什么一样地违纪,批评了我,没有批评他。这样的攀比,不仅影响同事之间的和谐,而且负面的影响会越来越大,会让团队越来越消极。

驾校应当从环境的影响上面下功夫,长期开展广泛的评比与自我批评活动。要经常进行服务评比、教学评比、招生评比、宣传评比,把所有的精力用到效果和绩效的竞赛上面来。教练员每天都要在出成果上面下功夫,出教学的效果、服务的效果、宣传的效果,瞄准结果干工作,今天工作有收获,明天生活有保障。

五、嫉妒心理

"羡慕嫉妒恨"这是网络上的一句流行语。其实,在驾校教练员中也存在这种情况。有一些教练员,看到别人培训的学员考试合格率高、教学好,立即就红眼,到处说风凉话,用大量时间和精力去攻击别人、诋毁别人,不去在工作中寻求突破,而是把别人的快乐当作自己内心的痛苦,这是心胸狭隘的具体表现。教练员一定要扬长避短,学习别人的长处,把他人的优势学为己用;要向一切先进学习,向身边一切比自己优秀的人学习。只有通过不断的学习,才能改变自己的思想和格局。

六、骄傲心理

教练员要适当降低自己的心态，认识到这个世界上比自己强的人有很多。更准确地说，人各有所长，你懂的、你会的，也许别人不懂不会，别人能做好的事情你可能会搞砸。所以，不要因为自己在某些方面比别人优秀就高傲自大、目中无人，要明白强中更有强中手这个道理。教练员需要保持平和的心态，宠辱不惊地去面对一切，虚心地学习，才可能获得更大的进步和成功。

有些教练员，取得点成绩，驾驶考试合格率高了，就开始骄傲，看不起这个，瞧不起那个。这是骄傲心理在作怪，是为人自私、素质不高的具体表现。稍微取得一点成绩，就到处炫耀，把偶然当资本，不在成绩上去突破，站在老本上去炫耀，往往会被同事瞧不起；一旦成绩下滑，就会遭到同事们的耻笑。因此，教练员在取得成绩的同时，更要多总结，找出其中的优点，加以坚持。要把好的成绩始终保持下去，让身边的同事从骨子里面认可自己。

七、怀疑心理

怀疑心理是指对一些新鲜事物、对别人取得的成绩持怀疑态度，不去相信、不去体验、不去学习、不去尝试，以对抗的心理、固执的心态对待之。

具有怀疑心理的人往往故步自封、顽固不化，对他人的优点不屑一顾，给人的感觉特别自私；遇到困难第一反应就是推脱，对驾校安排的学习培训，想尽一切办法找借口，想尽一切办法不参加；对驾校的规定置若罔闻，对驾校的制度阳奉阴违，表面一套，背后一套；工作标准不高，应付了事；始终抱着投机的心理；盲目自信，自以为是，遇到困难找理由、找借口。例如，找不到生源，就抱怨市场不好、驾校太多、同行降价；考试合格率下降，就抱怨天气不好、路线不好、考试车不好、学员的心态不好，不是考场的错，就是汽车的错。

总之，持怀疑心理的教练员始终觉得自己是对的，自己没有错。他们大部分属于偏激型、犹豫型、冲动型、执拗型、迷茫型等，究其原因，还是文化程度总体偏低，社会经验阅历较少，对待生活、工作得过且过。对于这样的教练员，驾校经营者要经常与其谈心，积极疏导，靠环境的影响，逐步去改变他。

八、浮躁心理

浮躁心理的表现为在教学、工作中没有耐心。训练过程中，学员稍有失误，就发脾气、生闷气、拉脸色。其实，这样的教练员，根本就没有把心思放在教学上。每天只是为了上班而上班、为了教学而教学，从来没有为了让工作出价值、以教会学员作为工作目标。驾校只有改变框架、体制、结构，改变利益的分配方式，才能改变这类教练员的行为和目标。

教练员真正的工作，就是静下心来，保持耐心，陪伴学员。为了产生价值而教学，为了有一个好的口碑而教学，为了让学员有一个快乐的体验而教学，为了职业的责任和使命而教学，为了让学员安全驾驶而教学；真正实现在教学中产生价值。教练员通过良好的教学，实现自己的招生目标，坚定正确的方向和目标，只要用心去做，很快就会得到学员的认可、同事的认同、驾校的肯定。

九、威权心理

威权心理也叫"为威信而树威信"心理。

在实践中发现，有许多教练员为威信而树威信，时时处处按照自己的意愿出发，对学员提出各种不切合实际的主观要求，并要求学员满足这一要求，否则将从严处罚。例如，在训练中，学员连续出现错误动作，教练员不去查找产生的根本原因，而是不耐烦地责骂甚至动手体罚学员。有时学员提出一些比较合理的客观问题，但为了不丢面子，其往往找出各种理由进行驳斥，甚至用粗暴的方式、冰冷的手段对待学员出现的各种问题，好像不挫伤学员的人格便不能树立自己的威信。实际上恰恰相反，这样做不但不能树立自己的威信，反而会降低自己威信。因为学员也需要被尊重，只有建立在民主平等、尊师爱生基础上的师生关系，方能促进教学相长。特别是来自社会各界的学员，他们来自不同的行业，拥有不同的职业、不同的阅历、不同的经历，也有着不同的知识、能力和成就。他们虽然在驾驶技能方面"技不如人"，但在其他方面亦有独到之处。

第二节　教学心理障碍与调节

心理障碍是指没有能力按社会认为适宜的方式行动，以致其行为后果对本人或社会产生不适应的现象。这种"没有能力"可能是器质性损害或功能性损害的结果，或两者兼而有之。心理障碍是对刺激反应的异常表现。

心理障碍几乎人人都可能遇到，如失恋、落榜、人际关系冲突造成的情绪波动或失控，一段时间内不良心境造成的兴趣减退、生活规律紊乱甚至行为异常、性格偏离等，这些由于现实问题所引起的情绪障碍，都可成为心理障碍。遇到这些问题，大多数人往往自我调节或求助父母、亲朋好友、老师等来调节，但这些调节仍无效果时，就需要找心理咨询医生寻求帮助。

教练员没有正确的工作方法、工作流程和标准，不但会导致身体失调，还会造成心理障碍。这些心理障碍的产生，归根结底，还是修养不高、能力不足、技能不强、经验不多、意志不坚、方法不对、目标不明、方向不清，导致挫折接连不断，困难接二连三，这样就会越干越泄气、越干越没信心。教练员可通过下述方法调节教学心理障碍。

一、市场竞争激烈，在困难中寻找机遇

经济形势的下滑，从业人员的增加，使得驾驶培训市场的竞争变得异常残酷和激烈。原有的模式、方法，已经不能解决驾校发展的瓶颈，这给教练员的工作也带来很大的影响。教练员只看到了残酷的一面，没有看到的是，大家都找不到突破口，或许这就是最好的机遇。只有把困难当机遇，所有的困难都会轻松解决。

很多教练员，看到的都是困难，学员练车反应慢，教了记不住，平时看到的都是存在的问题，都是学员的缺点，而没有解决的办法，自己逐渐陷入困局。而一些思想活跃和年轻的教练员，把学员存在的问题，当作锻炼自己的机会；把难教的学员，当作促进自己提高教学水平

的机会,以创新的思维看问题、解决问题,这样就会在很短的时间内,获得较大的进步,解决问题和困难的能力就会快速提高。

越是困难,机会越多。深入挖掘学员的需求,围绕需求解决困难。教练员要根据自身的素质,打造自己的特色。比如,某教练员推出的专业解决学员考试不合格,专业解决上车学不会、考试不过关、上车就紧张、教练员态度差、练车没时间等学员关注的难点、痛点问题的解决办法,慢慢地就形成了自己的影响,创造了自己的品牌。当招生困难的时候,在教学的过程中,创造价值,打造特色,扩大影响,潜移默化中做好招生。把事情做好了,烦恼就少了。

二、主动适应环境,变压力为动力

有的教练员,感觉驾校给自己的压力太大,无法完成任务,就片面地追求安逸的生活和工作。其实,很多教练员没有意识到一个问题,他们在驾校上班,就是为驾校解决困难的。如果他们不能解决困难,就是一个制造困难的人;不能解决困难,就不能创造价值,就是一个没有价值的人。

有的时候,驾校的同事聚在一起,经常讨论一些是是非非,谁的方法比较差、谁的方法不适用等;谁带的学员考试合格率高,谁带的学员合格率低等,会造成同事之间发生矛盾。有时候,过于在乎别人的眼光和言论,会受到同事的排挤,心中比较压抑。这些现象,都是工作思路不清、标准不明造成的。家庭的琐事、同事的矛盾、工作的压力、能力的大小、教学的水平、服务的效率,如果处理不当,工作中就会异常烦躁,心中的压力会越来越大。主要的表现就是心神不定、思想走神、做事半途而废。经常的焦虑,还会导致对未来产生迷茫,做事就会犹豫不决,对人、对事,经常会无端地猜疑,长此以往,就会慢慢地产生懒惰心理,就会导致心情压抑,处事胆怯,对待工作失去自信。为此,教练员要变压力为动力,让教学充满创新、让服务提升效率、让宣传带来效果。

三、确定发展方向,逐个解决问题

一名优秀教练员的成长,要靠环境去影响;环境的改变,才能带来思想的改变;打造一个好的环境,要胜过千万个规章制度。只要在一个良好的工作环境、文化环境、学习环境、拼搏环境中,拥有一个良好的氛围,教练员就会快速成长,驾校就会快速发展,经营就会更加简单。

1. 从思想架构上去改变

(1)要去强制。人都是有惰性的,只有强制执行,才能落实到位、提高效率。靠每个人的自觉,效率是非常低的。只有形成规律和模式,才会变得简单和高效,才能有强大的执行力。

(2)要去学习。通过学习,来提高自己的能力,提高做事的效率。知识改变思想,思想改变语言,语言改变行动。只有学到丰富的知识,才能逐步提高对行业的认知、对危机的认知、对学员的认知、对安全的认知。

(3)要去塑造。驾校要时刻想着去塑造员工,对每一位员工存在的缺点和问题,要进行完善和纠正,把优点放大,把缺点缩小。所有的事情,都要站在把事情做好的基础上,去解决问题,这样就会加快推进工作的效率。

(4)要去帮助。教练员在工作和生活当中,会遇到这样或者那样的困难,驾校只有不断地去帮助,教练员对驾校才会更加信任,才能更容易取得成功。教练员在成长的过程中,只有不断地得到帮助,才会更加坚强和自信。

(5)要去坚持。很多事情,看起来很简单,如果长期坚持下去,是非常困难的。很多教练员,好的方法非常多,但是能够坚持的却不多。很多时候,是教练员的思想意识不到位,缺乏决心和意志。

(6)要有速度和激情。所有的事情,要想有高的效率,必须要具备速度和激情,才能在短时间内,产生更高的价值。任何事情,立即去做,马上行动,才会有重大的突破。

(7)要有坚强的意志。未来行业同质化竞争可能更加严重,教练员要把好的做法坚持下去,做到最好,就是胜利者。所有的工作,要坚持地做,反复地做,快速地做,用心地做,想做不好都很难。

(8)要有习惯。所有的工作,要规范、规律,而且要归类,形成了习惯,就会变得更加简单。教练员形成良好的时间习惯、思想习惯、动作习惯、流程习惯、语言习惯,才能不断提高品质,打造品牌。

2. 从框架内容上去改变

(1)要去激励。每一个人,都有一个疲倦的时期,只有不断地激励,才能让他时刻充满动力。激励,不一定非要进行物质激励。文化激励和精神激励做好了,往往会超过物质激励的效果。

(2)要去竞赛。通过比武竞赛,把自己的专业技能做得更好、更精。通过各种各样的竞赛和比赛,以赛促学,在无形中,就能快速提高教练员的整体素质。

(3)要去训练。只有不断地训练,才能提高工作标准。通过训练,形成规律,养成习惯。有规律,才会更简单、更高效。

(4)要有流程。每一项工作都要有具体的流程,这样教练员才能知道如何去干,下一步该干什么。一个清晰的流程,会起到事半功倍的效果,能把每一位教练员的价值发挥到极致,比如服务流程、营销流程、宣传流程、考核流程、学习流程、教学流程、训练流程、招生流程等。有了流程,事情就有了整体的规划和安排,就能进行合理地布局和制定实施方案。

(5)要去监督。监督就是要注重过程。只有一个好的过程,才会有一个好的结果。每一个过程,都会出现各种各样的问题,只有把过程规范了,形成了规律,养成了习惯,才能让驾校的经营更简单。所以说,对过程的监管才是确保完美结果的核心要素。

(6)要有内容。有了内容,才能对员工的工作过程和标准进行有效的监管和考核;有了内容,才有对学员服务的标准。

(7)要有标准。有了标准,才能让教练员心里更有底。任何事情,没有标准,就很难出效率。尤其是教练员教学,有了标准,就有了考核的依据。

(8)要有方法。所有的工作,只有好的方法,才会提高效率。学员学车过程当中的所有问题,都要用方法去解决。而在现实中,多数教练员都是用语言在解决,这很难提高效率,也很难达到好的效果。

(9)工作量化。只有把工作量化,才会让工作产生质的改变。尤其是驾驶教学工作,量化了以后,就会更加简单。每一个项目、内容、动作,都要进行时间、次数、间隔、过程、方法的规范。

(10)要固定时间。把时间定死了,才会形成良好的规律和习惯。在规定的时间,干固定的工作和内容,我们的工作就会变得既简单又轻松。

(11)把一件事情做好。从一件事情上面,开始做精,做出标准,才会有十足的信心。做到这些,教练员的所有心理问题,都能轻松地解决。

(12)要有良好的心态,避免急功近利。要有清晰的目标,避免陷入迷茫;要有坚定的信念,避免外界干扰;要有快乐的心情,避免情绪失控;要有宽大的格局,避免盲目攀比;要有包容的境界,避免心胸狭隘;要有清晰的目标,避免无事生非。

教练员要把工作 8h 以内所有的时间排满,让每一秒都去教学,每一秒都去训练,每一秒都去创造价值,一切围绕目标干,所有的困难、矛盾都会迎刃而解,所有的心理压抑都会全部释放!立足岗位练精兵,服务学员创造价值,在平凡的岗位上,成就教练员自己的事业和人生。

第三节　因应教学心理策略

随着因材施教教学规律的不断发展,驾校呈现出了各种各样的教学需求和教学策略。对提高教学效果发挥了重要的作用。下面针对不同性别、不同年龄、不同学历师生情况提出如下因应教学心理策略,以探索提高教学效果的可能性。

一、不同性别师生的因应教学心理策略

基于驾校教练员要确保教学中的安全性以及"一对一"教学的特殊性,为了提高教学效果,教练员必须采取一定的教学策略,教学中客观存在教学心理策略问题。在教学过程中,不同性别的师生的因应教学心理策略,是指驾校师生性别差异引发的教学心理策略。根据不同性别驾驶人的驾驶心理分析,我们不难看出男性驾驶人和女性驾驶人在心理上存在着较大不同,而这些不同决定了驾驶人行为方式的差异。

(1)不同性别教练员教学心理差异。如果条件允许,学员选择不同性别的教练员对提高学习效果有很大的帮助。在驾驶教学中,大多数以男性教练员为主,女性教练员为数不多,二者的教学心理差异较大。男性教练员主要体现出主动积极、经验丰富、专业性强等优点,但是男性教练员也存在一些粗心、放任、随意的行为。尤其是教女性学员时,男性教练员的一些不良嗜好,比如,吸烟、大喊大叫、动作粗鲁等行为,都是男性教练员的一些不良心理表现。甚至有些男性教练员,在教学过程中故意对女学员说一些不该说的话,做一些不该做的动作,这直接会引起教学矛盾。女性教练员在教学时一般表现出态度温柔、小心谨慎、有耐心等优点。但是女性教练员在思维方式、教学能力方面与男性教练存在着一定的区别,不过学员对于女性教练员的教学过程还是比较容易接受,尤其是女性学员更容易接受女性教练员的教学。

(2)不同性别学员的学习心理差异。男性学员在学习过程中,表现出的积极、胆大、思维转变快等优点,造就了男性学员对驾驶有着较快的适应性。女性学员在学习过程中,接收能力较弱、心存胆怯是学习进度较慢的主要原因。女性学员在学习时需要明确学习目标,多观察男性学员的学习方法,尽最大可能消除胆怯与恐惧心理,以平常心态对待驾驶学习。

(3)师生之间的性别匹配。在驾校学习驾驶,随着驾驶培训教学的发展,"自由选择"成为驾校教学的主流。学员根据自己的个性需求,可以选择自己喜欢的教练员。在驾培市场为卖方市场时,教练员也可以选择学员。考虑到许多人在异性面前会非常愉快地完成那些在同性面前极不情愿完成的任务,有时还表现得十分机智、勇敢,许多公司的管理人员也乐意让男女同事成为工作搭档,共同完成一个项目,这种现象心理学上称为"异性效应",即所谓"男女搭配,干活不累"。在驾驶教学中,在师生之间的性别选择或匹配上同样具有异性效应。当然,这种性别效应的前提是必须有一个严格的性别边界机制。

二、不同年龄师生的因应教学心理策略

在驾校里,教练员和学员的年龄,不像高校师生年龄存在着单一的大小关系,驾校师生年龄存在着双向大小悬殊的关系。例如,有些年轻的学员直接拒绝年龄大教练员的教学。因此,为提高教学效果,同样出现驾校师生年龄差异引发的教学心理策略问题,即不同年龄师生的因应教学心理策略。分为师大生小心理、师小生大心理和同龄师生心理。

(1)师大生小心理。师大生小即教练员的年龄比学员大。教练员的年龄对教学有着重要的影响,教练员的最佳教学年龄在35~60岁,35岁以前,教练员虽然具有驾驶年龄的优势,但是不具备教学的实际经验。教练员随着年龄的不断增加,教学经验也在不断地丰富,所以,只有具备了一定年限的驾驶经验和专业教学经验后,才能具备较高的教学能力。加之受尊老爱幼文化的影响,这种师大生小的匹配关系还是比较牢固、稳定的,也是目前主流的师生组合的教学模式。

(2)师小生大心理。师小生大即教练员的年龄比学员小。近年来,一些年轻、高学历教练员的加入,为驾培行业增添了新鲜血液。在学员面前,教练员不论年龄大小,只要水平高,都是受人尊敬的老师。另外,我国规定60周岁以上的人员不得从事驾驶教学工作,而部分车型对申领人的年龄上限限制已经取消,老年人当新学员的情况会越来越多。因此,师小生大这种教学模式也会越来越多。

在驾驶教学过程中,年轻教练员与年龄偏大的学员有着心理差异。年轻教练员应变能力、判断能力、动作协调性、灵活性、记忆力强,如果年轻教练员学历也比较高,逻辑思维也强。年龄大的学员如果心理素质较差,则容易出现紧张心理。年龄大的学员可能存在反应速度慢、协调性较差、记忆力减退等情况。但是年龄大的学员在情绪、耐心、坚持等方面都表现出积极向上的心理。因此,师小生大教学心理比师大生小心理稳定性差。

(3)同龄师生心理。因教练员与学员是同龄人,没有年龄上造成的时代、文化代沟,具有深度文化共鸣。在教学中,他们可能具有较高的心理默契度。但是如果两人个性、价值观等差异比较大,也可能出现较强的师生排斥心理。

三、不同学历师生的因应教学心理策略

不同学历师生的因应教学心理策略是指驾校师生因学历差异引发的教学心理策略。驾驶教学与学历高低有着相关联系，无论是教练员还是学员都与文化程度有着一定关系。

（1）师低生高的驾驶教学心理。师低生高即教练员学历比学员的学历低。低学历的教练员在专业知识与新知识方面较为欠缺，大部分都是凭借自己的驾驶经验、驾驶方式进行教学，教学过程中不能正确使用专业的术语与理论知识。同时，学员学历高，具有严谨的逻辑思维。因此低学历教练员在讲授方面容易导致高学历学员对学习内容难以理解，致使培训进度缓慢。

（2）师高生低的驾驶教学心理。师高生低即教练员学历高于学员的学历。高学历教练员对专业知识和新知识不断学习，在讲授方面能够显示出条理分明、通俗易懂，能够合理掌握教学的方法和手段，专业性更强。从而加快了培训进度与提高了培训质量。文化、学历对教学的作用非常重要。随着驾校智能化程度不断提高，驾校对教练员的学历将有越来越高的要求。

（3）学员学历差异引发的教学心理差异。低学历学员主要对专业理论知识的理解和应用较差，这种学员随意性强，语言表达和行为表达较为简单。教学时，应根据这类学员的性格特征，适当增加理论知识的培训时间，让学员从根本上理解操作原理，提高安全意识。高学历学员具有较强的理解能力，在专业理论学习方面具有明显优势，但是在运动状态下的动手能力相对要弱一些。这类学员非常适合应用分解教学法，根据学员的性格特征适当增加他们的技能锻炼，使他们能够正确发挥自身的优点，快速掌握安全驾驶的技能。

从学历角度出发，师生之间的匹配，高学历教练员可以匹配不同学历的学员，但低学历的教练员相对来说，难以匹配高学历的学员。

第八章

驾驶学习心理与调节

以学员为中心,就要了解学员、熟知学员、热爱学员。只有知晓学员的心理状态,解除学员的心理困惑,才能达到服务学员、教授学员、尊重学员的目标。同时,学员自身也能知己知彼,百战不殆。

第一节 理论学习的常见心理与调节

如果说驾校是汽车驾驶员交通安全的源头,那么驾校的理论教学就是源头的源头。然而,学员进入驾校后,因各种原因也衍生了一些心理现象。破除这些心理症结,就会推进驾校理论教学的健康发展。

一、理论学习的常见心理

1. 应试过关心理

应试过关心理是一种针对考试要求能尽快过关的学习心态。这种心理特征比较普遍。其原因大都与对安全驾驶学习不重视及工学矛盾有关。很多学员没有专门的时间学习理论知识,只能靠周末等工余时间进行学习。缺点是不能全面系统地掌握安全驾驶理论知识,安全意识不足。这种应试心理又细分以下5种心理。

(1)轻敌心理。在自负心理的作用下,过于轻视考试过程的心理现象,称为轻敌心理。部分学员报名学车后,兴致很浓,行动迅速,能够立即学习理论知识,凭借自己平时的知识,自认为不用学习就能考50多分,稍微熟悉几遍就80多分,太简单了!便不再进一步学习。这部分学员理解能力强,以年轻人居多,例如,高校学生。

(2)突击心理。喜欢集中一个时间段而不喜欢按部就班地完成一个复杂事项的过程,称为突击心理。高考结束后,很多学员纷纷报名学车,都想利用暑假时间再学一项技能,在他们看来,高考刚刚结束,先痛痛快快玩几天,驾驶理论知识对高三学子来说绰绰有余,等到考试前两天突击一下就行了,可是等到考试来临,发现时间来不及了。

(3)惰性心理。惰性是一种心理状态,就是做事拖拖拉拉,爱找借口,学习理论就在"拖拉"与"借口"中变成了泡影。当其报名学车后,心里计划要好好学习,争取一次合格。但每次准备学习的时候,都因为离考试时间还久远或今天有业务、明天有客户等借口未开展学习,最终考试时依然未能按要求完成理论知识学习。这部分人员大多都在40岁左右,这个年龄段学员特点是事业有成、朋友广、应酬多、时间紧。

(4)依赖心理。持依赖心理的人以50岁以上者居多,他们文化程度普遍低,学习理论确实有困难,但是自认为只要报上名,自己啥也不用管,驾校和教练就会想办法的,有的学员投保了驾考验,就认为上了保险,到正式参加考试时,才发现谁也帮不上。

(5)文盲过关心理。在全民学车的时代,不否认一些地区还存在文盲人群或学历较低的人群。他们在进行理论学习的时候,存在较大难度。为过关而过关的文盲过关心态,大量存在。例如,近几年,在驾考中查获的高科技手段作弊案件时有发生。有的人即使考试时,也不认真体会考试内容,而是从猜题角度出发应试。

2. 认真求学心理

目前学车的人群中,总有一部分人态度端正,目的明确,想掌握到过硬的驾驶技能。尤其年龄偏大的人群,社会经历使得他们充分认识到开车的危险性以及学习的重要性。胆小的学员,在惧怕心理的影响下,对学习驾驶中的每一个环节都极为重视。有些人带着笔记本,密密麻麻记录着每天学车的过程。当然,适合驾驶汽车的人,在这样的心理支配下,一定会取得良好的成绩。但也有些不太适合驾驶汽车的人,虽然有着良好的动机,但往往得不到理想的结果。

3. 轻文重武心理

轻文重武心理是指学员进入驾校后,不重视理论学习,只重视操作训练。但安全驾驶员素质研究分析结果显示,掌握汽车安全驾驶理论知识比会操作更重要,理论知识是奠定安全意识和科学驾驶的基础。尤其是道路交通安全法律法规知识,对依法驾车具有非常重要的意义。与技能相比,知识记忆具有一定的速成性,因此那些知识型为主导的学员,对驾驶理论知识更加轻视。安全意识是依靠理论知识建立的,轻视理论学习恰恰违背了安全驾驶技能培养的宗旨。因此,扭转理论学习中的轻文重武心理迫在眉睫。这种心理的弥补往往在后续开车中会慢慢解决。

轻文重武心理,也与驾校有关。驾校的轻文重武心理不同于学员的轻文重武心理。学员的轻文重武心理来源于自身对驾驶学习的认知不足。但驾校的轻文重武心理在于对经营成本的考量。理论教学的利润较小,使得某些驾校轻视了理论教学,甚至直接取消了理论教学。作为教练员,受制于驾校管理,驾校轻视理论教学,教练员即使有再大的期望也无济于事。

二、理论学习的心理调节

面对学员在理论知识学习中存在的各种心理现象,尤其是对不利于开展素质教育的心理因素,应当及时进行调节。

1. 理论教学与实操教学并重，驾校才不负众望

《道路交通安全法》第二十条规定，"驾驶培训学校、驾驶培训班应当严格按照国家有关规定，对学员进行道路交通安全法律、法规、驾驶技能的培训，确保培训质量。""道路交通安全法律、法规"（理论）先于"驾驶技能"（实操）培训，"道路交通安全法律、法规"又付诸"驾驶技能"，可见驾校开展理论教学的重要性。同时，开展理论教学是国际上驾驶培训流行的做法，也是公共安全的基石。

从驾校的运营看，经济效益应兼顾社会效应。过分追求经济效益，放弃理论教学，损失了驾校的社会效益，影响了公共安全，社会将不再向驾校输送生源，最后将导致驾校经济效益的直接下降。

2. 找出原因，才能提高学习效率

（1）交通法律、法规和汽车驾驶理论知识是学习驾驶技能的基础，因为安全驾驶技能是在遵守交通法规和科学驾驶理论知识的基础上获得的。驾驶人培训学习，说起来简单，又有点难。难，是因为学员只想实操，不想学理论。但是在实操的过程中，往往是频繁地操作不到位，导致频繁失误，就会感觉越来越难，这就是实操没有正确的驾驶理论作指导。说起来简单，也就是几句话的事情，熟练操作，动作到位，形成规律，养成习惯，心态平静，保持耐心。无论是简单还是太难，其根本原因是没有规范的学习框架、学习规划、学习内容、学习方法、学习流程、学习标准等。说一千道一万，就是没有具体的学习内容。

很多驾校校长和教练员，常常抱怨学员不愿意学理论知识。没有具体的学习内容，不知道学习的方法和目的，学员根本就没有办法去学。再加上外界环境的干扰，以及学员自身的各种压力和其他因素，会大大降低学员的学习兴趣和效果。慢慢地，学员就会失去学习的兴趣，学着学着就没有信心了。要想有效地提高学员理论学习的效果，必须要进行有效的引导，建立标准的框架，进行实时的监督，逐项进行考核，不仅有助于学员学习效率的提高，也能极大促进驾校品牌的打造。

（2）差异化记忆可以事半功倍。学员通读教材，熟悉题库，把题与题之间的相互关系弄清楚，做到举一反三，善于区分。要加大模拟考试力度，按顺序背题会出现"滑膛"现象，即如果某一交通标志标线在本章中熟悉，加入模拟试卷中就可能产生混淆。因此，学员要多做题，反复刺激大脑，不断增加印象。

（3）加大错题回放。有些试题是社会生活中的常识，比较简单，只要平时稍加注意就会掌握，如果掺杂在题库中，会浪费大量时间；有些试题容易出错，需要反复记忆，可以利用学习软件记录容易出错的试题反复观看、学习测试，既节约了时间，又能增加记忆速度。

（4）记忆技巧非常重要。任何学习都是有规律的，只有遵循规律才能事半功倍。例如，有关处罚年限题的记忆技巧：吊销机动车驾驶证的为二年，撤销机动车驾驶证的为三年，因醉酒驾驶机动车被吊销的为五年，因交通事故逃跑而吊销的为终身，归纳起来就是叫"吊二撤三醉五逃终身"。

3. 培养兴趣，才能提高学习体验

很多驾校和教练员认为，学员学习的兴趣和进度是由学员自己决定的。这种思想是错误的。因为学员对学习的内容、学习的方法、学习的流程、学习的步骤,都是未知的,他们根本就不知道有哪些内容,需要多长时间,采用哪些方法,这些都是由驾校和教练员所决定的。但是,驾校和教练员又没有提供这些相应的内容和标准,实际上是驾校和教练员把这些责任都推给了学员。在无形之中,学员由学习训练的受益者变成了学车的受害者。

单纯的学习是枯燥无味的。而且会导致越学越没劲。要想让学员能够高效地学习,快速提高学习效率,最好制定一系列规则,同时采用不同的手段吸引学员主动学习。通过娱乐、评比竞赛去学习,对学员的学习成果进行肯定和奖励,给学员留下美好的纪念意义。可以借助高科技产品,比如平板电脑、笔记本电脑等先进的电子设备,来提高学员们的学车兴趣,还可以通过制定框架、及时引导、全程陪伴、监督检查、逐项考核、错题纠正等各种手段,来提升教学效果。

4. 放眼未来,才能找准心理定位

理论知识学习,看起来无足轻重,但在实际驾驶中,其地位比技能学习更重要。例如,在未来的驾驶中,汽车驾驶操作可以因技能生疏不能起步,但驾驶汽车必须按交通法规行驶或停车。这实际上表现了一个在纷繁的交通环境中,法律知识与技能关系的定位问题。不影响安全的操作动作,可以反复操作、反复进行,但影响安全的法律问题一丝一毫也不得有误。尤其在交通拥堵的环境中,将放大二者的关系定位。因此,放眼未来,重视理论知识的学习,提高驾驶技能和安全意识,才能应付未来复杂多变的交通环境。

第二节 场地驾驶学习的常见心理与调节

基础和场地驾驶是我国驾驶培训教学中的重要项目,也是进行实际道路驾驶训练的前置科目。场地驾驶技能是指学员通过封闭教练场内障碍物的能力。因学员具有不同个性,他们在场地驾驶技能训练或考试时,表现出了情况迥异的心理状态。

一、场地驾驶训练常见心理与调节

我国场地驾驶培训内容的设计,一般会最大限度地调动人的身体协调能力。因此,场地驾驶技能学习中出现了如下常见的几种心理现象。

1. 自信渐降心理

有些学员,尤其是一些社会地位比较高、操作能力比较差的人,在进行场地驾驶训练时,感觉一天不如一天。有人直呼"车未学完,自信丧失殆尽"。这种说法,并非危言耸听,其原因是有些人属于知识型的人才,为某单位或某个领域的专家,也可能已成为某领域的风云人物。但就学车来说,技能可能就是他的短板。人不可能十全十美,以己之短,与别人之长较量,败下阵来是理所当然。因此,对于知识型的人来说,在貌似微不足道的学车中,暴露出了自己的短板,无疑是一个打击。实际教学中有些学员会号啕大哭,彻底否定自己,原有的自信也被摧毁。

此时，应正确认清场地驾驶与自身协调能力之间的关系，客观评估自身身体协调能力，也可以重新评估自己开车的适应性。如果不适合驾驶，干脆不学车、不开车。事实上，大约有三分之一的人在不同程度上不适合驾驶。即使日后获得了驾驶证，也不常开车。如果还没有到达不能学车、不开车的地步，应充分考虑到自身的协调能力，逐步克服自己的缺点，锲而不舍地完成学车过程。如此情形，即便获得驾驶证后，也要在今后的驾驶中改正自己的不足，才能安全驾驶。

2. 自信渐升心理

与自信渐降心理相反，有一种自信渐升心理。自信渐升心理是指学员随着学车时间的延长，慢慢发现自己非常适合开车。这种适合学车、开车，不以人的意志为转移，来自身体自身内在的能力，其根本原因在于这类人属于技能型人。他们的身体协调能力如体育人才一样非常强（主要是先天作用）。知识型与技能型往往相悖，故有些人学习文化知识可能不够好，但在技能方面，可能就是天才。这实际上表露了一个人的个性倾向性。

这种人与自信渐降心理的人形成鲜明的对比，在进行场地驾驶训练时，只要教练员稍加指导，学员很快就能上手。例如，一些学员考试发挥超常现象，平常他们学习一般，但考试时能应付自如、超常发挥，应列入这类人范畴。

在场地驾驶训练中也有一些特殊情况。如某些多血质学员，外向、动作能力强、反应快，也表现出自信渐升心理特征，但其缺陷是意志力、专注力差。开始他们表现得非常好，自己觉得学车很容易，还给教练员留下了很好的印象，从而导致自己不再努力学习，甚至出现骄傲自满的情绪，而教练员自认为这样的人是"高徒"而忽视了监督和训练，最后他们反而成了最落后的学员。

3. 慢工巧匠心理

在场地驾驶训练中，有些人的身体协调能力稍差，显得比较笨拙，不被教练员看好，可能会受到教练员更多的批评。但训练时能稳扎稳打、步步为营。尤其是受到了比别人更多的批评，其在心理上筑牢了过硬驾驶技能的"铜墙铁壁"，为未来安全驾驶提供了良好的心理基础。这种人由于进步比较慢，可能还会伴随自卑心理等，应及时予以纠正。

二、场地驾驶考试常见心理与调节

在驾校场地驾驶学习完毕，进行科目二场地驾驶技能考试，是学员驾驶心理的重要一关。正确进行心理调节，有助于考试的正常发挥。

（一）考前心理调节

在考试期间，将自己的心理状态调整至最佳状态，不仅仅靠考试中的调节，更重要的是在考试之前就要开始调节，必要时还需要辅助心理训练。心理调节由教练员和学员分别完成，教练员应根据所有学员共同的考试心理施行调节，学员应根据自己的个性及情况进行自我心理调节。

1. 否定心理

否定心理是一种比较原始而简单的防卫机制，它是借着扭曲现实情境下的想法、情感及感觉来逃避心理上的痛苦。学员借"我考试肯定不合格"这一不愉快的事件来否定自己的驾驶技术水平，从而不想参加考试，不敢参加考试。以副驾驶座位上坐着教练员心里就踏实为理由，来获取心理上暂时的安慰。不容置疑的是，学员最终要离开教练员的指导而单独驾驶。在汽车驾驶学习过程中，学员驾驶技能如何，最了解的就是教练员，只有学员达到了驾驶考试的要求，教练员才能支持学员考试，一味地否定自己是一种心理障碍。

否定心理调节如下：

（1）正确利用暗示效应对学员进行心理调节；

（2）学员要持之以恒，坚持训练，增加同学员之间的交流与总结，讨论学习驾驶过程的乐趣，消除自卑心理；

（3）学员要多看到自己的成绩，提倡科学的自我对比，避免盲目对比；

（4）学员要学会制定短期目标，在封闭的训练场适当"放开胆量"；

（5）学员要保持乐观心态面对考试。

2. 怀疑心理

怀疑心理最大的特点是缺乏主见，喜欢跟从别人，总是期待和别人保持一致。考试前，学员总是怀疑自己参照物选择的准确性，进而怀疑自己的训练方法是不是有问题，越临近考试疑心越重，因为怀疑自己而去借鉴别人，可是又怀疑别人的正确性。如此反复，一直在取与舍之间徘徊，打乱了适合自己的训练方法，驾驶水平越来越糟糕，心情越来越焦虑，精神几近崩溃，严重影响正常的生活规律和学习节奏。近几年，持怀疑心理的学员占比越来越高，越练越退步是持怀疑心理学员的真实反映，究其原因是对自己的驾驶水平缺乏自信和认知。

怀疑心理调节如下：

（1）合理休息，保证睡眠，加强锻炼；

（2）自己的事情要自己做主，避免从众；

（3）消除紧张焦虑情绪；

（4）有针对性地积极训练；

（5）重视考试前最后一次模拟考试。

3. 自信心理

自信心理，简单地讲就是人们对相信自己能达到某种目的的心理状态。在心理学中，与自信心理最接近的是班杜拉（A. Bandura）在社会学习理论中提出的自我效能（Self-efficacy）的概念，它是指个体对自身成功应付特定情境的能力的估价，它关心的不是某人具有什么技能，而是个体用其拥有的技能能够做些什么。汽车驾驶人考试就是能够应用自己所学的驾驶技术成功应对考试。

具有自信心理的学员最大的特点就是乐观，而且乐于帮助他人，在他们心里就没有办不到的事情。但是，自信需要能力，是基于现实情况的自信，对考试是非常有利的，主张学员要有基于能力水平的自信。考试前，教练员应该尽其所能让学员达到自信的程度，"三分技术七分心理"就是对驾驶考试真实的反映。考试是对驾驶技术的考验，更是心理素质的考验，试想一个连自己都不相信的人,怎么能相信他会做出正确的反应?没有自信的心理状态就发挥不出真实的驾驶水平。但是盲目的自信是危险的,它能导致学员作出错误的判断,做出错误动作,从而导致重大事故,危及人民群众的生命财产安全。

自信心理调节如下:
(1)改变角色,唤起自信的理念;
(2)科学评价,避免盲目自信。

4. 按照人体生物节律调节心理

人体生物节律是指人的体力节律、情绪节律和智力节律,如图8-1所示。每个人从他出生那天起一直到生命终结,都存在着体力23天、情绪28天、智力33天的周期性波动规律,这称为人体生物节律。由于它具有准确的时间性,因此,也称之为人体生物钟。每一个周期中又存在着高潮期、低潮期和临界期。在我们日常生活中,有人会觉得自己的体力、情绪或智力有时很好,有时很坏,这就是人体生物节律,它自动地调节和控制着人体的行为和活动。

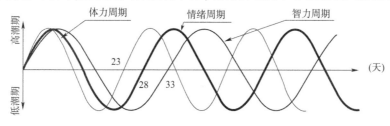

图8-1 人体生物节律曲线

计算人体生物节律的方法。首先计算出生时间到某月某日的总天数,然后将总天数分别除以23,28和33,所得商数中的整数表示已经度过的周期数,从商数中的余数天数就可以断定要了解的那天在生物节律曲线中的位置,由此可以知道体力、情绪和智力在要了解的那天所处的状态(高潮期、低潮期或临界期)。

正半周期是高潮期,这时人的心情舒畅,精力充沛,工作效率高;负半周期为低潮期,这时人的心情不佳,容易疲劳、健忘,工作效率低。正弦曲线与横坐标轴交点这一天称为临界点。3个临界点互不重叠称单临界点,2个临界点重叠称双临界点,3个临界点重叠称三临界点,临界点前后各1天称为临界期。临界期也包括3个周期在负半周的重叠日期。在临界点或临界期,体力、情绪和智力极不稳定。如果在临界点或临界期考试可能会发挥失常。如果在临界点或临界期开车最易发生事故。避开临界点,尤其是避开三临界点是最理想的考试或开车时间。

(二)考中心理调节

大多数学员根据自己学到的心理学知识,通过考前教练员疏导或自我心理调节,可获得最佳考试心理状态。如果自己没有把握,也可采用以下3点来获得最佳心理状态。

1. 持平常心考试

除考前做好心理准备外,持平常心是考试中必须准备的心理策略之一。许多学员在考试前很长时间就开始思考考试的过程、考试的纪律以及考试的意外情况,并由此产生了畏惧、害怕以及不愿接受考试的心理,这是可以理解的。因为驾驶考试,是检验学习成绩的手段,能顺利过关,说明通过规定时间的学习和训练已经圆满完成国家所规定的教学内容,符合一名正式驾驶人的基本要求,自己会有成功的喜悦和满足,家人、同事、学员、老师也会给予认可的赞许,自己也能按计划实施其他工作方案,把精力转移到最主要的行动上去。然而,如果不能顺利过关,不仅有着失败后的烦恼,更重要的是会觉得时间流逝,打乱了自己的行动计划,促使重新调整工作计划。

如果过多地思考这些,会打破往日平静的心态。考试恐怖意识时时袭来,所表现出来的心态便是激动、紧张、动作失常、思维紊乱。较有效的方法就是保持一颗平常、淡薄的心情。视考试如平常,淡化考试意识,保持"不可不重视,但又不过于重视"的平衡心态。

2. 避免过度焦虑与怯场

驾驶人应试中过度焦虑是担心考试失败以及耽误其他工作计划实施的一种负性情绪反应。一般表现为:考试入场前后精神紧张恐惧、心烦意乱、无精打采;肠胃不适,出现腹泻、多汗、尿频、头疼、失眠、记忆力减退、注意力不集中、思维迟钝、学习效率下降等。怯场是学员在考试中因情绪过分激动、过度焦虑和恐慌而造成的思维和操作困难的一种心理现象,主要表现为:心跳加速、呼吸急促、满脸通红、出汗、头昏、烦躁、恶心、软弱无力、记忆受阻、思维迟钝等,有时全身颤抖、两眼发黑,甚至晕倒。平时一般的问题,在考试中成为难度大的问题。如在道路驾驶考试时,加速踏板或转向盘控制不稳、手脚哆嗦、汽车窜动等。

案例 8-1

一考生顺利上车后,坐在驾驶座位上起动发动机,轻踩加速踏板,检查完仪表后对考官说:"报告考官,各仪表检查正常,请求起飞(应为请求起步)。"考官听后幽默地回答:"准许起飞,注意前方高压电。"

考试中过度焦虑和怯场,不但影响考试水平的发挥,严重者还有许多副作用。因此,建议采用如下心理调节方法。

(1)端正态度。明确驾驶考试是验证、衡量学习好坏的手段之一。技能水平不高,能通过考试,会因技能不扎实、不牢固影响今后的安全驾驶;技能水平较高,即使因某种原因未能通过考试,但决不会惧怕今后的各种复杂情况驾驶,并能坚信今日优秀的技能会带来未来的安全驾驶。应注意知识和技能的掌握,不应过分注重考试的本身和形式。平时勤奋刻苦,认真学习,对考试会充满信心,即所谓"谋事在人,成事在天"。从另一方面讲,考试本身还存在一些缺陷,自己未通过考试,并不说明自己的学习水平低。

(2)锻炼身体,保持头脑清醒。为保持考试期间清醒的头脑和最佳的考试状态,在考试前期,应制定计划,加强锻炼,补充营养,保证睡眠充足,保持体力、智力和情绪统一在较高状态下来应付考试中的各方面消耗。这不仅能提高考试期间的灵活性,而且能保证身体在考试期间的健康。锻炼身体应从长计议,不可临时应对,要防止因锻炼初期身体不适影响身心状态。

（3）考试怯场的消除。采用"自我暗示和放松训练法"和"调节呼吸法"，在考试前或考试中进行。时间宜短，一般在3min左右。完毕之后即投入动作。

（4）寻求心理咨询。考试前确实过度焦虑或症状严重，或者经常性地遇考试便怯场的情况，就应积极寻求心理咨询老师的帮助。在心理咨询师的帮助下，通过放松训练，意志力训练以及其他有效训练来达到最佳的考试心理状态。不要认为寻求心理帮助是一件不光彩的事情，应认识到心理咨询就像"饿了吃""病了医"一样，是一件极普通的事情。

3. 轻松上阵，做好当下

（1）放下包袱，摒弃依赖思想。在训练中，学员由教练员陪伴学习成为习惯，教练员平时的作用是指导，关键时候是安全员，久而久之，学员就产生了依赖思想，而科目二全程电子监控考试，驾驶室内除学员外，没有任何人，此时学员更应该大胆地按要求去做，语音指令就是不见面的教练员，学员需要做到的就是沉着而不慌乱，按照语音指令操作完成各个项目即可。

（2）熟练掌握考试标准，考试不能过分要求完美。熟练掌握考试标准是针对训练要求而制定的，按照"十分"的标准严格训练，考试发挥出"七分"水平就很不错了。每到一个考试项目，学员应随时浮现每个项目的考试标准。考满分是每个人都期望的，但往往事与愿违。例如，坡道定点停车，学员为了把汽车精准地停在中线位置，总是把车速控制得很低很低，极易造成中途停车、熄火直至后溜。因此，科目二考试时，学员要懂得舍小取大，避免考试中车辆熄火或后溜直接被判不合格而导致考试失败。

（3）掌握轻重缓急，节奏适当。训练后期的水平已经达到熟练程度，这个时期的车速、动作是较快的，面临考试时，心理必然发生变化，轻重缓急要拿捏得准，节奏要适当，平时怎么练就怎么考，不能因为是考试就刻意地改变车速和动作，否则就会出现所谓的"动作变形"，导致考试失败。

（4）排除影响，减少干扰。学员在应试时受到的影响和干扰很多。间接的如家人、同事、同学；直接的有在场的学员、教练员、考试员等，另外还有天气方面的原因等，学员在考试时应当忽略这些影响，摒弃所有的杂念，全身心地投入到以自我为中心的具有主宰全考场意识的考试之中，才能最大限度地发挥应有的水平。

（5）熟悉场地考试技巧。小型汽车科目二场地驾驶考试的五个项目技术含量比较高，不易学会，而一旦学会，很难改变学员的第一印象，再加上考试环境是固定的，与其他考试相比显得比较机械，如果能掌握一定的考试技巧，会大大提高考试通过率。

第三节　道路驾驶学习的常见心理与调节

从心理学角度出发，场地驾驶与道路驾驶的根本差别在于驾驶技能的侧重点不一样。场地驾驶训练倾向于动作技能的培养，道路驾驶训练更倾向于综合心智技能的培养。从应试教育观点看，场地驾驶学习难于道路驾驶；从素质教育观点看，道路驾驶学习却难于场地驾驶。基于此，道路驾驶学习对应的心理对策与场地驾驶有着一定的区别。

一、道路驾驶训练常见心理与调节

对于实际道路驾驶的心理状态,用"胆大心细"四个字是最好的诠释。但在目前的道路驾驶训练中,学员还存在许多不同的心理状态。

1. 模考驾驶心理

模考驾驶心理是指学员在道路驾驶训练中,以考试过关为唯一教学目标的过程,又称模考心态。这虽为非主流心态,但又大概率客观存在。尤其是驾考版模拟器的发展,更促进了应试教育。这种心态,目的性很强,只想尽快考取驾驶证。在我国当前的驾校学员中这种心态占很大部分,这与学员自身工作特点有关,也与当下道路交通法治环境有关。如果交通安全宣传到位、交通违法行为处罚机制健全,相信会减少模考驾驶心理的存在。

模考驾驶心理的存在,其实还与当下我国的交通安全教育制度有关。国外汽车发展早于我国60余年,其配套的交通安全教育也比较健全,很多国家的道路交通安全教育从小学就开始进行。而在我国绝大多数人是在成年后考取驾驶证时,才遇上第一次全面系统的道路交通安全教育,且驾培行业的道路交通安全教育效果还有较大的提升空间。模考驾驶心理的缓解或消除,单靠技术难以实现,需要在顶层设计上建立良好的机制。

2. 安全驾驶心理

安全驾驶心理是指在道路驾驶训练中,追求以安全驾驶为目标的心理过程。这种心理虽为主流心理,但响应者相对较少。"胆大心细"是道路驾驶训练心理的主体支撑,它是一种比较成熟的驾驶训练心理,也是符合国家法定的守法心理,应当鼓励这种心理的存在与发展。一般来说,年龄偏大的或极少数年轻的学员持有这种心理。年龄偏大的学员,社会经历比较多,尤其是接触过一些道路交通事故后,深深感受到安全意识的重要性,建立了稳健成熟的学车心理。极少数年轻学员具有安全驾驶心理,这与家庭教育、受社会影响有关。随着我国新发展理念的转变,政府注重统筹发展与安全,安全生产问题越来越受到关注。如果社会各界,都能认识到道路交通安全的重要性,相信持有安全驾驶心理的学员将越来越多。

3. "佛系"驾驶心理

充分认识到开车的责任感,才能有驾车的幸福感。但受社会环境、家庭环境、个人经历不同的影响,人的责任感是不一样的。尤其是目前社会上出现的"佛系"心态的存在,致使一些人没有了责任感和积极性。汽车进入家庭是大势所趋,考取驾驶证也是生活所需。他们进入驾校后,学习动机、学习目标、学习过程,以及对未来驾驶的安全与否,都持淡化或无所谓心态。这种心理的存在,随着我国驾驶培训市场的稳定,消费者心理的成熟或社会责任感的提高将会慢慢消失。

4. 附庸驾驶心理

道路驾驶训练是在实际道路上训练,教练员必须时时刻刻坐在车上,以确保训练安全。

教练员一方面要确保安全,另一方面会直接介入到学员的训练之中。学员如果不符合教练员的训练思路(但不一定错误),就会遭到批评或训斥。以至于学员只要进行道路驾驶训练,就会产生一定的依附心理。有些学员,甚至不再有自己的意识和自主行为,即丧失了学员的主体驾驶意识,全身心投入教练员拟定的"人设"套路中。

随着我国驾培从业人员素养的提升,教练员教学水平的提高,以学员为核心的教学研究和现代科技的不断赋能,将使得学员逐渐消除依附心理,变得更具独立驾驶心理。

二、道路驾驶考试常见心理与调节

驾驶技能形成的特殊性,造成了驾驶考试与其他知识性考试的巨大差异性,由此也衍生了异彩纷呈的心理状态。

1. 过分激动心理

过分激动心理常表现为情绪强烈而紧张、心跳加快、情绪状态不稳定。学员如果处于这种状态,往往出现两个极端:一类学员话多,坐不住,看看这里,问问那里,注意力不集中,心不在焉,不能控制自己;另一类学员与其恰恰相反,平时能说会笑,主动与人交流,但此时他们坐在候考室里一声不吭、面无表情,实际上心理早已翻江倒海、胡思乱想了。这种心理的产生与学员的技能水平、复习准备情况、临场经验、个性特点和意志品质有关。

有些考场的工作人员为此还专门设置了考前心理调节课,有助于排解考生的心理紧张。考生在开考之前的短暂时间内,可以尝试使用平时最有效的心理训练方法来调节,如暗示法、呼吸训练法等。当然这些都是应急心理调节,最主要的还要看考生平时的水平积累、境界修养等。

(1)紧张时,要进行心理疏导,可通过活跃考场气氛使其平静下来。考试前待考室的气氛是紧张的,作为教练员或考场管理员,应该讲解一些关于驾驶的小知识或发生在学员身边的小故事、笑话以改变气氛,转移学员注意力。

案例 8-2

> 某考生进行实际道路驾驶考试,当他做完安全检视,坐进驾驶室后,发现找不到转向盘了。随之想问问考试员,发现考试员也不见了。这是怎么回事?稍一犹豫,这才发现自己坐在后排座位上了。考生便又沉着冷静地坐在了驾驶位,然后镇定操作,终于顺利通过考试。

以上案例听起来虽然很可笑,但却是学员身上真实发生的故事,学员因紧张造成开错车门,但又平静镇定地操作,最终考试通过。如果学员听完这个案例后,待考室的气氛会活跃起来,紧张的心情也会平静下来。

(2)怯场时,利用内观法,不妨道出真情,消除恐惧。内观法是研究心理学的主要方法之一,是实验心理学之祖威廉·华特所提出的观点。此法就是很冷静地观察自己内心的情况,而后毫无隐瞒地抖出观察结果。如能模仿这种方法,把时时刻刻都在变化的心理秘密,毫不隐瞒地用言语表达出来,那么就没有产生烦恼的余力了。

案例 8-3

内观法考试心理效应(坦白怀揣兔子)

教练员:各位学员,问大家一个问题,你们要把真实想法喊出来,现在紧张还是不紧张(能不紧张吗)?

学员:紧张(大声喊,配合肢体动作)!

教练员:心里是不是像揣了一只小兔子怦怦乱跳?

学员:是(实情)!

教练员:我也紧张啊!你们才揣了一只小兔子,我怀里揣了6只小兔子啊!

学员:啊(半信半疑,注意力都集中在教练身上)?!

教练员:我有6个学员,需要紧张6次,而且月月这样!

学员:原来老师也紧张啊(学员感动:我们每个人都在教练心里,顿时底气倍增)!

从上案例中,师生这样的坦白,不但可将内心的紧张驱除殆尽,而且也能使心情得到意外的平静,也能让学员转移注意力并感受到教练员的关心和爱护,这样不但驱除了恐惧感,也增强了信心,有利于学员驾驶技能水平的发挥。

(3)压力增大时,听听音乐,聊聊天,就会放松下来。考试等待是漫长的,在这个过程中,要避免受到不利于考试因素的干扰,听听音乐无疑是最好的选择。音乐是直接打动人心的,轻松欢快的音乐能使学员在欣赏音乐的过程中,拥有最广阔、最自由的想象空间和创造空间。聊天虽不及音乐效果显著,但也能够转移注意力,使学员身心放松。

2. 淡漠心理

这种状态与过分激动心理状态相反,表现为情绪低落,所有心理过程都进行得非常缓慢,萎靡不振、意志消沉、缺乏信心、心境不佳,知觉和注意过程的减弱,不果断,甚至不想参加考试。这种状态与学员大脑皮层兴奋过程下降、抑制过程加强有关,其产生是由于过度疲劳或考前复习过度而引起的。从心理上来看,这往往与学员对考试的不利方面想得太多,又没有解决的办法,缺乏顽强的意志有关。

消除此种心理最有效的方法就是与教练员配合制定考试期间总体心理调整计划,有必要也可以寻求心理咨询师的帮助。通过系统调整(包括心理调节、训练)使考试时处于最佳的心理状态。

3. 盲目自信心理

盲目自信心理主要表现为:对考试的艰巨性和困难估计不足,过高地估计自己的力量,盲目自信,没有动员自己的全部力量去应对考试,注意强度下降,这种状态对学员能力水平的正常发挥非常不利。这类学员不多,一般占全体学员的10%~20%。盲目自信形成的过程:由于学员初始素质较好,反应较快,博得学员和教练员的赞赏,在这种氛围中,他们从不出现差错,即使出现一些问题时,也不便揭穿,免得在同学们面前丢掉"高徒"的形象。教练员往往对其忽视和放松,表现出不管、不问、不教、不训的状况,认为他们技能掌握的程度较高,用不着再多费心教他们,只要把其他学员抓好、训练好即可,直到考试时才发现这类学员存在的问题,但为时已晚。与此相反,在平时训练时技能进度较慢、经常受到教练员呵斥的学员或学习程度一般的学员,考前心理压力较小,考试时能坦然、镇静、不慌不乱。

盲目自信心理的调整方法就是正确处理自信与自负的关系,明白过于自信就是自负。自负心理的完全消除,不是靠考试时解决的,主要靠平时的自信心理养成来消除。

4. 最佳竞技心理

这种心理的表现为:学员对面临的考试有正确的认识和理解,对自己的能力水平有清楚的、实事求是的认识,对自己的能力有充分的信心,有全力以赴参加考试和争取成功的愿望。处于这种状态的学员,注意力集中在即将来临的考试上,注意范围增大,知觉的敏锐性提高,情绪饱满,精力充沛,具有稳定、增力的情绪。这种状态是因为大脑皮层具有与任务相适应的神经兴奋过程,这种神经兴奋过程又有最适宜的灵活性,并以相应的抑制过程来加以平衡,从而表现出思维活跃、精神饱满、记忆力增强、注意集中等心理状态。这种状态对学员考试水平的发挥有较好的促进作用。

这是考试中应当保持的最佳心理状态,学员应当模仿学习,教练员应当鼓励和提倡,甚至可以有效组织心理调适。调适的关键在于调适的科学性、准确性,要避免不懂装懂,以免出现适得其反的效果。

5. 舞弊心理及矫治

舞弊是指学员正使用或想使用欺骗的手段进行违法考试的心理。在我国,针对驾驶人考试舞弊行为有严格的惩罚制度。学员应在平时杜绝舞弊心理的发生。

(1)法律责任。《机动车驾驶证申领和使用规定》(中华人民共和国公安部令2021年第162号)第五十八条规定:"直辖市、设区的市或者相当于同级的公安机关交通管理部门发现驾驶培训机构及其教练员存在缩短培训学时、减少培训项目以及贿赂考试员、以承诺考试合格等名义向学员索取财物、参与违规办理驾驶证或者考试舞弊行为的,应当通报培训主管部门,并向社会公布。公安机关交通管理部门发现考场、考试设备生产销售企业及其工作人员存在组织或者参与考试舞弊、伪造或者篡改考试系统数据的,不得继续使用该考场或者采购该企业考试设备;构成犯罪的,依法追究刑事责任。"

《机动车驾驶证申领和使用规定》第九十三条规定:"申请人隐瞒有关情况或者提供虚假材料申领机动车驾驶证的,公安机关交通管理部门不予受理或者不予办理,处五百元以下罚款;申请人在一年内不得再次申领机动车驾驶证。申请人在考试过程中有贿赂、舞弊行为的,取消考试资格,已经通过考试的其他科目成绩无效,公安机关交通管理部门处二千元以下罚款;申请人在一年内不得再次申领机动车驾驶证。申请人以欺骗、贿赂等不正当手段取得机动车驾驶证的,公安机关交通管理部门收缴机动车驾驶证,撤销机动车驾驶许可,处二千元以下罚款;申请人在三年内不得再次申领机动车驾驶证。"

《中华人民共和国刑法》第二百八十四条规定,在法律规定的国家考试中,组织作弊的,处三年以下有期徒刑或者拘役,并处或者单处罚金;情节严重的,处三年以上七年以下有期徒刑,并处罚金。

案例 8-4

　　2018年12月,广州市某法院对一起驾驶证考试组织作弊案作出一审判决,以组织考试作弊罪,判处4名被告人缓刑,并处罚金,同时判处4名被告人在缓刑考验期内禁止从事机动车驾驶教练员工作。其中3名被告人共组织4名考取小型汽车驾驶证的考生进行科目二考试作弊,其中一名考生作弊成功,付给3名被告人2500元报酬,除去各种开销后,剩余约800元由该3人平分。另一名被告人在本案中起次要和辅助作用,系从犯,依法予以从轻处罚。2名被告人在考训中心旁的山上一边观察作弊学员的考试情况,一边通过作弊设备将驾驶指令传递给考生时,被公安机关抓获。

　　(2)心理矫治。尽管在驾驶人考试中,考试员都三令五申考场纪律,严禁考场作弊行为,但是违反考场纪律的现象时有发生。之所以发生舞弊行为,一般总有虚荣心理、侥幸心理、"关系"心理等作怪。矫治的主要手段就是严格的考试制度。应试舞弊心理是一种不健康的考试心理,应当严厉打击不法分子在利益的驱使下投其所好,杜绝作弊。其次,就是建立正确的世界观、人生观和价值观,加强自我心理控制,杜绝作弊行为。作弊是一种危害,是对自我人格的践踏,是对自己学业的不负责。作为驾校,应当教育学员认识到建立良好考试行为的必要性。对于在平时测试中违规作弊的学员,要严肃处理,不能姑息迁就,并且建立互相监督的机制,杜绝学员中群体作弊的行为,在这种氛围中,使学员逐步建立良好的考试意识,杜绝作弊行为的滋生。

6. 考试心理技巧

　　实际道路驾驶考试有一个奇怪的现象:有时候训练成绩好的学员往往容易考试不合格,训练成绩差的学员反而考试合格,看起来是不正常,其实细细研究,也在情理之中。根据学员的水平高低,我们可以把他们分成两类人群:一类训练成绩好的学员,一类是训练成绩差的学员。两类学员持不同的心态,最终导致了不同的考试结果。

　　(1)训练成绩好的学员考试时的心态及调节。①心理负担重,精神压力大。平时训练成绩好的学员,周围的亲戚朋友对自己期望也很高,尤其是教练员的表扬,结果导致心理负担过重,有的学员请假学车或者干脆辞职,一旦考不过,又耽误许多时间。应对措施:不要太在意结果,心理负担太大反而容易适得其反,导致考试时太过紧张,考试结果没有出来之前,任何表扬都是没有意义的,表扬反而是压力,教练员应适度给予学员鼓励而不是压力。②粗心大意,忽视细节。因为平时练车都很不错,导致太过自信,忽视很多细节,结果考试时自然不能顺利通过。如上车前没有绕车一周进行安全检视,或检视不到位、忘记系安全带起步等,都是导致考试直接不合格的项目,下车后学员都后悔不已!直呼"这么简单,我怎么能忘了呢!"应对措施:考试时,按部就班,仔细应对。③考试太过兴奋。因为平时练车顺利,总觉得一把过十拿九稳,还没考就想着结束后怎么庆祝了。导致考试时不经过冷静思考,随随便便就操作了,结果考试不合格都不知道什么原因。例如:起步时,转向灯没有亮3s,就着急转动转向盘,停车时,没有拉紧驻车制动器操纵杆就放开制动器踏板等。应对措施:考试需要一个过程,有时间和距离要求,在这个过程中,学员需要把所有考试项目完完整整做完,俗话说

"心急吃不了热豆腐",只有淡定平和的心态才能安全驾驶汽车。

(2)训练成绩差的学员考试时的心态及调节。①有足够多的经验应对问题。练车时遇到了足够多的问题,向教练沟通学习了正确操作方法,每一次犯错都加深一次印象,考试时就格外注意,自然就有更大的概率通过考试。②考试心态轻松。考前不对考试抱太大希望,其实现有水平应对考试已经足够,只是教练对学员有十二分的要求,发挥出十分就可以了,把本次考试还是当作一次训练,心态放松,自然更容易过关。也许真的有运气成分,但最主要还是调整好心态,积极面对,沉着应对。

第九章

驾驶人心理训练

驾驶人的心理状态对驾驶的安全性有较大的影响。当驾驶人自己或别人发现驾驶心理存在安全问题时,就要重新评估驾驶心态,通过一定的手段、方法纠正或调节驾驶人的心理状态,以达到安全驾驶的目标。

第一节 感知觉能力训练

感知觉即感觉和知觉。感觉是刺激物作用于感觉器官,经过神经系统的信息加工所产生的对该事物个别属性的反应。知觉是人对感觉信息的组织和解释过程,是直接作用于感觉器官事物整体在脑中的反映。感知觉,对驾驶人来说,是驾驶工作的初始过程,是信息处理的前提。感知觉能力训练,是指驾驶人正确地对本车和外部情况感知觉的能力训练。感知觉能力训练有利于提高感知信息的搜集质量和数量。

一、对车体的感知能力

对车体的感知能力是指驾驶人坐在驾驶室里对所驾汽车的长度、宽度、高度、离地间隙、前后轮距、轮胎位置以及车的轮廓在头脑中的真实认知程度,如图9-1所示。

图9-1 车体感知觉能力

对车体的感知包括汽车处在静止和运动两种状态的感知。通常人对车辆处于静止状态时的感知要比处于运动状态时的感知准确一些。在行车中,具备了对车体的感知,尤其是对汽车处于运动状态时的感知,就能准确估计汽车在每一运动状态时所处的空间位置,正确选择安全通过的空间,从而达到安全行车的目的。

车体感知能力训练步骤如下。

(1)汽车静止时,驾驶人在车下观察记忆。将车停在经常行驶的道路(或场地)上,并将其放置于正确的行车道中,驾驶人在车下仔细观察汽车在道路上的相对位置。如与车道分界线的横向距离、与路边的横向距离、与中心线的距离、与地面存在多大的离地间隙、汽车最低处是什么地方、车体最前、最高和最后处是什么机件等。

(2)汽车静止时,驾驶人在车上观察记忆。驾驶人坐在驾驶室里,按正确坐姿坐好,进行各个方向、各种参照物的观察。眼睛能看到地面什么地方、障碍物与汽车本体的距离以及驾驶人与路边或车道分界线的距离等。要仔细观察、记忆。并反复从车上和车下观察、验证、测量,达到驾驶人在车上的观察与在车下的观察相差无几的水平。

(3)汽车运动时,驾驶人在车上观察验证。经过上述训练后,将车辆起步行驶,分别进行在不同速度下、选择不同参照物汽车在道路上的位置验证情况。观察结果是否准确,可以停车后检查。通过多次反复练习,就可以做到车体的完全感知。

二、对车速的感知能力

对车速的感知能力是指驾驶人能否正确判断所驾汽车和周围其他汽车的行驶速度的能力。对车速的感知能力,因驾驶人的心理素质、驾车经验等不同而异,而且同一驾驶人随着车速的改变,其感知能力也会发生相应的变化。低速行驶时,驾驶人的视野较宽,对所观察到道路两侧的目标看得比较清晰,对目标的动向和距自己所驾车的距离以及所驾车的车速估计比较准确;高速行驶时,驾驶人注视远方,速度越快注视点越远,视野就越窄,此外高速行车还会使驾驶人的动视力下降,所以,驾驶人会因高速驾驶对道路两侧的目标观察不清,对车速判断不准,特别是在一般道路行驶时这一情况更为突出。

车速感知能力训练步骤如下。

(1)根据车速感受视听动态。在行车过程中,首先查看车速表,体验在不同车速下的各种视觉、听觉感受。如发动机的正常声响、轮胎摩擦声音、传动轴的声音、车外的风声(汽车与空气的摩擦声),以及汽车与地面的相对速度等。

(2)根据视听感受反推(判断)车速。通过对汽车运动的整体感知,反推汽车运动的速度,并与汽车驾驶室的仪表核对是否正确。不断反复练习,直到不看车速仪表也能正确判断汽车运动速度。

三、对交通信号的感知能力

交通信号是向汽车、行人发出通行或不准通行的信号,是在互相矛盾的交通环境中对通行权的分配,有利于交通秩序的形成,防止交通事故的发生。道路交通信号,包括道路交通标志、交通标线、交通信号灯和交通警察手势等。驾驶人对交通信号的认识是驾驶人教育的重要内容。驾驶时,对交通信号辨识不准或发现不到,直接影响道路交通安全。感知交通信号时,必须具有充分的视觉条件,否则尽管主观条件再好,也无济于事。这些信号既有相同之处,又有不同之处,在行进中都有很大的差别,驾驶人需要加深对交通信号的学习,反复实践,积极辨认,达到敏锐的感知觉。

四、对道路的感知能力

对道路的感知能力,是指汽车在各种道路上行驶时,驾驶人对道路情况对行车安全影响的感知能力。如道路宽窄、路面承重能力、路面坚实程度、翻浆路和泥泞路的打滑程度、冰雪路附着系数、隧道净空度,以及弯路、坡路的视距长短等。

道路感知能力训练的方法如下。

(1)实车观察。在实车训练中,选择典型的路面进行观察、体验。如柏油路硬实、干燥、附着系数大等;泥泞路易打滑、侧滑,不能猛打转向盘,不能猛踩制动踏板;土路不够坚实、滚动阻力大、易塌陷等。

(2)结合理论总结特点。通过实车观察,验证各种道路的性能和特点,存在疑问继续实车观察,直到得出与实际道路一样的感知觉情况。

(3)感知路面确定对策。在实际道路行驶中,通过地面的视听感知,确定路面的特征,作出相应的行驶对策。

五、对综合交通状态的感知能力

综合交通状态的感知能力,是指驾驶人要观察、了解、掌握在道路上参与交通的所有车辆、行人、障碍物等的活动规律,以及对行车构成危险的感知能力。在道路上所有参与交通的人和物,尽管瞬息万变、千差万别,但都有规律可循。当然,这种规律的掌握具有一定的难度,需要驾驶人反复训练和实践,才能掌握。一般应注意如下方法:

(1)不论是作为驾驶人还是作为乘员,都要多留心交通流量状态,从中找出规律性的东西,日积月累,必然会发现各种动态的规律;

(2)向老驾驶人学习,经常向他们请教不同险情的发现及其处理方式;

(3)积极阅读有关书籍,从中间接地学习交通参与者的行动规律,有助于驾驶人快速掌握其行动、行驶动态;

(4)借鉴驾驶模拟软件或较高级的汽车游戏软件,提高自己的交通动态感知能力。

六、感知觉敏锐度辅助训练方法

驾驶人接收的信息80%以上来自视觉,接收信息的敏锐度直接影响着驾驶人的反应速度。"眼观六路""眼明手快""眼无神、车无魂""开车全凭一双眼"等俗语,就说明在驾驶中视觉及视觉敏锐度的重要作用。下面介绍4种辅助训练方法。

1. 眼睛训练

驾驶人身体自然站立,双手置于腹前,自然呼吸,头部保持正直,两眼圆睁,眼球根据"一""○""□""△"等图形按照正反旋转方向、远近投射距离运行。

2. 视光训练

驾驶人自然站立,双手置于腹前,自然呼吸,双眼注视灯光、星光、月光或阳光等其中的一种。在早晨或傍晚,用睁、瞪、微闭眼睛的顺序,来平视、对视、收容所视之光。

3. 识数训练

这种训练需要两个人。陪练者伸出一只手让驾驶人集中注意力观察该手的变化(如正确辨认手指的数目、手指的位置等);陪练者同时伸出另一只手,并展示于驾驶人的视线范围内,这只手也同样在空中比画(如数字、图形等),要求驾驶人在不改变前述注意力的情况下,用余光也能辨认出该手的变化。

4. 抛物训练

陪练者用若干个乒乓球类的物体连续投向驾驶人的头部及上身,距离为3~5m,要求驾驶人能躲闪及时,不被击中。陪练者用空拳袭击驾驶人的要害部位(不能击中),要求驾驶人能根据陪练者的出拳速度、位置、方向对接,主要训练驾驶人"眼疾手快"的反应能力。

第二节 注意力训练

注意是心理活动对一定对象的指向和集中,注意力训练,也叫意念集中训练,是帮助驾驶人为达到某一目标,不受任何杂念和客观条件的干扰,始终把心理活动集中和指向于当前活动上的一种训练。影响集中注意力的能力有先天因素也有后天因素。无论是哪一种因素,都对交通安全有非常大的影响。

一、注意力训练的前提和内容

不讲方法,勉强集中,或皱起眉头集中注意是不行的,正确的注意应当在放松的基础上,自然而然地进行。只有做到放松,注意力才能高度集中。注意品质的提高涉及五个方面的内容:①注意的范围;②注意的稳定性;③注意的紧张性;④注意的分配;⑤注意的转移。

二、注意力训练的顺序和步骤

1. 准备

保持坐姿或站姿,利用暗示训练法进行放松训练,并保持10分钟。使脚、腿、腹、背、颈、臂、肩、脸、眼等各部位都得到放松,反复练习,直到舒适为止。然后轻闭两眼,按照"调节呼吸法"练习10次,一边数着"1—2—3—4"缓缓地吸气,稍息,一边在心中念着"自然地—自然地—"缓缓地呼气,直到十分平静舒适。

2. 正式练习

(1)说集中对象的词句,如"汽车"。眼睛看着汽车,口里说着汽车,反复地说。如果时间稍长,可以联想一些与汽车有关的"安全""礼让""文明"等词,这样可以更容易加深对汽车的整个概念。

(2)紧盯集中对象。从汽车的左右、前后、上下去观察;观察汽车的色、形、光、影等,从感性上认识汽车的整体。

(3)想象对象。轻闭眼睛,使意念和眼的焦点集中在汽车上,直到头脑中能清楚地想象出汽车各个角落的形、色、光、影和立体感知等。此时,如果注意力集中,汽车的整个立体感觉已经印在脑中。

(4)抓住感觉。在集中过程中,总会发生分散的现象,这时要及时暗示"我的注意力已经集中在汽车上了,还没有完全注意到汽车的全部,还需要进一步注意。"

重复以上4项,完善整个注意过程。做"调节呼吸"收操,轻闭眼睛,做"调节呼吸"练习10次以上。

三、注意力训练的辅助方法

1. 看手表练习

看秒针:注意集中在秒针上,看1min、2min、3min……找出自己能坚持注视秒针的时间(如1.5min)。开始正式练习时,每一次坚持1min,连续练习3~4次,每次练习后休息10~15s。经过多日训练,每次练习的时间逐渐延长,当能集中注视秒针达5min后,就转入注视分针。练习方法同上,当能集中注视5min时,说明集中注意的能力得到提高。

2. 五角星练习法

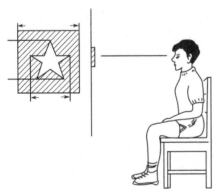

图9-2 五角星练习法

(1)剪一块正方形硬纸板,黑色,边长38cm。再剪一个白色五角星,20cm宽,将白色五角星贴在黑色纸板正中间,将纸板挂在墙上,坐在距墙约90cm远的地方,进入放松状态,如图9-2所示。

(2)闭上眼睛,在头脑中想象一个黑色屏幕。

(3)睁开眼睛,注视五角星的图案,凝视2min。

(4)把眼睛移开,看墙上的五角星虚像。

(5)闭上眼睛,在头脑中重现这个虚像。

也可在室外借助自己的影子做这种练习:站立或坐在阳光下,使自己身旁产生影子,盯着人影的脖子看2min,然后看淡色的墙或看天空,注视影子的虚像,闭上眼睛,在脑海中重现图像。

3. 模拟法

这种方法是指把高难度的场面和情景模拟到实验室去,培养注意的范围、注意的分配和注意的移动等。这种方法形象直观、情景逼真、节省时间、节约物资、安全可靠,并能反复演练。如演习汽车通过铁道路口时不远处驶来一辆列车的情景,驾驶人既要观察驶来列车的速度,又要注意操作以及动作的速度,不断地注意转移,不断地注意范围变化,形成了特有的实验情景,对培养驾驶人的注意力具有一定的实际意义。

4. 圆圈注视法

驾驶人面对墙壁,与墙壁的距离在1~3m左右。在与驾驶人眼睛等高的墙壁上,画上一直径为 3cm 左右的圆圈。驾驶人注视墙壁的圆圈,注视时间越长,说明注意的水平越高。增加难度时,可拉长驾驶人与墙壁的距离或缩小墙壁圆圈的直径。

5. 呼吸集中法

它是利用呼吸的形式,将人们的注意力提高,这种方法称为呼吸集中法。通过呼吸训练可以消除烦恼与担忧,使人的注意力和想象力更加集中。参加过这种训练的人认为,伴随着呼吸如果感觉有一股激励人的能量流遍全身,说明已有显著效果。具体操作如下。

(1) 选择一个僻静的地方,躺在床上或地板上,面上、头北、脚南,与地球磁场吻合。

(2) 双脚并拢,双手置于身体两侧,掌心向上紧贴腿部。

(3) 深深地、慢慢地、平稳地吸气,同时想象温暖的金色太阳能量正穿过自己的头部流遍全身,从脚跟流了出来,并把这种金色的能量当作积极的能量。

(4) 慢慢地、平稳地将气呼出,同时想象凉爽的蓝色月亮能量正从自己的脚跟吸入,传遍全身,又从头顶流了出来,把这种流出来的蓝色能量当作消极的能量。

(5) 吸入金色能量,呼出蓝色能量,这种练习做 15min。想象这种金色能量从头流到脚,蓝色能量从脚流到头,循环流动,使呼吸、想象、感觉揉为一体。

(6) 当这些能量流出或流入的时候,整个身体似在充电、放电。表明这种方法起到了一定的效果,从而注意力更加集中。

6. 影像集中法

在白色的墙壁上贴一张黑色纸块(20cm×20cm),在其纸块上再贴一张白色小纸块(4.5cm×4.5cm),在离方块 1m 处坐下,先看清黑白色图形,轻闭眼,全身放松,直到在意识中出现黑色图形为止。如果意识中产生其他内容的映像,就必须力图摆脱它,重新想象黑色方块。如果黑色方块图像在想象中出现并不费事,驾驶人应睁开眼睛,平静地持续注视以黑色为背景的白色小方块,直到看见白色小方块的边缘为止。此后,目光慢慢地转向白色墙壁,墙上应出现所看到的图像。如果结果相反,在白色背景上显示黑色方块,应使这种映像在意识中保持的时间尽可能长一些。当影像单薄时,力图使它再一次出现。每天重复几次这种练习,能改善注意集中能力,并在集中有所减弱时,使之得到恢复。

7. 干扰抹数法

在一块正方形的纸板上,依次排列 1~100 数字,在受干扰(如有音乐声、谈话声、头部晃动等)的条件下,要求在 1min 内一边读数一边依次尽量抹掉上述数字。该练习是测定注意力的一种方法,也是了解驾驶人训练进步情况的指标。

注意力训练方法较多,应根据驾驶人情况,选择自己每天都能坚持练习的方法。在两三个月内,每天坚持练习 6~7min,掌握要领并建立新的条件反射后,工作和开车时练习即可。

第三节　情绪控制训练

人的情绪是一种心理活动的产物,它伴随认识过程而产生,并影响着认识活动的进行。

只有与人的需要发生关系的事物，才能引起人的情绪，并产生各种不同的内部体验和外部表现。凡能满足或符合人需要的事物，都会引起积极的肯定的情绪，如愉快、喜爱等；凡是不能满足人的渴求的事物或与人意志相违背的事物，都会引起消极否定的情绪，如厌恶、痛苦、恐惧、忧虑、愤怒、悲观等。

一、影响行车安全的不良情绪

1. 自满情绪

有些驾驶人，特别是一些新驾驶人，在思想上、技术上处于半成熟阶段。往往不能客观地评价自己的技术水平和竞技状态，产生盲目乐观心理。他们总是从自己的主观意志出发，把复杂的道路与情况变化看得过于简单，甚至过高地估计自己判断处理的能力，认为自己经验丰富，精力过人等。

2. 麻痹情绪

许多有了一定经验的驾驶人，自恃经验丰富，对一些安全教育置之度外。在行车处理某些情况时，往往凭感觉、凭经验、差不多、想当然进行处置，而最终发生交通事故。

3. 急躁情绪

急躁情绪形成的情形有：当完成任务回程行驶或天黑回家通过拥挤不堪的道路，因某种紧急任务紧急行驶，任务重时间紧，着急与亲友会面等。这些情况下都可以产生急躁情绪，况且这种情绪一旦产生，就会使驾驶人缺乏理智，不顾客观道路情况，从而导致交通违法或事故。

4. 紧张情绪

由于技术不高，操作不熟练，加上时间紧任务重，往往使驾驶人感到害怕，或产生心悸等情况，这种情绪叫紧张情绪。适度紧张会使人兴奋，增强责任感；而过度紧张会导致人判断不准确，动作失调，甚至出现手忙脚乱、无所适从的现象。个别人在遇到紧急情况时，情绪紧张会将加速踏板当成制动踏板，从而引发严重的事故。

5. 犹豫情绪

驾驶人在行车过程中，经常会遇到各种复杂的交通情况，有些驾驶人会因驾驶技术不熟练、情况判断不佳或从未处理过类似的情况而产生犹豫。其外部表现一般为：眉头紧皱，加速踏板踩得忽深忽浅，动作缩手缩脚，右手握变速器操纵杆时而抓住、时而松下，转向盘左右游动等。这时驾驶人既拿不定通过障碍的方法，又不能降低车速；在超车时，当超至两车并列时，又放弃超车等。该类驾驶人所驾驶的汽车在道路上忽快忽慢，忽左忽右，动摇不定，表现出极大的不稳定性。

6. 过度兴奋

兴奋是盼望的目的达到以后或紧张解除后的一种情绪体验。这是一种解脱状态下的情绪，并贯穿于感知判断等各个行为之中。一般程度的兴奋对驾驶工作是非常有利的，如反应敏捷，判断正确等。但过度兴奋则易出现不利的行为，如不能正确感知路上的刺激物。驾驶人兴奋、陶醉、憧憬、联想、开小差等,就会对周围交通状况熟视无睹,很容易引发事故。这种情绪形成的原因主要有两个方面:①家庭或情感方面,如孩子考上好学校、家人或自己过生日、谈恋爱等;②工作方面,如收入提高、个人提拔、职位晋升等。

二、情绪的自我调控

医学心理学不鼓励人们无限制地任凭情绪反应发展,也不认为"压抑"是适当的方法,但却赞同对情绪进行适当的控制。这里的控制,并非完全禁止、压抑情绪的作用,而是要使情绪有适当的表现。许多人在心情不愉快时,会使自己陷入一种含有敌意的沉默当中。实际上,如果能把这种不快表达出来,便会感到某种真正的轻松和愉快。情绪的自我调控步骤如下。

1. 第一步,承认情绪的存在

必须承认某种情绪的存在。例如,有人惧怕黑暗,要想除去这种反应,先得承认他对黑暗有惧怕的心理。如果他认为那是丢人的事情而不愿承认,那么,他将无法克服那种恐惧。同样,有些人怀有愤怒之心而又不肯承认有愤怒的存在,他就无从消除那些愤怒,对于人的情绪也是如此。

2. 第二步,找出情绪产生的原因

在当事者承认有某种情绪存在之后,就应去找出产生该情绪的原因,弄清楚究竟为什么会有焦虑或恐惧的反应。这样,就容易发现情绪反应的适宜性。换句话说,就有机会清楚地看到自己所惧怕的事物是否确实具有危险的威胁作用,再看看那些会愤怒的对象,是否真的具有某种缺点或妨害了自己任何动机方面的满足。如果发现这一切原本都并不真实存在的话,那些恐惧愤怒之心就会烟消云散、不复存在了。如果发现某个情境确是具有危险性,那么,就必须进入情绪控制的第三步。

3. 第三步,寻求克服情绪的途径

寻求适当途径去克服那些危险的东西,或是设法避开它。这时,当事者对所恐惧的事物细做分析,了解其所具有危险的性质、危害的程度以及可能防护的途径。初上战场的士兵,听到枪炮声会有惊慌失措的情形,从前线回来有经验的战士却说,当听到敌人的枪炮声时,常能立即判断出对方所用武器的种类及其威力,并知道自己所处位置的危险程度,以避免无谓的伤亡。

三、健全情绪的培养

消极情绪会给身心健康带来严重的不良后果,也会给个人的学习、工作、生活等各方面造成严重损失。因此,要认真把握自己的心理状态,防止消极、不愉快的情绪产生。要保持稳定的健康情绪,除了前述的情绪控制外,还必须采取以下10个积极的措施。

1. 培养乐观稳定的情绪,应从婴幼儿做起

从婴幼儿起,父母就必须时刻注意孩子的情绪,防止养成各种不良的习惯。对孩子的错误行为,必须以耐心说服教育的方式加以纠正,严禁以打骂等粗暴的方式对待,以免损伤他们天真的心理。儿童时期的任何一种心理创伤,都可能影响到将来的情绪发展。但是,更应

该注意防止无原则的溺爱,这与打骂一样,最后都会导致情绪的不稳定。

2. 培养幽默感

幽默感是一种帮助个人适应极为有益的工具。当一个人发现不调和现象时,他一方面要能很客观地了解面临的事实,同时又要做到不让它使自己陷入激动的状态。在这里,最好的办法就是以幽默的态度去对待。这样常常可以使一个原来比较紧张的气氛变得轻松。Labott 等人发现,那些经常运用幽默作为应对机制的人,健康问题较少;而那些经常运用哭喊作为应对机制的人,健康问题就较多。

3. 增加愉快的生活体验

每个人生活中都包含着各种滋味的生活体验,有愉快幸福,也有辛酸悲痛。对个人心理健康来说,正面、愉快的经验更利于心理健康。这并不是说要逃避那些辛酸的情境,在很多情况下也是不可避免的。但如果能设法增加生活的情趣,将可使自己的生活中充满积极而愉快的经验。这样,即使偶尔遇到精神逆境的事件,也不至于激起过于强烈的情绪反应。Stone 等人发现,增加令人愉快的体验,可以减弱消极情绪状态而提高 A 型免疫球蛋白,提高免疫反应水平。

4. 使情绪获得适当表现的机会

情绪既然是人生活的一个方面,就应当使之有适当的表现机会。喜、怒、哀、乐,各种情绪正常人都会有,所以不必也不能一概予以抑制,而应选择适当的方式如运动、旅游、倾诉等方式表现出来。Kelly 等人发现,有机会倾吐自己的痛苦并得到他人的劝慰,能极大地改善健康功能,增强免疫系统活动。

5. 学习从光明的一面去观察事物

对于任何事物,如果从不同的角度去观察,将会给人以不同的印象。很多从表面看是令人生气或悲伤的事件,如果变化一个角度,以另外一种眼光去看,常可发现一些正面的、具有积极意义的东西。

6. 要有自己的事业和追求

没有追求、没有人生的价值目标,人就会因失去前进的方向而感到迷茫,在学习和工作中就会产生一种刻板、重复的不愉快情绪。反之,若有一个价值目标并积极地为之奋斗,就会领略到一种自然的满足和愉快,并对自己的情绪产生积极的影响。

7. 积极参与社会交往

有许多因情绪不良而致病的人,他自己不够成熟,社会交际不广,往往讨厌每个人,只想与人疏远,于是陷入孤立。等到发觉自己孤立时,便顾影自怜,觉得受人排挤,情绪日趋恶化。保持身心健康的最佳途径,就是积极参与人们的共同生活,为社会贡献力量,体现自我价值。Cohen 等研究证明,社会支持能使人产生积极的情绪体验;反之,这些积极的情绪体验又会使人们更积极地与人交往,更好地适应环境与应对应激事件。

8. 养成乐观愉快的习惯

轻松、乐观和愉快总是有益无害的。培养健康的情绪,必须避免怨天尤人、抱怨社会、指责和挑剔别人。在家庭生活中，尤其要养成和气谈话的习惯。

9. 对问题当机立断

每个人日常需要应付的问题很多，不是所有问题都会处理得十分妥当。因此，宁可偶尔出现些小错，也不要因为一些问题左思右想，犹豫不决必然会引起不良的情绪。

10. 珍惜眼前的好时光

有许多人生活在期望中，总是着眼于未来，而忽视了自己眼前的大好时光。往往时间在盼望中虚度，于是开始意志消沉，从盼望将来变为回首当年。所以，只有善于利用眼前的宝贵时光，才能确保充实的生活和饱满的情绪。

第四节　意志训练

意志是意识的能动作用，是人为了一定的目的自觉地组织自己的行为，并与克服困难相联系的心理过程。意志训练是指自觉地确定目的、调节行动、克服困难的一种心理过程。驾驶人除具有一般人的思想品质外，还要有勇敢、顽强、沉着和克服困难的品质。驾驶人驾驶着汽车疾驶在公路上，他的一举一动都关系着人民的生命财产安全，没有全面的素质、坚强的毅力和顽强的意志力，就会带来危害。意志的训练方法如下。

一、自我鼓励法

当自己遇到困难时，应使用鼓励性质的词句来鼓励自己，使自己在积极的状态下继续工作直到工作彻底完成。在此，并不鼓励人经常性地处于困难境地工作，在接近完成的时候使用此法，有助于工作的顺利结束。例如，学员在驾驶学校学习中期时，往往会感觉到驾驶的单调、乏味，有些学员甚至会提出退学的念头，这说明该学员意志力不够。如果此时利用此法，并自我暗示"我不会是这样的""我要坚持下去""坚持就是胜利"，定会克服这些困难。

二、自我监督法

自己给自己制定安全计划，严格执行，一丝不苟，无论遇到什么情况，都能一如既往地坚持下去，并不断地告诫自己"今天的任务今天完成了吗？"。多打几个问号，会督促自己圆满完成工作计划。例如，天近暮色车还未归，往往会出现急躁心理，这时利用此法反问几句，能使人沉下心来坚持到底。

三、名人名言解释法

当自己遇到困难时，可以寻找一些名人说过的话来解释自己的这些困难。别人遇到的困难比我们大，我们这些困难还算得了什么。例如，"彼人也，余人也；彼能是，而我乃不能是？"，别人能做到的我也能做得到，"自古英雄多磨难"是历史的必然，"成大器者，必先苦其心志，劳其筋骨"，这些都说明名人名言对意志力训练有着很大的作用。

四、自我命令法

这种方法需要给自己立一个强制性规定,要求自己必须这样或那样做。没有余地、不打折扣、不能违背。在关键工作上,关键事情上,原则问题上决不含糊、决不动摇。只有这样,才能实现安全驾驶。例如,当驾驶人为他人运送货物而被请吃饭时,客人百般让饮酒,驾驶人应坚持原则,决不饮酒。一旦饮酒将会从一点点到少量再到过量,直至喝醉,使局面无法挽回。

五、他人监督法

这种方法是指自己了解自己的惰性,但又不能严格控制自己,到了关键的时候又放纵了自己,这时,就有必要请别人来帮助。可以选一个自己的好朋友来经常监督、督促、开化自己,在其帮助和监督下,磨炼自己的意志,逐渐认识到意志力强弱的利弊,并为自己今后自我主动克服困难打下良好的基础。

六、消解临界期

驾驶人在驾驶工作中,时常受生物节律的影响。当生物节律进入高潮期时,人体自身功能得到充分调节,发挥最大作用。而当进入低潮期时,调节功能次之。进入临界期时,调节功能最差,特别是当生理节律的临界期与昼夜机能变化的低态功能叠加时,人体自身的调节功能更差,一旦受到外界某种因素的破坏或干扰,某些机能的生物钟就会发生紊乱,机体反应随之出现差错,或引发事故,或患病。这些反应的程度,有的人稍差一点,有的人严重一点,因人而异。但如果能做好以下3点这种反应就可能会减弱:①自觉增强安全意识;②养成良好的行为习惯;③坚定临界期的安全信心。

七、体育锻炼法

经常参加锻炼的人,不仅身体健壮,而且能够锻炼出一种境界和意志。坚持锻炼,可以培养勇敢、坚强、机智、果断、团结等各种良好的品质。坚持体育锻炼的人不管严寒酷暑,锻炼已经成为习惯。这种人不论遇到什么事情、什么困难都无所畏惧。例如,国外有人提出"特殊驾驶学",他们认为大脑传递信息是通过微电波和化学的方式进行的,发生障碍和压力主要是传递造成的。经过身体练习操的练习,使大脑的"电路"结构重新调整,消除压力、消除短路所造成的故障,能帮助你更集中、更协调、更放松。美国加利福尼亚州11名接受"三合一"特殊驾驶理念的初中生,在进行了为期8周、每周一下午的练习后,各方面技能都有了重大的进步。

第五节 放 松 训 练

放松训练是指通过语言暗示或呼吸调节,来调整植物性神经系统机能,使精神或肌肉得到放松的过程。放松训练法分为自我暗示放松法和调节呼吸放松法两种,两种方法训练效果是一样的。

一、自我暗示放松法

1. 准备

卧姿、坐姿、立姿均可。卧姿时应仰卧在干净的地方,两臂自然放置于身体两侧,手心向下两脚稍微叉开;坐姿时,像乘坐公共汽车一样坐下即可;立姿时,应稍息状态,两手自然垂下,插入衣兜或去气功姿势。

2. 入静

进入开始姿势后,意念使一臂首先放松,并自我暗示:"我的臂很沉重,很沉重!"反复默念几次后,便产生沉重感。之后按同样的方法使臂、腿产生沉重感,每天做2~3次。经过两周左右就可以使各肢体都感到沉重。在内心处体验过去温暖的感觉(如在浴室里),并暗示:"我的右臂是温暖的",这样会使外周血管扩张,肢体产生温暖。调节呼吸器官,暗示:"我的呼吸是安静的,我的呼吸顺畅自如",并感受缓慢而有节奏的呼吸韵律,养成安静而有节奏地呼吸习惯。

3. 对内脏器官的放松

将注意力集中于腹腔丛,两手交叉压放在腹腔丛部位,使腹部产生温暖感。腹腔丛,也称太阳丛,是人体腹腔中相当大的一丛神经和神经节。它藏在胃的后面,膈肌的底下,在腹主动脉的两侧。因此,人们把他叫作"腹脑"。大量的神经干从这里延伸到腹腔及骨腔的各器官,在这些地方组成二级神经丛,以保证内脏器官工作的协调进行。"腹脑"受到"暗示",激活腹腔平滑肌,其活动性发生变化,肠子的蠕动情况马上就发生变化,腹腔深处感到温暖。自我暗示的公式是:"安静了……放松了!""腹腔都放松了!"沉重和温暖都集中于腹腔丛,腹腔从容地参与均匀的呼吸。随着掌心下面舒适温暖感的扩散,继续暗示:"腹部深处很温暖!",好像整个腹腔丛在散热气,自我暗示:"我感到很好,很舒适……"。

二、调节呼吸放松法

1. 过度换气

呼吸是人类维持生命的一种生理功能。每呼吸一次,都有部分肌肉紧张或部分肌肉放松。通过这些肌肉的伸缩,就会使肌体器官的某一部分形成空隙,空气通过鼻或嘴进来,先到喉头器官,经支气管到达肺。深呼吸时,就会处于放松状态。当膈肌肉松缓下来时,胸廓和肺等就会自动收缩,把空气排挤出去。但是,如果神经过敏,膈肌、胸肌以及喉头等往往感觉被勒紧,则呼吸就不会那么畅通,这时呼吸就会比平时浅,这时虽能摄取大量氧,但在强度刺激、意外恐怖时,会使二氧化碳排出过多,这种现象称为过度换气。这种情况如果持续下去,中枢神经系统就会产生呼吸终止反应。

2. 方法

吸气:缓慢并深深地按"1—2—3—4"吸气,约4s使空气充满胸部。呼吸应均匀、舒适而有节奏。

抑制呼吸:把空气吸入后稍加停顿,感到轻松、舒适、不憋气。

呼气：要自然地、慢慢地把肺底的空气呼出来。此时,肩膀、胸,直至膈肌等都感到轻松舒适,在呼气时还要想象着将紧张慢慢地呼出去。

以上三个动作,连续做10遍,会使呼吸变得自然而均匀;再做10遍会使你欢快舒畅而又心情平静;再做10遍会使呼吸缓慢深长而又充分放松。

三、活化

当做完放松训练后精神处于平静状态,还不能立即出现精神振奋状态,不能以高度积极状态投入到驾驶工作中去。要出现这种积极状态,需要进行自我动员,该过程称为活化。

活化时,最好在大脑处于催眠状态时开始,并采用一些暗示语,如:我的整个身体得到休息;我积蓄了力量;呼吸加深了;头脑很清醒;自我感觉很好等。此后在几分钟内做一些全身性的准备活动,使人的有机体全部活动起来,迎接要做的工作。

四、自我催眠

驾驶人的休息在一定程度上比工作还要重要,这主要是由驾驶人的工作特性所决定的。那么如何休息？如何睡眠？对一些人来讲,睡眠也需要讲究方式方法。俗话说:"放松是睡眠的枕头",说明了放松对睡眠的重要性。因此,我们不妨采用上述的放松方法,使身体全部得到充分放松,并采用表9-1中的一些暗示语。

自我催眠暗示语 表9-1

序　号	自我催眠暗示语
1	我已经完全摆脱了白天的事情,现在感到内心十分宁静
2	我应该安静舒服地休息,疲倦已占有了我的全身
3	我是平静的,我想休息
4	什么事情也不能使我激动,我感兴趣的爱好现在已经没了
5	我的身体都放松了,觉得沉甸甸的
6	我觉得安乐、舒适、温暖、满足

通常在这时便开始打盹,之后便开始睡眠。在这些暗示语中并没有说到"睡眠"二字,反而更容易入睡。如果多强调一些"我要睡觉,我必须睡觉,我怎么还不睡呢？我快睡吧！明天还有重要任务呢。"一想起明天的重要任务,则将很难入睡。

第十章

智能训练与教学心理

新生事物的出现,并不见得人人都能接受或喜欢。但经受住考验的新业态发展,是不以人的意志为转移的。随着我国经济的发展,科技也在以势不可挡的势头向前发展。尤其是我国自2015年提出"互联网+"行动计划之后,各行各业在引入"互联网+"方面取得了举世瞩目的进展。驾培行业也一样,在"互联网+"的助力下,汽车驾驶模拟器重新焕发了活力,改变了原来"中看不中用"的局面。同时,机器人教练(一种安装在教练车上辅助教练员教学的智能教学系统)也逐步走向了前台。这种由汽车驾驶模拟器、机器人教练等组成的机动车驾驶培训智能辅助教学系统必然会引发教与学心理上的变化,为了让教练员和学员去更好地适应,特编写此章。

第一节 常见智能训练方式

随着我国无人驾驶汽车以及智能化技术的快速发展,我国机动车驾驶培训的教学手段也发生了变化。这种以驾驶培训教学发展为宗旨,以高精度卫星定位技术、Linux嵌入式技术、雷达探测感知技术、伺服控制技术、多传感器融合技术、信息通信、三维建模、虚拟现实技术、移动互联网、物联网、AI人工智能等综合技术为手段,将驾校训练场电子地图、智能教练车、汽车运行状态数据、学员培训数据等信息,与驾校教学方法、培训流程、培训组织与管理相结合,实现教练员、学员、驾校信息共享互通,促进驾驶培训质量提高的机动车驾驶培训教学系统暂称为机动车驾驶培训智能辅助教学系统,简称智能教学系统。

一、智能教学系统

机动车驾驶培训智能辅助教学系统可以根据驾驶培训内容、培训方式分为准备式、静止式、动态实车式和智能模拟图式训练系统四类。

1. 准备式智能教学系统

现在学车,学员可以用手机下载一个学车软件,从驾校获取账号、密码后,可以按照驾校的学车培训计划,上网进行相关理论知识的学习,课程包含教学视频、文字、图片或动画等多种形式。当然,学员也可以直接到驾校参加相关内容的线下学习,学习流程如图10-1所示。

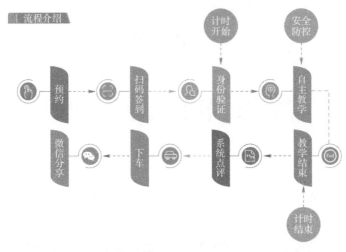

图10-1　机动车驾驶培训智能教学系统学习流程

根据《机动车驾驶培训教学大纲》要求,第二阶段(基础和场地驾驶)有一定学时的理论学习,主要用于熟悉场地驾驶的基本操作和方法。传统上驾校是在多媒体教室进行教学的,然后通过微信传送到学员手机中,学员打开手机就能学习。学员通过智能教学系统的学习,可以提前预习有关知识和方法,为实车训练做好准备。这替代了驾校使用多媒体教室准备知识的方式,回避了大批学员集中性学习,避免了疫情传播的可能性。这种学习方式,不受时空限制,学员可随时随地进行学习。

2.静止式智能教学系统

静止式机动车驾驶培训智能辅助教学系统是指在一个具有驾驶模拟器和其他教具等环境的固定场所内,学员通过驾驶模拟器和其他教具在虚拟或模拟的驾驶环境中进行的智能化、自助互动的驾驶训练系统。目前主要有虚拟现实技术(VR)驾驶培训模拟器和传统汽车驾驶培训模拟器。

如图10-2所示,虚拟现实技术是一种可以创建和体验虚拟世界的计算机仿真系统,它利用计算机生成一种模拟环境,是一种多源信息融合的交互式的三维动态实景和实体行为的系统仿真,可使用户

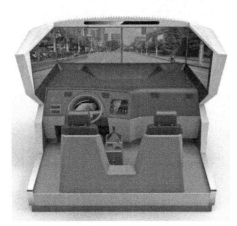

图10-2　虚拟现实技术汽车驾驶培训模拟器

沉浸到该环境中。

虚拟现实技术是仿真技术的一个重要方向,是仿真技术与计算机图形学、人机接口技术、多媒体技术、传感技术、网络技术、等多种技术的集合,是一门富有挑战性的交叉技术前沿学科和研究领域。虚拟现实技术(VR)主要包括模拟环境、感知、自然技能和传感设备等

方面。模拟环境是由计算机生成的、实时动态的三维立体逼真图像。感知是指应该具有一切人所具有的感知,除计算机图形技术所生成的视觉感知外,还有听觉、触觉、力觉、运动等感知,甚至还包括嗅觉和味觉等,也称为多感知。自然技能是指人的转头、手势或其他人体行为动作,由计算机来处理与参与者的动作相适应的数据,并对用户的输入作出实时响应,同时分别反馈到用户的五官。

这种方式的学习,局限于一定的场所。目前,有些驾校的"门店式驾培模式"实际上就是如此。有些驾校为方便学员就近学习,一般将模拟培训点设置在高校旁边、商场内等人口密集的地方。其优点在于方便学员就近进行系统性学习。随着模拟器技术的提升,静止式智能教学系统的数据化、信息化和智能化优势更加明显。

3. 动态实车式智能教学系统

动态式机动车驾驶培训智能辅助教学系统(又称"机器人教练"),需要在场内和教练车上安装一套智能感知与交互设备,在教练场或实际道路上,学员在无人工教练员在车内值守的教学环境中,在该系统智能化的指导下可进行互动式驾驶训练。动态式智能教学系统的组成与功能如下。

(1)系统组成。如图10-3所示,机器人教练系统由高精度卫星基站、智能教练车(安装有机器人教练设备)、智能教学主控中心、驾校教学管理系统、学员微信端、教练员微信端、报名大厅、数字监管平台等组成。

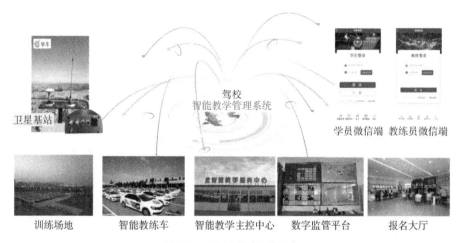

图10-3 机器人教练系统组成

(2)系统功能。动态式机动车驾驶培训智能辅助教学系统因安装在教练车上,故关闭动态式机动车驾驶培训智能辅助教学系统后,实际上就是一辆普通的教练车。目前,在教练场上进行的场地训练项目,在一些安全人员指导下,学员完全可以通过动态式机动车驾驶培训智能辅助教学系统进行独立驾驶训练。但在实际道路上,目前很多系统还不能实现完全由学员独立完成实际道路驾驶项目的训练。

2022年,本书主编指导开展了"汽车驾驶培训智能化核心应用研究"的课题研究,通过研究分析,课题组对比了智能化教学与人工教学在功能方面的区别,详见表10-1。

智能化教学与人工教学功能对比　　　　表 10-1

序号	解决目标	智能化教学功能	人工教学功能
1	学习动机	闯关模式（计时反馈）	反复循序渐进
2	操作时机	声控（听觉）提醒	讲解动作
3	操作量	图像（视觉）演示	动作示范
4	纠错、个性化教学	现场信息提供	指导练习
5	量化再现	教学数据再现	复习、总结、巩固

4. 智能模拟图式智能教学系统

智能模拟图式智能教学系统是基于"图式理论和结构—定向教学"心理学原理，利用多维度、大变量、高概括、全实案例高仿真训练模拟器，能替代系统职业驾驶临场经验【AI（人工智能）+XR（扩展现实）或 VR+AR（增强现实技术）+MR（混合现实技术）+图式训练法】的一种高端精准模拟训练系统。主要用于具有初级驾驶技能的中高级职业驾驶员技能再教育培训，如图 10-4 所示。

（1）"图式理论和结构—定向教学"心理学原理。图式（Schema）就是用来描述和解释我们经验的心理学组织和架构。例如，职业驾驶员难以企及的驾驶理念、危险驾驶境遇、高难度精准驾驶方法、缜密防御驾驶要领等成熟驾驶心理经验、体验等，图 10-5 所示的动感模拟器就使用的是图式原理。结构—定向教学心理学原理是由中国学者冯忠良于 20 世纪 80 年代提出的教学心理学体系，其基本观点是：①结构化教学观点，即教学首先应确立以构建学生心理结构为中心的观点；②定向化教学观点，即提高教学成效必须依据心理结构形成、发展的规律，实施定向培养。结构化教学观点的依据是教育的系统论观点及经验传递说，学生学习的接受构建说、能力与品德的类化经验说。定向化教学观点的依据是学生学习动机及学习积极性形成发展的规律、学习的迁移规律、知识的掌握规律、技能的形成规律以及社会规范的接受规律等。

图 10-4　智能模拟图式训练系统

图 10-5　动感模拟器

（2）高仿真训练模拟器及机组功能。①具有高仿真互动、动感功能，提供职业驾驶员需要提升的全系统实际驾驶场景，满足高级驾驶人的精准、精细、精确高难度或驾驶微量缺陷修复训练要求。②植入大量实际发生的交通事故案例，学习者可以体验肇事过程并进行避险驾驶模拟训练。③重构驾驶人安全驾驶能力与品德心理结构，系统提升驾驶人应急驾驶和防御性驾驶能力。④随训随测,能及时发现自身驾驶水平及提高进程。图10-6为"5+1"培训模式可实现的功能。

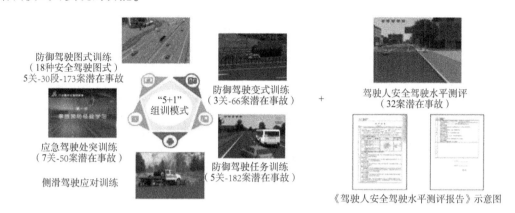

图10-6 "5+1"培训模式可实现的功能

（3）主要应用。①职业驾驶员的终身职业培训；②各种类型的应急驾驶培训和防御性驾驶训练；③专项或专题(如侧滑、雨雪天气等驾驶体验)训练；④交通违法记分满分教育、驾驶证换证培训；⑤交通安全专题培训等。

二、智能训练功能和特色

与传统教学模式相比,智能教学模式具有以下几点突出功能。

1. 无人执教

无人执教是指在教学现场中,学员可以借助智能辅助教学设备实现自我场地驾驶项目训练,不再时时需要其他人员的指导。传统教学方式是一车一教练员制。教练员始终在教练车上,与学员零距离手把手教学。我国自有驾驶培训以来,一直采取此种方式教学。其优点是：师生之间是人与人之间的互动教学过程。如果教练员是一名优秀的教练员,无疑对驾培行业的发展,具有助益作用。但目前,教练员的素质和教学水平参差不齐,教学中还存在一些不良现象。例如,吃拿卡要、粗暴教学、情绪化教学等,因此,利用智能辅助教学系统能切断这些负面影响。

2. 智能辅助教学

三种不同方式的机动车驾驶培训智能辅助教学系统,能连接智能库(包含培训数据、培训效果等各种数据的库),随时可以提取智能库中的数据进行分析解读,从而发现学车中的问题,帮助学员扫除学车中的障碍,进而针对性地提高学车水平。目前智能库的容量、结构设计等取决于研发商的研发水平。研发商的实力越强,其所开发的智能库将更能满足学员的共性化和个性化需求。图10-7为某一基于VR的智能教学系统的智能库。

目前机动车驾驶培训智能辅助教学系统,仍然处在数据化和信息化的初级阶段,智能水平还有待进一步提高。例如,学员具有个性差异,将采集到的学员数据,及时准确通过感传器上传到系统,经过中央处理系统处理,提出正确科学的操作意见,最后返回到驾驶操作系统或驾驶操作提示系统,这将有助于提高学员的自我训练水平。目前这些尚处于探索阶段。

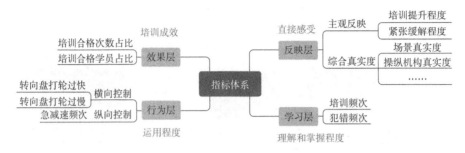

图 10-7 基于 VR 的智能教学系统的智能库

3. 随时读取过往训练记录

在智能化训练中,仅仅依靠场地训练是不够的,也不符合教学规律。在学员动作训练的同时,需要有一个消化吸收、沉淀的过程。而智能教学系统,通过大数据技术,完全提供电子式训练轨迹回放功能、电子或纸质训练报告,这为学员课后复习、研判提供了充分的依据。不仅满足了当下年轻学员尤其是大中专学生突出的逻辑思维优势,也适合疫情下安全地学习驾驶。

4. 全方位安全防护

在传统教学模式中,教练员在场地驾驶训练中,擅自离岗导致的教学事故时有发生。许多人可能担心,无教练员指导事故将会更多。近年来,随着厂家研发技术的不断进步,智能教学系统的安全防护功能不断升级。目前,一些机器人教练就场地驾驶训练中经常出现的风险因素进行了评估,并据此设置了各种情况下的安全制动系统,如图 10-8 所示。

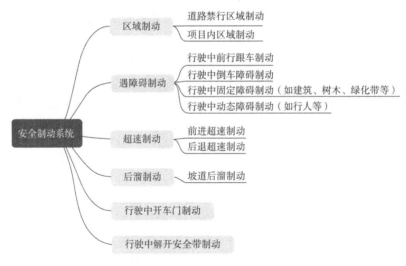

图 10-8 机器人教练的安全制动系统

5. 渐进式养成独立驾驶行为

智能训练的发展,与无人驾驶汽车的发展具有很多共性的地方,它们都来自互联网及智能技术的发展。无人驾驶汽车的发展,并不意味着人工驾驶汽车的消失,而是为智能训练的发展提供了借鉴和基础。目前看,无人驾驶汽车的发展并不会迅速完全替代人工驾驶汽车。

因此,智能教学的发展不仅不会因为无人驾驶汽车的发展受限,相反,无人驾驶汽车衍生的技术可能给智能教学带来无限的前景。

图10-9为固化的独立驾驶心理模式,这种驾驶心理模式是以心理学理论为基础,从长期的驾驶实践中总结出来的经验,是一种成熟的驾驶心理模式。一般来说,实际驾驶经历3年以上的驾驶人才能体悟出这一模式。

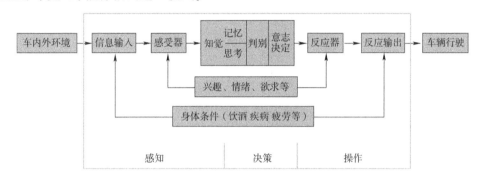

图10-9 固化的独立驾驶心理模式

驾驶经历3年以下的驾驶人还需要继续揣摩,不断靠近并建立这一模式。这种模式的建立是在实际驾驶经历中面临各种交通风险的情形下逐渐形成的。因此,一名刚取得机动车驾驶证的驾驶人,如果谨慎小心、不断学习,就能磨炼出图10-9中固化的独立驾驶心理模式。如果不太适合驾驶的新手,可能要付出事故的代价才能建立固化的独立驾驶心理模式。随着驾驶人驾驶技能熟练程度的提高,驾驶心理模式各个要素之间的关系将更加明晰、准确。而任何一名学习驾驶的人员也都在按照不同渠道而为之努力。

对于处在学习驾驶阶段的学员来说,他的驾驶水平要比拿到驾驶证的新手低。固化的独立驾驶心理模式对他来说,就是一个空白。俗话说"一张白纸没有负担,可以画出最新最美的画",智能教学在这种空白纸上的描绘,可能要比人工教学来得更直接一些,表10-2展示了机器人教练的智能教学与传统人工教练员教学的差异。

机器人教练的智能教学与传统人工教练员教学的差异　　　　表10-2

项　　目		智　能　教　学	传　统　教　学
车辆及设备	车辆	教练车	教练车
	车外装置	车顶信号接收装置,车前后雷达感知装置	无
	车内附设设备	北斗卫星定位定向系统、OBD+传感器采集系统、智能车载终端主机、人机交互显示屏、安全制动装置、网络通信装置、语音播报装置、车内视频监控与对讲装置	无
	教练场内布设装置	卫星基站、训练场地电子地图、场地上方空旷无遮挡、数据传输网	无
人工教练员所在位置		智能监控中心和场地内(非驾驶室内)	驾驶室内副驾驶座

续上表

项　目		智能教学	传统教学
安全防护		条件自动制动,教练员或人工远程制动	教练员制动
教与学互动	培训课程	按教学大纲定制	应试化内容为主
	教学方法	声控(听觉)提醒法、图像(视觉)演示法、多媒体解读法、现场复现分析法、人工辅助法等全系列教学方法	经验教学法
	教学态度	标准化服务模式,鼓励为主,对所有学员都一样	因人而异,与教练员素质有关
	教学语言	声控(普通话)、视觉(多媒体)、动觉等	不确定
	肢体接触	无	可能有
	练车过程	数字化、可视化	无
	轨迹定位	精准定位(厘米级)	经验判断
	成绩评价	自动评判成绩	经验判断

6. 突出逻辑思维

逻辑思维(Logical Thinking)是思维的一种高级形式,是指符合世间事物之间关系(合乎自然规律)的思维方式。我们所说的逻辑思维主要指遵循传统形式逻辑规则的思维方式。常称它为"抽象思维(Abstract Thinking)"或"闭上眼睛的思维"。逻辑思维是一种确定的,而不是模棱两可的;是前后一贯的,而不是自相矛盾的;是有条理、有根据的思维。在逻辑思维中,要用到概念、判断、推理等思维形式和比较、分析、综合、抽象、概括等方法,而掌握和运用这些思维形式和方法的程度,也就是逻辑思维的能力。

随着我国对教育的重视,大学生人数逐年增多。以大学生为主体的学车群体,逻辑思维能力大大提高。同时,智能化过程就是体现逻辑思维的过程。因此,智能化驾驶培训设备更符合以大学生为主要学车群体的年轻学员的逻辑思维模式,因此,智能教学更加受到年轻学员的青睐。

第二节　学员选择智能训练的常见心理

随着机动车驾驶培训智能辅助教学系统的发展,学员在面临传统教学与智能教学模式的选择时,及在智能化教学的过程中,难免衍生相应的心理特征。了解这些心理特征,对进一步熟悉智能化教学有一定的促进作用。

一、猎奇心理

猎奇心理也就是我们常说的好奇心理。人自从出生就具备好奇的本能,如婴儿期为了吃而不断地猎奇。

学车好奇心理是指人在初进驾校时,选择一种不同于传统教学、更为先进的学车方式的心理状态。智能教学设备的快速发展与智能教学模式的产生,点燃了学员对智能教学的猎奇心理。例如,某驾校从2021年3月开始引进模拟器和机器人教练设备,智能教学设备规模按照教练车总规模(80辆教练车)的一半引入。刚开始时,选择传统教学模式学习的学员数量压倒性地多于使用智能教学模式的学员数量。但到2021年6月份,选择传统教学模式的人数已经很少,仅有零星几人。

　　猎奇心理对智能学车更多的是正面影响。对于学车方式的选择,人们更多的喜欢智能学车模式。因为长期的传统学车模式已经让人们没有新奇的感觉,加上社会上对传统学车模式的诟病(如吃拿卡要、教学态度差等),人们对传统学车模式开始出现厌倦的感觉,人们迫切需要一种新的学车方式的出现。

　　进行智能训练时,由于没有教练员坐在旁边,在限定的区域、限定的速度下,学员可细细品味汽车速度带给他们的兴奋,这种兴奋度成了他们学车的动力,使得他们比在传统教学模式里有更多的兴趣。因为人的个性差异,这种兴奋度,既是他们学车的动力,也是他们违法的动因。对于克制力比较强的人来说,将成为迅速学成的动力;对于克制力比较弱的学员,可能就成了违法的动因。因此,智能训练的学员并不是无限自由的,还需要驾校安全监督人员的制约,以防止安全事故的发生。

二、验证心理

　　验证心理即自我验证。自我验证是一个社会心理学理论,由 William B. Swann 提出,该理论主张一旦人们有了关于他们自身的想法,他们就会努力证明这些自我观念。例如,假如一个人认为自己的智商很高,根据该理论,这个人会被激励去验证关于他自己的这一观点。为此,他会有一些行为出现,如从事能表明他聪明的活动;选择性地寻找、接收和保留能证明他睿智的信息;试图使他人相信他拥有卓越的智能。

　　学车本身就是一个不同于一般技能的活动,对于大多数人来讲,可能会较难。而智能教学设备的诞生,无疑让许多人跃跃欲试、一探究竟。尤其是年轻的大学生,他们经过逻辑思维训练,尚未遇到什么挫折,什么都敢于尝试的思想,促使他们想过一把瘾。

　　此外,大学生逻辑思维能力强,使用智能手机和其他电子设备的能力都优于普通成年人。而智能教学设备的产生,就是基于逻辑思维研究的结果。智能学车模式对大学生来说,无疑是一件逻辑思维验证的好机会。如果让他们在智能学车和传统学车模式中进行选择,在验证心理的作用下,他们会更倾向于选择智能学车模式。

三、趋利避害心理

　　趋利避害是指趋向有利的一面,避开有害的一面。趋利避害心理是人们与生俱来的心理特征,也是人性的本能。

　　传统驾校,几十年来一直存在一些不良的现象,在当下驾培市场为买方市场且行业管理不断加强的情况下,尽管行业现状有了很大的改观,但不良现象还依然存在。例如,吃拿卡要、无端训斥、粗暴教学等。传统学车模式,是一种面对面的零距离的交互过程,一些负面的动机,难以取证定性。为避免教练员的一些不良教学行为的影响,许多学员更愿意选择智能学车模式。

四、安全心理

安全心理是指一个人在学车前对学车目标的一般性正常心理需求。许多人学车就是为了能安全驾驶,希望通过驾校系统地按照教学大纲的要求,完成学车的全部过程,结业后能够达到安全驾驶汽车的目标。不论是传统教学模式,还是智能教学模式,学员都会有安全的心理需求。学员采取智能化教学手段,可以充分满足其猎奇心理,但同时也期望有更大的安全保障。

但这种安全心理需求,因驾培行业市场化竞争加剧而遭遇挑战。有些学员因工作比较忙碌,难以抽出时间来系统学习驾驶或对学习驾驶没有一个正确的安全驾驶心理,恨不得马上取得驾驶证。这使得驾校和学员共同趋向于应试教育,放弃了应有的安全驾驶心理。管理部门虽然一直在坚定地维护教学大纲规定的驾驶培训学时,但大部分驾校仍然采用应试教育,而使得安全驾驶目标远未达成。

解决这一问题的方法需从3个方面着手:一是驾校要加强自律,严格按照教学大纲培训。二是学员要有一个成熟的正确的学车心态,即按照教学大纲学车,以获得一个安全驾驶的学习目标。这一条尤其关键,因为学员属于市场中的需求方,需求方的要求高了,供给方必然能按照需求方的要求培训。三是交通运输管理部门要坚定不移地监督教学大纲落实情况。如此,智能教学的实施,能加速安全驾驶目标的实现。

五、放松自主心理

放松自主心理是指,有些学员为了回避传统教练员的非教学行为影响而渴望的其他心理需求。多年的驾培实践证明,传统驾校培训的最大缺陷就是对学员人格的削弱,尤其当学员的身体协调能力难以完成驾驶技能的训练与考试要求时,教练员情绪容易失控,此时的一些行为可能就会触及学员的人格。当前教练员综合素养整体不高,学员很难获得放松自主心理。

传统教学模式下,教练员与学员之间几乎零距离接触,教练员的一些非教学行为难以界定,使得针对教练员的投诉较多。此情此景,如果有一台无教练员的智能训练系统,将自然解决以上问题。智能教学的实施,可以杜绝人为的非教学行为,使学员可以在放松自主的情形下,完成教学目标。

第三节 智能训练的心理与调整

既然智能教学不可阻挡,但智能教学如何融入驾培行业中?其实有以下三种心理倾向值得思考。

一、唯人论训练心理与调整

唯人论,即机动车驾驶培训教学排斥一切智能化的教学方式,唯有靠教练员才能提高驾驶培训质量的观点。唯人论者大都是年龄偏大的驾培从业者。他们经过多年的驾驶培训工作,对人工教学具有深厚的感情,难以接受新鲜事物。

近几年,随着智能化教学设备的发展,已经涌现出一大批智能教学爱好者。这些爱好者对推动驾驶行业智能化发展起到了很大的推动作用。相反,对于不太接受智能化教学的传统教学者,他们可能具有典型的唯人论训练心理,也可能他们的驾校经过长时间的传统教学,培养了一批经验丰富的教练员,又或者智能化教学的力量还不足以超越传统化教学。

消除唯人论训练心理的方法就是不断升级智能化教学设备,提高其对智能化训练的兴趣。但对于有些人,需要更多的外部刺激,才能激发内在的兴趣。一个以智能化教学方式获得训练效果的驾校,只有不断升级智能化教学设备,才能进一步获得独一无二的优势,也才能使学员的训练兴趣获得最大化。

二、唯机论训练心理与调整

唯机论,即机动车驾驶培训教学出现智能化教学方式之后,不再重视或敌视教练员教学的一种观点。

前几年,网上曾一度出现"学车电子教练是驾校教练员唯一的老师"一说,这是不符合辩证法的。不可否认,互联网等科技的介入为驾培行业发展作出了巨大的贡献,但人毕竟在某一专业方面的发展具有时效性、渐进性和多元性,就目前的智能化教学设备而言,机器并不能完全替代人。

唯机论者的训练心理,也有智能学车整体功能的缺失。在传统驾校里,学员从教练员身上不仅能获得驾驶知识,还能收获教学因素之外的感情、知识等,这主要得益于传统驾校交际圈是一个除了教学之外的具有公平、自由、平等的小社会。经过多年的实践,这个不起眼的交际圈也孕育了许许多多的故事。这些故事不乏一些脍炙人口的、充满正能量的、情真意切的故事等。当然,驾校直接需要的是更多的学员。教练员通过驾校交际圈,利用自己的能力、关系和威望,通过与社会各行各业联系密切的线上线下网络,可以招到更多的学员。

随着智能教学设备的改进和提高,智能教学设备所具有的知识和技能,可能逐渐会接近或超过教练员的知识和技能。但传统驾校教练员教学之外的交流将成为智能教学先天的缺陷。这些缺陷,只有当一个人将传统驾校和智能驾校对比后才能感知。

三、唯考论训练心理与调整

唯考论训练心理是指智能教学设备研发商、驾校等都把应试作为唯一发展方向而进行体系设计的心理趋向。智能教学中,驾校及学员应试心理的存在将加剧驾培行业唯考论训练心理的形成。这种模式结构一旦形成,将难以逆转。因此,在设计智能化培训体系时,应消除唯考论训练心理倾向,充分考虑素质教学理念。

值得注意的是,我国的道路交通安全形势依然严峻,国家对交通安全越来越重视,驾培政策趋向安全化越来越明显。例如,2017年8月8日,国务院安全生产委员会印发的《道路交通安全"十三五"规划》(安委〔2017〕5号),将驾驶培训工作纳入"提升交通参与者交通安全素质"的重要任务。2018年6月13日,交通运输部办公厅、公安部办公厅、应急管理部办公厅联合发布《道路运输安全生产工作计划(2018—2020年)》,明确提出"深化驾驶人素质教育工程",加强驾培监督管理,提升驾驶员素质。2020年12月14日发布的《交通运输部办公厅关于做好道路货物运输驾驶员从业资格考试制度改革有关工作的通知》(交办运〔2020〕66号),取消了道路货物运输驾驶员的从业资格考试,并将道路货物运输驾驶员的培训与结业考核"下沉"到驾校。2022年7月21日,国务院安全生产委员办公室印发的《"十四五"全国道路交通安全规划》(安委办〔2022〕8号),再次将驾驶培训与考试工作纳入"提升道路交通参与者安全文明素质"的重要任务。种种迹象表明,未来驾培行业培养安全、文明高素质驾驶人的责任越来越重,唯考论训练心理将无法满足社会的安全需求。

第三篇 PART 3

行车心理

自获取驾驶证后第一天上路驾驶之日起,一个具有法定资格的驾驶人便开启了独立驾驶汽车的生涯。掌握一些必要的行车心理知识,将有助于驾驶人更加游刃有余地安全驾驶汽车。

第十一章 驾驶心理影响因素

道路交通要素包括人、车、路、环境等。作为道路交通参与者的机动车驾驶人来说,周围所面临的其他一切交通要素,都是影响机动车驾驶人的心理因素。确保机动车驾驶人的心理健康,就需要其能够正确认识这些因素,并正确处理这些因素带来的心理影响。

案例 11-1

2017 年 8 月 10 日,某高速公路隧道外发生一起特大交通事故,一辆大客车撞上隧道外侧墙壁,造成 36 人死亡,13 人受伤。调查认定,事故的直接原因是大客车驾驶人行经事故地点时超速行驶、疲劳驾驶,致使汽车向道路右侧偏离,正面冲撞隧道洞口端墙。此案例中虽然驾驶人的超速行驶、疲劳驾驶行为最终导致了事故,但客观上隧道对驾驶心理的影响不可忽视。

第一节 交通环境对驾驶心理的影响

交通环境是作用于道路交通参与者的所有外界影响与力量的总和,主要包括道路状况、交通设施、地物地貌、气象条件,以及其他交通参与者的交通活动等。交通环境对驾驶人的生理、心理影响很大。良好的交通环境,能使驾驶人精神饱满,心情愉悦,有利于减轻驾驶疲劳和提高驾驶操作的有效性;而不良的交通环境与交通事故的发生有着一定程度的联系。图 11-1 为不良交通环境影响树。

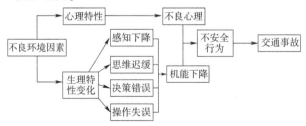

图 11-1 不良交通环境影响树

在行车过程中,驾驶人所处的交通环境主要有道路环境、噪声、气象条件等,这些对驾驶人的心理均会造成不同程度的影响。

一、道路环境

道路环境主要指道路通行条件、气候条件、交通设施条件、时间条件等。道路环境不仅为驾驶人提供了汽车行驶所必需的通行条件,还为驾驶人安全驾驶提供了必要的信息,所以道路环境对行车安全和驾驶人心理的影响极大。

道路是汽车行驶的基础条件,道路的横断面、线形及繁华区域等对安全行车都有较大的影响。

1. 道路横断面

(1)车道数量。从驾驶人驾驶汽车的轻松程度和安全系数分析,道路的车道数为双向两车道为最佳,但交通流量有限。因为双向两车道中每一个车道的汽车其中一侧是静止的,既保证有一定的通行能力,又能防止抢行而发生交通事故。随着车道数量的增加,如:双向四车道、六车道甚至八车道,道路通行能力增大,车道两侧都是流动的汽车,其他汽车出现超车的概率增大,驾驶人视觉负荷加重,易导致事故发生。

(2)车道宽度。在一定限度内,车道越宽,通行速度越快,对避免发生交通事故有一定的促进作用。据有关方面测定,如果两车道从5.49m扩宽到6.7m时,交通流量较少的地点交通事故可减少21.5%,而交通流量较大的地点交通事故可减少46.5%。但越过一定限度,则易出现混行或超车现象,极易出现交通事故。

(3)路肩宽度。路肩的作用除保护行车道、人行道外,在行车中驾驶人主要保证汽车的侧向安全距离,以增加交通的安全性和舒适性。实践证实,路肩越宽,车速对驾驶人的安全性越高。路肩的表面质量对驾驶人的行车也有着很大的关系。如泥泞、积水、塌陷等情况,会加重驾驶人的视觉负荷,易引发交通事故。表11-1展示了路肩宽度与事故率的关系。

路肩宽度与事故率的关系　　表11-1

路肩宽度(m)	0.5	1	1.5	2	2.5	3
事故率(次/百万车公里)	2.2	1.7	1.4	1.2	1.1	1.0

2. 道路线形

(1)行车视距。驾驶人在行车中,应当看清车辆前方的一段距离,这段距离过短,很可能使所驾车或对方来车观察或制动不及时,而造成交通事故,所能观察到的这段距离称为行车视距,图11-2所示为行车视距示意图。行车视距有停车视距、超车视距、会车视距、错车视距4种,以下仅介绍停车视距和超车视距。

图11-2　行车视距示意图

停车视距是指，驾驶人在行驶中为在障碍物之前完全停止所需要的最低安全行车视距。它由反应距离、制动距离和安全距离组成，它与车辆的行驶速度和驾驶人的反应快慢有关。行车视距小于该值，则因驾驶人不能及时制动而易引发事故。

超车视距。为了保证在允许超车的道路上有足够的超车机会，设置适宜的行车视距以保证超车安全，这种最低的行车视距称为超车视距。

当然，并不是所有的道路、所有路段的行车视距都符合标准。由于许多路段地形比较复杂，难免有行车视距不合标准的情况，特别是等外公路，驾驶人应当引起足够的重视，切不可认为任何道路都能保证足够的停车视距、超车视距，以免事故的发生。

(2)道路曲率。道路曲率俗称为道路弯度。汽车在弯道上行驶时，会产生向外的离心力。车速越快，离心力越大。汽车在离心力的作用下，极易发生侧滑和倾翻。因此在弯道上行驶时，应当注意行驶速度。且不可超过曲率半径相对应的临界车速。一般来说，当曲率半径在 600m 以下时，相对事故率剧增，如曲率半径大于 600m 时，驾驶人大都认为与直线路段行驶一样。有经验的驾驶人，都有一定的体验，转弯时速度快，触觉和平衡觉会告诉你汽车有立即侧滑或倾翻的可能。

如表 11-2 所示，不同的道路线形会引起驾驶人不同的心理反应。

不同的道路线形引起的驾驶人的心理反应　　　　　表 11-2

线形特征	信息特征	驾驶人的心理反应
陡坡急弯	已现或潜伏	视线受阻、先疑后惊
坡顶急弯	信息潜伏	视线中断、先疑后惊
坡底急弯	信息潜伏	视线受阻、先疑后惊
坡道上的反向连续弯路	微弱或已现	视觉信息变量过大、处理不及时
凹凸路面过短	微弱或潜伏	视线中断或坡度估计不当
轻微上下坡（"怪坡"）	潜伏	视差作用，感觉上坡其实是下坡，感觉下坡、其实是上坡

(3)道路坡度。驾驶人大多知道上坡容易下坡难的道理，这基本概括了汽车驾驶人在行车中上坡后所产生的心理特点。统计表明，坡度越大，交通事故率越高，驾驶人这种担心和顾虑也越大。汽车通过上坡相对于下坡在操作上难度系数要小些，根据我国道路建设标准，哪怕是地理条件恶劣的地区，道路的最大纵坡度不应大于 8%，而汽车的最大爬坡能力至少在 20% 以上，所以在正常公路上行驶不必担心汽车能否爬上坡道。而下坡时发生事故的概率要比上坡时大，原因是下长坡时车速快，制动器使用频繁，容易使制动效能和性能衰减；有些驾驶人凭侥幸心理下坡时空挡或熄火滑行，导致行驶速度加快，无法控制汽车，想利用发动机牵阻作用制动，但抢挡又可能失败；另外，由于下长坡长期使用制动，会使气压制动装置气压降低，从而无法制动。

(4)标识设置。路面交通的色彩有一个由单一使用到多种色彩的过程。我国的路面标识，在标线中使用的是白、黄两种颜色，在路侧交通标志、锥形交通路标、导向标志和交叉路口标志中使用的是白、红、蓝三种颜色。路面标识的视认性也是很重要的心理因素。同长度下，两条平行线与一条直线相比，前者视认性好；同面积下，长方形、正三角形、圆形和正方形相比,长方形视认性最好,正三角形次之、圆形和正方形较差;对于长方形来说,纵短横长之比为1:2时的视认性最好。指路标志的设置也非常重要,距离出口多少公里开始设置、设置几个、设置立体尺寸等,都需要按照驾驶心理学设置。否则,驾驶人易走错路。

3. 繁华区域

道路两边都有较多的建筑物,甚至在紧靠公路两侧都有繁华区域,如商业区、娱乐区、饮食区等,并且悬挂明显的标志,这会引起驾驶人的过多注意。同时,这些区域中大量的人员活动,既影响汽车的行驶,又易引发驾驶人心理变化。

(1)心理负荷。心理负荷过大,容易出现应激状态。在繁杂的道路交通环境下行车,由于交通信息的种类和数量过多,使得驾驶人处于"刺激过多"状态。而人的神经传递系统的处理能力是有限的,若刺激信息过多超过了驾驶人的处理能力,人体会对过多的信息进行自卫,进而引起一些不良反应。如:在复杂的道路交叉口,驾驶人较易分散注意力,而忽略重要的信息;在混合交通的道路上,驾驶人不能很好兼顾各方面的情况,易顾此失彼,处理情况容易出错。

(2)感知信息。感知信息容易遗漏,造成情况处置错误。在繁华区域,交通流密度变化无常的道路上,驾驶人往往会把关键的信息遗漏,易出现措手不及的情况,进而引发事故。一方面,易引起驾驶人注意分散;另外,过多地处理与行人的关系,会使驾驶人感到烦躁,影响行车安全。当然,道路周围建筑物过少,环境空旷也会引起驾驶人的心理变化。例如,草原、戈壁地区,自然环境本身比较单调,容易使驾驶人行车中出现单调、乏味、疲劳。作为驾驶人,应当主动适应这些建筑环境,热闹繁华的建筑物区域不能过多地瞭望,以免影响行车。

二、噪声

汽车在行驶过程中会产生各种噪声。调查表明,汽车产生的噪声占城市交通噪声的85%以上。汽车噪声的传播与道路的多少及交通流量大小有密切关系。在通路狭窄、两旁高层建筑物多的城市中,汽车噪声来回反射,显得更加吵闹。在汽车当中,大中型载货汽车、公共汽车等重型汽车的噪声通常在90dB以上,轻型汽车的汽车噪声也超过了80dB。汽车噪声大小与速度也有较大关系,车速越快,噪声越大,车速提高1倍,噪声增加6~10dB。汽车噪声对驾驶人的生理和心理健康会造成很大影响。

1. 噪声直接引发人的生理变化

强烈的噪声对驾驶人的生理刺激是诱发各种疾病的一个重要原因。

(1)噪声作用于人的中枢神经系统,使人们大脑皮层的兴奋与抑制平衡失调,导致条件反射异常,使脑血管张力遭到损害,时间一久,就会导致病理上的变化。如果噪声在90dB以上,使人产生头痛、头昏脑涨、耳鸣、失眠、记忆力衰退和全身疲乏无力等症状。若噪声达到120dB以上,人就会产生眩晕、呕吐、恐惧、视觉模糊和暂时性耳聋。

(2)噪声对消化系统、心血管系统也有严重不良影响,会造成消化不良,食欲不振,恶心呕吐,从而导致胃溃疡等胃病的发病率提高,使高血压、动脉硬化和冠心病的发病率比正常情况明显提高。此外,噪声对视觉器官也会造成不良影响。

2. 噪声对驾驶心理的影响

汽车噪声不但增加驾驶人的疲劳,而且影响汽车的行驶安全。驾驶人长时间在噪声下驾驶,除听觉机能受到影响外,还会引起活动反应的潜在期延长,动视力和视觉功能降低,从而降低了对交通信息的接受和判断能力。在噪声影响下,驾驶人不易集中精力,心情急躁、情绪变差,反应迟钝,工作效率下降,特别容易出现差错,甚至引发事故。驾驶人长时间在噪声非常强的环境中行车,会加速心理疲劳,产生寻衅、发怒的情绪,进而出现异常的动作或不应有的失误,从而影响行车安全。

三、气象条件

气象条件对行车安全有着很大影响。不良气象条件下尤其是在雨、雪、雾天气发生的交通死亡事故比例较高。不良气象条件不仅影响了汽车的安全性能,而且对驾驶人的生理、心理特性也产生一定程度的影响。

1. 雨天

雨天行车时,驾驶人视线受阻,易发生车速和距离的估计失误,加上路面湿滑、泥泞,附着系数降低,汽车制动距离增长且易发生侧滑。同时,行人、骑车者打伞、穿雨披等会挡住部分方向的视线,或因雨水扑面、地面积水等原因分散精力,在急于横穿道路时容易发生相撞事故。驾驶人会产生焦急不安的心理,担心发生交通事故,而恰恰在这种心理状态下,引发交通事故的可能性会加大。此外,大雨还会影响驾驶人的深视力,降低驾驶人的距离感知能力,造成判断上的失误。雨天夜间行车时,路面有积水,在灯光的照射下,因照度分布变化的不同,还容易使驾驶人产生眩光,影响其观察和感知。

2. 冰雪天

下雪天,积雪满地、路面滑溜,汽车难行。一般气温降至0℃以下时,地面上只要有积水、积雪,立即便冻成冰。新手初次遇结冰路面时会措手不及,容易发生交通事故。雪天行车,驾驶人第一感觉是路滑。一般驾驶人遇下雪天或冰雪天都会有紧张情绪,精神高度集中,有些新手甚至会紧张到手心出汗,生怕汽车出现溜滑。长时间在雪地中驾驶,会引起驾驶人的视觉疲劳,由于周围景观单一,驾驶人会因视觉疲劳而产生"暂时性雪盲",甚至会出现幻觉。雪后在阳光下行车,雪被阳光照射会使驾驶人出现炫目,极易发生事故。

3. 雾天

雾天行车,尤其是在高速公路上,雾天最容易发生恶性交通事故。大雾天气,能见度差,视距缩短,视野变窄,难以辨清汽车以及周围景物,影响了行车中的方向、位置、距离和速度的判断,因而容易诱发交通事故。雾滴黏附在带有污染物的地面上,地面湿润,道路变得湿滑,一旦遭遇意外,驾驶人会变得措手不及。浓雾天,驾驶室风窗玻璃由于内外温差会起雾,阻碍驾驶人视线,增加驾驶难度,易引发事故。雾天行车,驾驶人注意力高度集中,心理处于高度紧张状态,因而也容易较早出现驾驶疲劳。

第二节　行人对驾驶心理的影响

行人是道路交通参与者之一,不同年龄、性别的人有不同的交通行为特点。西方国家的汽车发展早于我国五六十年,他们对行人的安全教育比较重视。而我国快速步入汽车社会,交通文化的普及跟不上汽车社会的发展,我国对行人的安全教育也相对较弱,以至于成为当前道路交通安全治理的短板。因此,了解行人的交通特点,对安全驾驶非常重要。

一、儿童

汽车行驶在靠近农村村庄附近的公路、城镇街道时,常有儿童单独出行或随成人结伴而行。幼儿是交通事故的高发人群,随着年龄的增长,生活经验增加,交通安全意识慢慢加强,其所涉及的交通事故将减少。儿童的行为具有以下3个特点。

(1)生性好动。儿童天真活泼且好奇心强,但他们年幼无知,缺乏社会生活经验,使得他们成为仅次于老年人的事故高发人群。他们对事物也缺乏正确的判断力和单独处理能力,注意力通常集中于自己感兴趣的事物。儿童常常会因为玩耍而不顾周边的交通情况,遇到突发事件时,会惊慌失措,错误地选择应对措施。独立行走特别是在复杂的交通环境中的能力差,且对相关的交通安全知识也不够了解,同时,儿童所能见的视线范围比成年人差得多,对距离的判断很少正确。

(2)行为反常。在道路上行走时不走人行道;在没有人行道的道路上行走时,不靠右行走,而是在路的左边或中间行走。横过道路时不走人行横道、人行过街天桥或地下通道,而是随意在道路上追逐,或在汽车来临时突然横穿。

(3)身材矮小。由于儿童身材矮小,极容易落入驾驶盲区,特别是当他们处于汽车的某个角落时,不容易被发现。

二、青少年

青少年,以中小学学生为主,他们的不良交通行为普遍存在,这种不良行为也是诱发交通事故的主要原因之一。

(1)注意力不集中。青少年对外界事物充满好奇,喜欢东张西望,与同伴同行时,他们喜欢并排行走,聊天打闹,而不注意周边的交通情况。

(2)喜欢冒险。青少年精力旺盛、好胜好强,常常表现出喜欢冒险而不顾后果的特点,如,喜欢走捷径或者为了向同伴显示勇敢而违反交通规则,横穿行车道、行走时互相推搡,甚至与机动车抢行等。

(3)法规意识淡薄。行走时,有的人不注意道路和交通信号,有时还不服从交通指挥和管理,有时会在行车道、桥梁、隧道或交通安全设施等处逗留、玩耍、打闹、抛物、泼水、溜旱冰等。

(4)便捷心理。便捷心理需要是人们在交叉路口过街行为中基本的心理需要。由于人们往往会选择最短的路径穿过道路,为了节省时间,青少年更习惯于直线过街,而不是选择人行横道或者地下通道,他们经常会穿越、攀登或跨越道路隔离设施。在一些交叉路口,因为等待红灯时间过长,他们往往不能忍耐,而出现闯红灯现象。

三、女性

女性在道路上通行时,一般喜欢成群结队地行动。当汽车靠近时,大部分女性会选择避让,大胆的女性会从汽车旁边穿过去。如果有老人和孩子随行,女性行人会更加谨慎。当道路两侧有商业环境时,她们的注意力容易被吸引,从而容易忽略交通情况。但遇到通行汽车较多时,女性行人往往会顾此失彼,动向失常。

女性行人一般很少出现突然行为,如突然掉头、突然拐弯等行为。行车中如发现女性行人沿马路边行走,应注意适当降低车速,控制横向间距,低速平稳通过。如遇女性行人穿越机动车道时,应减速让行,必要时停车礼让。

四、老年人

老年人的特征是视觉、听觉能力下降,反应变慢,行动迟缓。这些特征使得他们成为交通事故的高发人群,也是交通事故的主要受害者。据统计,2021年底,我国60周岁及以上人口占总人口的比达到18.9%。按照联合国关于老龄化国家的划分标准,如果一个国家60岁及以上人口达到总人数的10%或者65岁及以上的人口占人口总数的比例超过7%,就可称为人口老年型国家或老年型社会。根据这个标准,我国现已属于老年型国家。据有关部门统计,2015年至2017年,浙江省嘉兴市共发生老年人(60岁以上)交通事故1270起,占全市交通事故总数的37.29%;造成398位老人死亡,死亡人数占交通事故总死亡人数的47.38%。2018年,浙江省杭州市桐庐县共发生老年人死亡的交通事故27起,死亡27人,占当年全县交通死亡事故的62.79%和61.36%。通过梳理和分析涉及老年人的交通事故案例发现,老年人主要的出行方式是步行,在步行中普遍存在随意横穿道路、翻越护栏、闯红灯、在恶劣天气出行、在汽车盲区内行走等危险行为。因此,老年人的交通安全问题应当是一个重要的问题。

(1)老年人感知能力下降。老年行人由于各种生理机能如视力、听力减退,对交通情况的感知能力下降,思维也相对迟缓,对于汽车的速度和汽车与他们之间的距离判断并不准确。

(2)老年人运动能力下降,体力较弱。而且心脏病、高血压等病在老年人中比较常见,大部分老年人反应相对迟钝、行动较为迟缓。因此,老年行人在交通活动中处于不利地位。绝大多数的老年人,他们过街行为比较谨慎,都会注意来往汽车的动向,但是遇到道路两边的路缘石或者台阶时,他们跟其他年龄阶段的行人相比显得行动有些困难,过街的时候跟随其他行人,速度往往跟不上,经常落后于过街的其他人群。

五、残疾人

不同的残疾人伤残情况不同,其对事物的感知判断能力会有所不同。

(1)盲人听觉比较灵敏,但因为看不见周边的物体,所以察觉交通危险的能力差,横过道路时比较困难,需要借助盲人通道或者其他人的帮助。

(2)聋哑人听觉较差,常常对声音刺激感觉迟钝或没有反应。因此其行动缓慢,遇到突发道路情况不能及时避让。

(3)肢体残疾的行人尤其是下肢残疾的人,行动不便,横过道路时速度很慢。

第三节　非机动车对驾驶心理的影响

自行车、电动自行车、人力车等都属于非机动车,它们灵活、轻便,是人们普遍使用的交通工具。非机动车本身的结构特点决定了它们对骑行者缺乏安全防护,其稳定性和制动效能差也给出行安全带来了极为不利的影响。

一、自行车

(1)骑车人行为特点。自行车的交通特性取决于骑车人的行为特征,如技术熟练,骑行稳定,听见喇叭声能及时、正确避让。遇到骑自行车的人,不要持续鸣喇叭,保持适当的横向距离,平稳通过即可。因为骑车人如果技术不熟练,就会遇事慌张,骑行路线不稳定,听到喇叭声,特别是发现汽车临近会惊慌失措,摇摆不定,极易摔倒,而且常常是倒向来车的一方,危险性极大。另外,许多青少年骑自行车时喜欢逞能、冒险,速度较快;老人骑自行车时,尽管速度比较慢,但对突发事件反应也较慢。

(2)蛇行轨迹。自行车运行主要靠车把和骑车人身体的平衡来控制方向,加上自行车与地面接触面积小,行驶中往往左右摇摆而呈蛇行轨迹。实验证实,车速越快,蛇行轨迹的宽度则越小。一般在车速为17km/h时,蛇行轨迹宽度为40cm。在坡道上行驶,尤其是负重的自行车会以"S"形骑行。此外,在道路上遇到障碍物时,骑车人往往会突然改变行驶路线,占道行驶,驾驶人需提前预判,及时应对。

(3)行驶稳定性差。自行车速度越低,其稳定性越差,容易发生倾倒,尤其是当骑车人与路边的熟人打招呼时会单手松开车把,这时最易出事。这主要因为骑车者重心偏高且自行车轮胎与地面接触面积较小。

(4)违法行为多。有些骑车人自认为技术熟练,不遵守交通规则,交通守法意识差,上下班赶时间,有时甚至会出现与汽车争道抢行、占道不让、任意穿插车流、猛拐和掉头等。

(5)遇恶劣天气险情多。在恶劣天气时,骑车人易出现逆行和占道行驶。在雨、雪天时,骑车人往往只顾低头避雨、避雪,加上雨衣、雨伞的影响,行动不方便,视觉或听觉也受到影响,骑车人容易忽略交通情况,且因匆忙赶路而不注意遵守交通法规。遇到路况不好时,骑行稳定性降低,自行车也常常占用机动车道行驶。

二、电动自行车

近年来,我国电动自行车数量迅猛增长,电动自行车已成为生活中最普遍的交通工具之一。2021年,我国以电动三轮车运输为支撑的快递从业人员超过1000万人,以电动自行车运输为主的外卖配送人员总数已达1300万人。即便作为生活工具的电动自行车也达到了3亿辆。又据统计,2019年全国道路交通事故伤亡人员中,电动自行车驾驶人死亡人数为8639人,受伤人数为44677人,伤亡人数约为非机动车伤亡人数的70%。电动自行车具有车速快、声音轻、动作灵活的特点,不可否认,电动自行车已成为一种快捷的代步工具,但电动自行车带来快捷方便的同时,也带来了巨大的交通隐患,由此引发大量交通事故。

1. 管理缺陷

(1)由于绝大多数电动自行车骑车人未受过系统的交通法规教育,交通安全知识比较缺乏,有的毫无交通安全意识。他们有些人不顾交通信号指示只求方便、快捷,随心所欲骑行。

(2)有些电动自行车骑车人对交通法律法规、交通违法及处罚也存有误区。有的认为《道路交通安全法》是管机动车的,电动自行车不属于机动车,在机动车道上骑行或载人均不违法;有的人认为电动自行车在机动车道行驶或闯红灯时,机动车不敢撞上来,都会忍气避让;自恃是非机动车,在路口、机动车道上超车抢道,即使违法了,处罚起来也不重。

(3)电动自行车在使用过程中,由于没有检验要求、没有使用年限规定,其制动、转向、灯光等性能是否完好,完全靠骑车人自己把握,而他们更多关心的是车能跑多快、多远,对安全部件的性能不太关心。所以,道路上,有相当比例的电动自行车车况不良,存在着制动不灵、转向卡滞、灯光缺失等情况,这给安全骑行带来很多隐患。

2. 常见的违法行为

电动自行车在行驶中交通违法现象普遍存在。

(1)超速行驶。根据国家标准《电动自行车安全技术规范》(GB 17761—2018)的要求,电动自行车的设计时速应控制在25km/h以内,且根据《道路交通安全法》,电动自行车在非机动车道内行驶时,最高时速不得超过15km。但现实情况是多数电动自行车厂家或店家为迎合用户,加装蓄电池或拆除限速装置,电动自行车的最高速度往往都超过了30km/h,更有甚者达到60km/h以上,这很容易导致交通事故。

(2)违法载人,违法装载,不佩戴安全头盔。由于电动自行车是按单人低速设计,其自身结构特性决定了其稳定性、安全性能都比较弱。电动自行车无论是载人或是载物,一旦超载就改变了电动车的行车特性、造成稳定性下降、惯性增加和重心偏移,很容易造成车头不稳、制动不灵,骑车人很难掌握平衡,极易发生碰撞和摔倒,而碰撞和摔倒头部又是最容易受伤的。如果骑车人不佩戴安全头盔,后果会非常严重。

(3)逆向行驶。靠右侧通行是最基本的交通常识,但有的电动自行车骑车人无交通法规意识,无视通行规则,完全以自己方便快捷为前提,将交通法规抛之脑后,常常逆行,不仅扰乱了道路交通秩序,还给正常行驶的其他车辆带来安全隐患。更是在拿自己的生命开玩笑。

(4)占用机动车道行驶。有的电动自行车骑车人为抢时间经常会占用机动车道,在车流中随意穿插、随意变道甚至与机动车抢道现象常时有发生。因为电动自行车行驶时悄无声息,会突然出现在汽车周围,常会使驾驶人手忙脚乱,防不胜防。汽车和行人为了避让电动自行车,往往会选择临时变道或减速,给本来顺畅的通行环境造成混乱,这样不仅让自己处于风险之中,也给其他交通参与者带来安全威胁。

(5)闯红灯现象严重。有的电动自行车骑车人在骑行时,无视亮起的红灯,仍在路口穿行。使得机动车驾驶人往往"心惊胆战",为躲避这些违法的电动自行车,机动车只好走走停停,易造成道路交通拥堵。有些骑车人坚信,遇红灯时只要自己左右多看看,是不会有什么问题的,况且汽车是不敢撞人的,所以电动自行车闯红灯现象屡见不鲜。

(6)不满16周岁的儿童上道路骑电动自行车。《中华人民共和国道路交通安全法实施条例》明确规定,驾驶电动自行车必须年满16周岁,若年龄不够,则没有控制电动自行车的行为能力,心理变化较大,极易发生事故。

(7)部分骑车人为了遮阳、遮雨,会在电动车上加装遮阳棚、遮雨棚,而电动自行车本身的平衡性、动力系统、制动系统与技术性能相对较弱,因为擅自加装遮阳棚破坏了原有的车身设计,容易造成方向失控,而且,在遮阳棚老化之后或是发生交通事故时,还可能对周边其他路人造成伤害。

近年来,公安机关交通管理部门针对电动自行车的"违法严重、事故多发"这一现象出台了一系列强有力的管理措施,并进行了常态化的整治,同时开展了大力的宣传,收到了良好的效果。但还有部分骑车人存在侥幸心理,依然我行我素,交通隐患依然存在。

三、人力车

人力车是依靠人力来驱动行进的交通工具,其特点是其结构简单,行驶速度慢,人力车作为非机动车的一种交通运输工具,在现代生活中逐渐减少,但在少数农村还有一些。

人力车因为制动装置简单,普遍制动困难,在遇到突发事件时往往不能及时避让汽车,特别是负重上、下坡或者通过坑洼路段时,制动困难尤为突出。人力车一般行进缓慢,避让不及时,在负重、坡道、路面坑洼不平的路段时更是费力难行,即使知道有来车,也不能迅速让路,有时还会为避开坑洼、障碍而占机动车道行驶,对鸣喇叭毫不理会。人力车按驱动方式可分为踏、拉、推三种类型。

(1)脚踏三轮车。其特点是起步、停车、上坡困难。因此为了省力,脚踏三轮货车往往是蛇行上坡,下坡时则利用惯性进行滑行,但因它的重心不稳,往往在下坡时难以控制,极易发生翻车、碰撞事故。

(2)两轮拖车。其特点是起步困难、车速慢、控制难。当通过坑洼路段或上下桥和坡道时,非常吃力。因此,为了省力,驾车人总喜欢选择在平坦路、近路、坚硬路行走。

(3)两轮平板车。其特点是载货笨重,往往由两人或多人前拉后推前行,速度缓慢,无法及时避让。

第四节　交通拥堵对驾驶心理的影响

尽管我国道路通车里程连年增长,但我国机动车保有量不断攀升,大众机动化出行需求也快速增加,交通需求与交通供给之间矛盾仍然突出,有时严重影响人们的出行,交通拥堵现象已比较普遍,给所有驾驶人带来的心理影响是巨大的。

一、拥堵常见心理现象

(1)路怒症。越来越拥堵的道路消耗了驾驶人的耐心,使很多驾驶人患上了"路怒症"。堵车使驾驶人行车遇到阻碍,想走走不了,心里急得不行,这时会陷入烦躁的情绪中。有的驾驶人遇见堵车就不爽,看见行人乱穿马路,就焦躁不安地狂按喇叭;行驶中遇到变更车道或紧急制动的,立即互相斗嘴;被超车,就忍不住较劲"飙车",甚至冲动想去打人。随着驾车族日益壮大,因为开车而诱发心理问题的人越来越多,而这类人被称为"路怒族",刚堵车时,驾驶人表现得还较为理智,会遵守相关的规定;超过20min,就会变得焦躁不安,一些完全被磨灭了耐心的驾驶人便会处于失控的边缘,这时候的一点小摩擦都会被无限扩大,进而出现过激的举动。

(2)情绪波动。"路怒症"在道路驾驶中有行为发生,但情绪波动则没有行为出现,是可控的。驾驶人应该在轻松、愉快、谨慎的心理状态下驾驶汽车,行车安全才能有保障。但是驾驶人会受到许多因素的影响和刺激,产生情绪波动。如,堵车时驾驶人的心情容易烦躁,容易产生焦虑、愤怒的情绪,这时如果有其他车辆、行人出现不遵守交通规则的行为,很可能会诱发驾驶人较大的情绪波动,影响行车安全。

(3)急躁心理。汽车拥挤和堵车会使驾驶人产生急躁情绪。驾驶人在急躁情绪下会沉不住气、心浮气躁,干事举止失措,不顾前因后果,开赌气车等,这种心理往往使驾驶人的手和眼不能敏捷地配合,容易导致驾驶操作失误。

(4)厌恶心理。驾驶人因堵车或者忽停忽走、忽走忽停的低速行驶,只能待在驾驶室里,时间一长,会引起孤独与寂寞、无聊心理,逐渐会产生一种厌烦心理,甚至还会有一种想把汽车丢在路上一走了之的想法。

二、预防或缓解不良心理的方法

(1)学会心理调节或治疗。防止"路怒症"最切实的做法是做好自我调节,让心情"慢下来"。因此,在每次出行时应尽量提早出门,让行车时间更充足,有了时间,在适当情况下还可有意识地放慢车速,让自己尽量从容些。

(2)遇到堵车,待在车里听听音乐或摆弄一些有趣的小玩意可以转移注意力。另外,驾驶人还需要从心理治疗、提高行车素养等方面入手,学会自我心理调节,情绪激动时不要驾车。要经常自我检查,若发现自己连续几周有严重的情绪失控、食欲不振、失眠、焦躁不安等症状,应及时就医。

(3)提高行车素养,养成礼让驾车、"宁停三分、不抢一秒"等文明行车习惯。开车不要在路上争吵,有些驾驶人脾气暴躁,遇到抢行、追尾、碰撞等事故,就会火冒三丈,产生"路怒症"。但这不仅不能有效解决问题,也会让双方的不良情绪加重,这时候应控制情绪,冷静处理,反而更有利于事情的解决。

(4)减压、避免坏情绪的方法。如果在行车中、堵车时觉得心烦意乱,情绪变差时,可以尝试以下做法:①多几次深呼吸;②加大与前车的距离;③开窗让新鲜空气进入车厢;④听收音机或比较轻松的音乐；⑤有条件时，可将车停在路边稍事休息；⑥有心事的时候可以先打个电话给好朋友倾诉一下，心情舒畅后再上路；⑦车上放一张家人幸福的小照片，不开心的时候看一看，有利于改善心情。

第五节 交通警察对驾驶心理的影响

交通警察（简称交警）的职责是依法维护道路交通秩序，确保道路交通畅通与安全。但在行车中遇交警执勤时，驾驶人会产生不同的心理变化。

一、驾驶人面对交警的心理状态

驾驶人在行车中，遇见交警难免出现不同的心理状态。有些心理状态可能无关安全，但有些心理会影响行车安全，必须引起注意。

(1) 猫鼠心理。猫鼠心理是指驾驶人见到交警后，就像老鼠见到猫一样的害怕、紧张心理状态。这种心理产生的主要原因是驾驶人法律法规知识不足，法律意识淡薄，或有过交通违法被交警处理后留下了阴影，总担心被交警再次查扣。有些驾驶人尤其是低驾龄驾驶人，本身技术不熟练，遇见交警就会感到莫名其妙的紧张，这种紧张的结果，一种是可能导致操作不当或出事故；另一种是引起交警注意，要求其停车接受检查。驾驶人这种全身心高度紧张的状态，往往导致驾驶人的心理和生理功能紊乱，出现如心跳加速、手心出汗、举止异常、注意力分散、视野变窄、动作呆板、操作失常等，严重威胁行车安全。

从法律上来说，交警与驾驶人的关系是管理和被管理的关系，二者虽角色不同，但法律地位一样。尤其是随着社会的进步，交警执法更加人性化，驾驶人应当纠正一些不当的心理状态。

(2) 常态心理。常态心理是指大多数驾驶人遇见交警后出现适度紧张的心理状态。基于法律对交警的定位，一般驾驶人遇有交警时，的确是有一定的紧张程度，但这种紧张程度是比较轻微的。这类驾驶人往往有着足够的道路交通安全法律法规知识，对交警的职责和工作任务比较清楚，认为交警现场指挥交通、处理交通违法，目的是为了规范交通秩序。作为驾驶人只要依法驾车，也不会引发交警的特别关注。

这种心态的驾驶人在行车中能严格遵守交通法规，遇交警时，能积极配合交警的现场指挥。尤其是在交通冲突点和事故路段，通过交警在现场指挥，科学、合理地疏导交通，使得混乱的交通秩序迅速得到有效控制，车流、人流变得有序畅通。作为驾驶人更能感同身受交警高度的责任感，驾驶人微弱的紧张心态会逐渐变得放松而更具有亲和力。

(3) 逆反心理。不否认有些驾驶人曾经不满意交警的违法处理，而一直耿耿于怀，也有些驾驶人道听途说交警执法的个别不良现象，带着固有的偏见和观点对待交警，这种不能释怀的心理状态称为逆反心理。即使交警正常执勤、依法执法，他们也会认为交警是故意找碴儿。这种反感、厌恶、对抗情绪轻则引发不快，重则导致与交警发生冲突，更有甚者则情绪错乱，驾驶操作失当，可能会导致事故发生。

案例 11-2

2020年12月25日,浙江衢州交警在杭长高速执法时,发现一辆小型汽车存在超速行驶违法行为。随后,交警依法对驾驶员梅某进行检查。梅某却开始无理取闹,疯狂辱骂交警,甚至威胁说能让交警人头落地。最终,梅某因涉嫌阻碍执行公务,被行政拘留7日。

二、尊重交警、尊重法律

维护道路交通秩序,保障道路交通安全、有序、畅通,需要交警和所有交通参与者的共同努力。以正常心态面对交警,可能会化解驾驶人的许多不良心态。

(1)尊重交警。为了维护交通秩序,提高通行效率,保证交通安全,交警一年四季、风吹日晒,站在道路上执勤,无法躲避汽车尾气,还有嘈杂的汽车声音,理不清的纠纷,值得驾驶人尊重。如果驾驶人这样去考虑交警,相信他会对交警的工作多一分理解和敬佩,面对交警就不会有其他不良心理了。

(2)交警是交通安全的维护者,而不是驾驶人的对立者。《道路交通安全法》第五条规定,"国务院公安部门负责全国道路交通安全管理工作"。交警维护交通秩序,既是职责,也是法律赋予他的权力。作为驾驶人,也应当做维护交通秩序的模范,与交警共同维护交通秩序,才能确保每一个交通参与者的安全,才能人享其行、物畅其流。否则,道路阻塞、交通拥堵,谁都难以通行,大大降低出行体验和交通效率。高速公路堵车就是一个典型的例子,高速公路一旦阻塞,甚至阻塞较长时间,可能会引发驾驶人的生活问题和心理问题,此时就能显示出交警的作用和价值。驾驶人如果能理解交警、尊重交警,一切问题将迎刃而解。

(3)矫正不当心理。①克服害怕紧张心理,坚持做到不违法。根据调查,许多驾驶人在行驶中怕见交警,即使驾驶经验丰富的驾驶人也不乏这种心理。造成这种心理的原因有多个方面,从驾驶人角度分析,最根本的原因就是交通法规知识的欠缺和交通法规意识的淡薄,如果熟悉交通法规知识,这种现象将会减弱。有些驾驶人每到交叉路口就害怕,担心交通违法被交警查处。正确的应对方法是在驶近路口或遇有交警时,应做好心理准备,树立信心,严格遵守交通法规,减速慢行;行车中遇红灯亮时,规范依次停车等候;绿灯亮时,要及时快速通过,不拖拖拉拉、慢慢悠悠;如果驶近路口为黄灯时,要制动减速停车,不能有抢黄灯的想法;在遇有交警指挥与交通信号灯、交通标志所指示的内容不一致时,应以交警指挥为准。②虚心听从交警指挥,配合交警执法。由于某些原因所造成的信任缺乏,一些驾驶人及其他交通参与者在交通违法争执中,不能接受交警的批评,有的强词夺理、固执己见,甚至出现动手的现象,极大地影响了警民关系,妨碍了正常的交通秩序,加大了处理交通违法的难度,同时也影响了自己的工作和经济活动。所以,遇到这种场面,驾驶人应保持头脑冷静,虚心聆听交警的批评和解释。对照已学过的交通法规知识,看看是违反了哪一条的,对事实清楚、证据确凿的,应接受处罚。③坚持树立安全意识和守法意识。驾驶人面对交警,要有平常心态,要想不让交警找自己,就要做到自觉遵守法规。

第十二章

驾驶心理差异

同为汽车驾驶人,但在不同客观条件下,他们之间存在着巨大的主观驾驶心理差异。例如,老年驾驶人反应比较迟钝、中年驾驶人技术娴熟、青年驾驶人经验不足;男性驾驶人粗心、冒险,女性驾驶人沉着、细心;大型车辆驾驶人有交通"强者"心理,小型车辆驾驶人行驶速度高等。

第一节 不同性别驾驶人的心理差异

由于男性和女性在性格、感知、气质、动作、智力、思维和感情等方面的差异,导致不同性别驾驶人在驾驶心理上也存在差异。

一、驾驶心理及行为差异

不同性别的驾驶人在汽车驾驶行为上存在着很大差异。男性驾驶人多有勇敢冒险、粗心大意、情绪易变等行为;女性驾驶人则大都更加胆小心细、情绪稳定。根据研究和观察,不同性别驾驶人在驾驶心理及行为上具有差异,具体见表12-1。

不同性别驾驶人驾驶心理及行为差异　　　　　　表12-1

序 号	驾驶心理及行为	性 别	
		男性	女性
1	守法意识	弱	强
2	行驶速度	快	慢
3	违法次数	多	少
4	攻击性	强	弱
5	操作失误率	大	小
6	细致程度	低	高
7	胆量	大	小

续上表

序　号	驾驶心理及行为	性　别	
		男性	女性
8	情绪变化	大	小
9	应激反应	快	慢
10	跟车距离	近	远
11	路怒症	轻微	严重

二、驾驶习惯差异

习惯是指积久养成的生活方式,驾驶习惯是指积久养成的驾驶方式。有些人生活中的习惯可能就是个性张扬,但在驾驶中,这些习惯可能会直接影响驾驶人的安全驾驶意识,在一定的环境条件下可能还会引发事故。性别差异引发的驾驶习惯差异,主要来自先天。原则上难以修正,但后天并非没有修正的可能。因此,既保全驾驶权利,又通过适当修正建立基于性别差异的安全驾驶习惯,无论对个人的安全驾驶还是对公众的交通安全都具有重要的意义。

表 12-2 所示为不同性别驾驶人的驾驶习惯差异,但并非所有的男性、女性驾驶人都具有类似的驾驶习惯,例如,有一些比较豪爽、大大咧咧、脾气暴躁的女性驾驶人的驾驶习惯则接近男性驾驶人的驾驶习惯。

不同性别驾驶人的驾驶习惯差异　　　　　　表 12-2

序　号	驾驶习惯	男性驾驶人	女性驾驶人
1	一日三检	忽视	认真
2	动作规范程度	弱	强
3	小问题出错率	大	小
4	擦车频率	低	高
5	车容车貌	较脏、较乱	干净整洁
6	驾驶中饮食	很少	经常

三、驾驶思维差异

思维最初是人脑借助语言对事物的概括和间接的反应过程。思维以感知为基础又超越感知的界限。通常意义上的思维,涉及所有的认知或智力活动。它探索与发现事物的内部本质联系和规律性,是认识过程的高级阶段。男性和女性思维的差别,来自男性、女性大脑结构的差别。男性的左右半脑胼胝体连接少于女性,女性掌管理性逻辑思维的左脑和掌管形象思维的右脑连接较多,这导致女性的思维方式常常是理性与感性并行,且有什么想法也很容易表达出来,善于人际沟通。不同性别驾驶人的思维差异,对安全驾驶的影响也是巨大的。

男性驾驶人往往视野较为宽阔,善于识别汽车类型和号牌等交通状况,遇到障碍物会选择绕行方法通过,如图 12-1 所示。由于男性驾驶人具有操控能力高、动作灵活、反应速度快等特点,造就了其驾驶速度高于女性、冒险程度大于女性的安全风险。同时,男性驾驶人的粗心大意、争强好胜、急躁情绪等特点是引发交通违法的主要原因。例如,在复杂路段,男性驾驶人容易出现违法驾驶行为,遇到其他违法者会指责对方甚至升级为报复性驾驶心理,最终造成"路怒症"的发生。

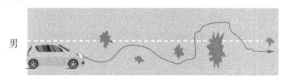

图 12-1　男性驾驶人绕行通过障碍物

有些女性驾驶人的视野相对来说具有局限性,不能全面地观察交通的整体情况,遇到障碍物会直接通过或停车观察,如图 12-2 所示。由于女性驾驶人具有细致耐心、精神状态佳、情绪稳定等优点,造就了其驾驶速度稳定、事故风险低等特征。相对地,部分女性驾驶人协调性较差、空间感知弱、控制能力低等缺点会引发轻微事故多发的情况。在复杂路段,女性驾驶人比较遵守交通法规,对其他违法者也主要以避让为主,不会有报复性驾驶行为出现。总之,女性驾驶人在驾驶方面具有的情绪稳定、胆小心细等特点,是应对交通情况的主要优势。例如,女性驾驶人在复杂路段驾驶比较小心,很少出现违法或不良驾驶行为,遇到其他违法者会选择忍让,遇到对方的指责时则会以不予理会的方式对待,所以,女性驾驶人在应对交通情况时的心理要优于男性心理。

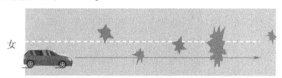

图 12-2　女性驾驶人直行通过障碍物

第二节　不同年龄驾驶人的心理差异

大量研究结果表明,年龄对驾驶人驾驶心理有很大影响。"初生牛犊不怕虎""年龄越大,车速越慢"等都体现的是年龄对驾驶心理的影响。

一、青年驾驶人的驾驶心理

这一年龄段的驾驶人,年轻气盛,他们往往认为自己头脑灵活,反应灵敏,各种技能水平较高。因而驾驶中往往不加注意,易于冒险。特别是新的年轻驾驶人更是容易忘乎所以、不以为然、追求刺激、冷静不足,这样容易形成蛮干心理。

驾驶人在青年时期,影响驾驶安全的主要因素是婚姻和家庭。根据统计,50% 以上的死亡事故都是 28 岁左右的青年驾驶人造成的。青年驾驶人在结婚前,是情绪最不安定的阶段,主要表现有优越心理、好奇心理、争强好胜心理、玩世不恭心理和侥幸心理。这个阶段要对其多开展教育活动,要注意教育青年人不要靠有惊无险的侥幸心理过日子,不能干的事、没有把握的事一定不能干,不打无把握之仗,蛮干、强干,必然会付出沉重的代价。

二、中年驾驶人的驾驶心理

中年驾驶人主要的心理表现有经验丰富、应变能力强、思想成熟、情绪稳定等特点,但是在驾驶细节和交通风险防范方面存在骄傲心理、负重心理、疏忽大意的不良驾驶心理。

驾驶人在中年时期是经验最丰富、思想最成熟、情绪最稳定、自制力比较强的一个年龄段,也是驾驶人的"黄金"年龄段,一般在35～45岁。人到中年后,一般驾龄都较长,经过十几年的磨炼,他们有着较丰富的经验,较强的驾驶应变能力,对完成驾驶任务有着正确的理念。有的驾驶人在中年时期,也会产生一些不良驾驶心理。例如,有人认为自己的驾驶技术高,已成为"老师傅"了,产生了骄傲情绪,或违法超车,或超速行驶,或酒后驾车等,存在即使违法也不会发生交通事故的骄傲心理。有人由于家庭矛盾或工作压力较大,导致心情不佳、诱发消极或烦躁,给行车安全带来了负重心理。有人自感经验丰富,过高地估计自己的驾驶能力,往往不按规范操作,常有单手握转向盘、吸烟、聊天、听音乐、精力不集中、疏忽大意等不良的心理现象。

三、老年驾驶人的驾驶心理

老年驾驶人与老驾龄的驾驶人(俗称老司机)不一样。老年驾驶人分老年老驾驶人和老年新驾驶人两种。

(1)老年老驾驶人心理特征。老年老驾驶人随着年龄的增长,其心理与生理的某些机能会出现明显的下降,如视觉和听力下降,感知的敏锐度降低,反应的速度减慢,行动迟缓等。导致其不能正确操作汽车和处理突然出现的风险。驾驶人随着年龄的增长,驾龄的增加,驾驶经验更趋于丰富,但是50岁以后,身体各部分机能都处于衰退状态,对紧急情况的处理,因判断时间延长,反应迟钝,心有余而力不足,其发生交通事故的可能性增多。经研究证实,40岁以上的驾驶人在驾车中就会感觉到观察吃力,眼睛易于疲劳,无论是明适应还是暗适应,都需要较长时间视力才能得到恢复。因此,老年驾驶人要根据自身的身体状况来选择是否驾驶。为防止交通事故的发生,老年驾驶人要充分认识到自己的身体、生理机能衰退是不变的事实,要理解和认识到机能衰退对行驶安全的影响。

(2)老年新驾驶人心理特征。随着经济的发展和人民生活水平的提高,人的平均寿命不断增长,驾驶中的老年性相关心理特征相应延迟。原来老年人70周岁后不能再申领驾驶证,但目前这一局面已改变。只要身体条件符合要求,考取小型汽车、小型自动挡汽车驾驶证,不再有年龄上的限制,70周岁以上的老年人也可以申领驾驶证了。过去,超过70周岁不再有学车、开车的机会,但今天出现了许多70周岁以上的老年人学车、开车的现象。在这种情形下,新取得驾驶证的老年驾驶人,因老年人的个性驾驶心理特征和新驾驶人的驾驶心理特征交叉作用,形成了老年新驾驶人较高的行车安全风险。

第三节 不同学历驾驶人的心理差异

大量的研究结果表明,学历对交通安全有一定的影响。一般,学历高的驾驶人接受知识快,理解能力强,且能做到触类旁通;学历低的驾驶人驾驶汽车时,因其理解能力和应变能力受限,在复杂的交通情况下,容易失去最佳的判断处理,引发交通事故的可能性会增大。但这也不是绝对的,有时较高的学历可能还会影响驾驶安全。

一、低学历驾驶人的驾驶心理

驾驶对学历没有要求,但学历对安全驾驶有一定影响。低学历驾驶人,既存在一些不良的驾驶心理,也有一些有优势的驾驶心理。

(1)不良驾驶心理。低学历驾驶人的学历相对较低,在驾驶过程中的行车态度容易出现较大偏差,极有可能会出现一些过激行为,如霸道心理、蛮干心理、侥幸心理等。导致这些不良心理的主要原因是学历较低,缺乏更高的道德修养,无法理智地调节自己的情绪,不能正确理解道路交通中的有关知识,语言表达能力差等,有时可能会用粗俗的语言表达心中的不满。这类驾驶人应积极参加驾驶培训,努力强化安全意识,激发心中的道德感,驾驶汽车时能够更好地约束自己,要自觉培养良好的文化素养,树立正确的"三观"(世界观、人生观、价值观)。"三观"是人们文化素养的核心和标志,一经形成,对人的综合素质和终身发展将产生深远而持久的影响。

(2)优势驾驶心理。学历低并不意味着只具有劣势,也有优势的地方,如操作能力强等。有些人虽学历不高,但善于学习,最终使自己成为有文化内涵的人,甚至有些学历不高的人驾驶道德品质比学历高的人还要好。

二、高学历驾驶人的驾驶心理

很多高学历驾驶人具有适应性强、情绪稳定而乐观的优势。但学历太高的驾驶人可能会有令人意想不到的心理状态。

(1)鱼和熊掌兼得的驾驶心理。俗话说:"金无足赤,人无完人",一个人很难样样优秀。高学历的人一般属于知识型人才,在知识运用方面具有较高的优势和自信。然而,技能突出的人也是人才,称为技能型人才。汽车驾驶是一项典型的操作技能。自然而然,擅长技能的人,会触类旁通、举一反三,能够很容易掌握驾驶技能。但有些高学历的知识型人员,面对驾驶技能却遭遇不少尴尬和无奈,由于他们长时间内对知识娴熟运用获得了较强的自信,也会习惯性地将这种自信移植到驾驶技能中去,使得他们在学车或开车中,会遇到挫折或学车进度不理想的情况。

(2)分心驾驶心理。高学历的人富有创造力,但这种创造力的利弊是分场合的。如果创造力用在发明、工业、管理等工作中可能会起着积极作用。但这种创造力用在汽车驾驶中,就可能变为消极作用。例如,高学历具有创造性的驾驶人往往在驾驶中突然冒出一些工作中的创意或灵感,这些创意或灵感的珍贵程度足以盖过道路上的交通情况处理,致使这些分化出来的精力影响了正常安全驾驶。在驾驶中,这些分化驾驶人精力、不能专注驾驶的心理特征就是分心驾驶心理。如图 12-3 所示为学历与驾驶人违规后心理、生理反应的关系。

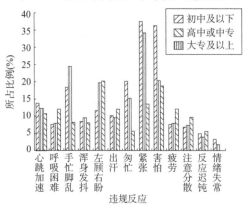

图 12-3　学历与驾驶人违规后的心理、生理反应关系

第四节　不同驾龄驾驶人的心理差异

驾龄是指驾驶人拥有驾驶证的时间,它是驾驶人积累驾驶经验和掌握驾驶技能的重要指标。虽然实际生活中存在实际驾驶经验与驾龄不相符的情况,但从总体上来看,大部分驾龄长的驾驶人具有丰富的驾驶经验,且在不同驾龄阶段,驾驶人所具备的驾驶心理各有不同。

一、低驾龄驾驶人的驾驶心理

低驾龄驾驶人的主要表现是驾驶汽车的注意能力较差,认知能力差,不能全面识别交通情况。由于对汽车控制和交通风险处置缺乏熟练性,低驾龄驾驶人有时仍存在紧张心理,对交通信息处理不能做出及时处理,对汽车的操作顺序和方法不够熟练,没有良好的操作习惯。

(1)初生牛犊不怕虎心理。这类驾龄比较低的驾驶人,虽然驾驶水平不高,但驾驶胆量还是让人惊讶。一般发生在刚刚学车完毕。驾校压抑的学车兴趣正在迸发,见到汽车如饿狼扑食,兴趣盎然。当然他们知道自己的技能还不高。加上在驾驶实习期,如果违法程度高可能会被吊销驾驶证。因此,他们虽然具有初生牛犊不怕虎的心理,但基本能控制在有限范围内。

(2)畏首畏尾心理。畏首畏尾,即做事胆子小,顾虑多。驾龄不长的驾驶人,尤其是刚刚从驾校结业拿到驾驶证不久的人。在驾校里他们都是在教练员指导下驾驶的,不敢独立驾驶,也不敢前去尝试。但是如果真要去尝试,也许没有那么害怕。这种心理的人,应当回忆一下在驾校里学车时自己的敢作敢为,谨记教练员的教诲,提高自信,勇敢驾驶。

(3)稳扎稳打心理。这是一般低驾龄驾驶人的普遍心理。他们知道自己在驾校学习的技能离实际上道路驾驶还有差距。在考取驾驶证之后，他们可以在有经验的驾驶人的陪伴下，适当进行实际道路适应性驾驶，待完全能独立驾驶时，再独立上道路驾驶。

二、高驾龄驾驶人的驾驶心理

（1）久经考验的稳健驾驶风格。高驾龄驾驶人由于多年的驾驶经验，已经形成了自己的驾驶特性和习惯，对交通风险的识别、娴熟的操作流程、处理紧急情况的能力基本处于平稳状态。主要表现在交叉路口前能有效控制速度，对行驶过程中危险源的判别更加警觉，采取措施也更加主动。因此，高驾龄驾驶人具有稳定的驾驶心理。

（2）条件反射作用下的自动驾驶心理。驾驶时间越长，条件反射能力越强。条件反射是指原来不能引起某一反应的刺激，通过一个学习过程，就能把这个刺激与另一个能引起反应的刺激同时给予，使他们彼此建立起联系，从而在条件刺激和条件反应之间建立起的联系叫作条件反射。根据引起条件反射的信号的类型，条件反射又可分为第一信号系统的反射和第二信号系统的反射。由各种视觉的、听觉的、触觉的、嗅觉的、味觉的具体信号引起的条件反射，叫作第一信号系统的反射，这是人和动物共有的。驾驶人的感觉系统与第一信号系统的反射对应，即驾驶时间很长之后，驾驶人一旦受到第一信号系统的刺激，便直接使肢体进行自动控制，而无须进行大脑的判断和决策。例如，驾龄很长的老年职业驾驶员仍能继续长久驾驶，别人感觉不可思议，这就与条件反射有关。如果驾龄较短，条件反射未能形成，长久驾驶就会影响安全。

（3）自恃高超心理。疏忽大意是高驾龄驾驶人的主要特性，因为他们自认为驾驶技术高超，容易忽略一些安全细节。有些即将退出驾驶队伍的老驾驶人，安全一生，可谓善始善终，但在最后时刻，却因疏忽大意引发事故，最终留下遗憾。因此，可以说驾驶工作，没有退休、没有放松的时候，要始终如一，坚持"安全第一"是驾驶人的底线，直到永远不再驾驶，才能圆满画上句号。

第五节　不同车型驾驶人的心理差异

在正常的交通流中，行驶着不同类型的汽车。这些汽车由于它们的用途、结构、外形、强度等存在较大的差异，这会导致驾驶人拥有不同的驾驶心理状态。

一、货车驾驶人的驾驶心理

大型货车是道路交通系统中体型较大的车型。货车按用途分为通用货车和专用货车；按载质量分为重型货车、中型货车和轻型货车；按道路的适应性分为普通货车和越野汽车。它们是道路交通的"强者"，它们的驾驶人直接影响着道路交通安全与交通文明程度。由于大货车的驾驶盲区较大，尤其是转弯或倒车过程中，驾驶人稍有疏忽就会出现意外。大货车驾驶人在驾驶中需要消耗大量的体力和精力来实现长途运输，因此，受经济利益驱动的影响，疏忽大意、疲劳驾驶是大货车引发交通事故的主要因素。

(1) 争道抢行。大货车驾驶人驾驶货车时认为自己的汽车是"庞然大物",动力大,结构强度高,不怕小刮擦,而且驾驶室又似乎是钢铁制成的"保险箱",觉得自己高大强壮,是"强者",没有人敢与之抗衡,因而在行车中他们时常争道抢行、超速行驶、不礼让、恃强凌弱等,有时还对其他汽车或行人不够重视,尤其是将小型汽车更不放在眼里。此外,大货车驾驶人大多都有疏忽大意的情况,超速行驶、疲劳驾驶、不注意驾驶盲区等都是大货车导致交通事故的主要原因。例如,大货车与其他汽车交会时,有的会不减速,毫不顾忌地行驶过去,而其他汽车往往采取减速避让的办法。因此货车争道抢行的行为与驾驶人"强者"心理有着直接关系。

(2) 多拉快跑。国家对汽车装载都有严格的规定。每一种汽车在出厂前都有核定的额定载质量。这种额定载质量是根据发动机功率、最大轴载质量、轮胎承载能力以及车厢其中最弱部分核定的。如果超载会使发动机、车架、轮胎等负荷增大,加剧磨损,引起变形,甚至折断、爆裂;同时会使汽车转向沉重,转弯时离心力增大,造成操作困难;还会使制动效能降低,制动距离过长,严重危及行车安全。然而许多货车驾驶人,在利益的驱使下不顾安全,经常多拉快跑、超载、超速行驶;一些驾驶人为了摆脱管理部门的控制和检查,利用晚上的时间进行运输,这些行为不仅会损坏汽车、降低车辆性能和使用寿命,而且容易产生疲劳,从而引发事故。

(3) 霸道心理。有的货车驾驶人因自己车体大,而心怀霸气,驾驶时威风凛凛、气势凌人、霸道行驶,有时不把交通规则、安全规定放在眼里,对安全标志视而不见,这样极易造成事故。因此货车驾驶人的霸道心理是严重危害交通安全的驾驶心理。

(4) 英雄心理。一些货车驾驶人一开上车就飞快行驶,迫不及待地完成运送任务,加之车体大,在道路上具有"强者"特性,心里就表现出唯我独尊、忘乎所以的"英雄心理",很容易诱发交通事故。

二、大客车驾驶人的驾驶心理

大客车是在道路上行驶的车辆中体量较大但又最为谨慎行驶的车型。大型客车驾驶人特殊的工作要求、工作条件构成了他们不同的心理状态。

(1) 谨小慎微心理。大客车如果发生交通事故,后果往往比较严重,甚至是触目惊心。多少次的大客车事故,给多个家庭带来难以弥合的创伤和毁灭性的打击。近年来,交通运输管理部门加大了对道路旅客运输工作的管理力度。大多数大客车驾驶人也确实认识到,旅客运输是一种危险程度较高的工作。因此在行车中,大客车驾驶人大都能谨小慎微,能够做到安全第一、不争不抢、礼让三先。特别是在与其他汽车交会时,能主动避让其他汽车以保护车上乘客的安全,防止交通事故的发生。例如,浙江杭州长途客车驾驶人吴斌、宁夏客车驾驶人撒东红、湖南张家界客车驾驶人唐军等,他们都是客运驾驶岗位上的英雄,正是他们具有良好的驾驶心理和职业素质,才挽救了车上乘客的生命。

(2) 宁慢不停心理。在长期的驾驶工作中,大客车驾驶人大多养成了严肃认真、仔细做事的态度。在经常性的稳定的车速运行中,有的人则养成了一定的惰性和惯性,使他们不乐意驻足停留。特别是定线、定站的客车驾驶人,长期的运输使他们认为所运营线路非常熟悉，并与之产生一定的感情。在行驶线路区域内与其他汽车交会时，他们往往产生一种心理上的优势或霸道心理，这种情况在本地区域内驾驶的驾驶人尤为突出。那些不属于固定线路的过境客运汽车，驾驶人则显得谨慎小心、能做到礼让行车。

（3）利益驱动心理。有些大客车驾驶人受经济利益驱动，特别是一些个体驾驶人为了在短期内多赚钱，使劲加班，没日没夜地多拉快跑，经常有强超强会、超载、超速行驶、疲劳驾驶的驾驶行为。在遇到乘客较多时，许多驾驶人想得更多的是经济利益，往往把交通安全法规置于脑后，疲劳驾驶、超速行驶等行为是大客车引发交通安全事故的主要因素。

（4）超速心理。当客车驾驶人驾车由城市出发，经过郊区直通边远山区时，其心理状态也是由紧张转向松弛，进而转为麻痹。由于客车驾驶人一般是执行长途运输任务，去时有迫不及待地完成任务的使命感，返回时有"早回家，早休息"归心似箭的思想，因而个别客车驾驶人在长途行车中会出现超速行驶。超速行驶的驾驶人常常表现有焦躁的急切心理，俗话说"欲速则不达"，因此超速行驶不但会带来安全隐患，还会导致驾驶人心理失常。

三、小型汽车驾驶人的驾驶心理

小型汽车在现代生活中已经成为家庭生活的必备工具。由于各种原因，小型汽车驾驶人的行车心理较为复杂。主要的不良心理有恐惧心理、侥幸心理、麻痹心理、自负心理、急躁心理、路怒心理等。

（1）恐惧心理。恐惧心理是驾驶人面对实际的或想象中的危险时所产生的担心害怕心理。这种心理往往使驾驶人的手和眼不能敏捷地配合，难以做到眼明手快，驾驶操作容易失误，也易发生交通事故。导致驾驶人在行车过程中产生恐惧心理的情况主要有：在车况和路况不熟悉，特别是对不常走的险要山路、事故多发地段不了解时，出车时心里不踏实，容易产生恐惧心理；在生活上和家庭中有这样或那样的担心与忧愁，一般驾驶人在行车中往往会由挂念和分心转化为担心或恐惧心理；过分地强调安全行车，抓安全的形势与程度超越了驾驶人的接受能力时，会使驾驶人感到厌恶、反感甚至紧张和害怕，往往会诱发恐惧心理。

（2）侥幸心理。侥幸心理是产生违法驾驶行为的主要原因之一。有些驾驶人在驾车过程中明知自己的行为是违反交通规则的，但仍要坚持错误的选择，这种情况一般出现在有经验的驾驶人之中，自认为运气好，不会被交警发现或不会出事故。每次侥幸的成功，为下一次的侥幸增加了几分信心，这样就形成了恶性叠加，从而一次次的侥幸"成功"造成这种心理长期存在。

（3）麻痹心理。很多交通事故都是思想麻痹造成的。据调查，很多交通事故都是因为酒后驾驶、疲劳驾驶及不能正确对待安全驾驶所致。一些驾驶人一旦喝醉了酒就无所顾忌、天不怕地不怕了，什么交通规则、安全规定早被抛之脑后了，这种情况下驾驶汽车极易引发恶性交通事故。

（4）自负心理。有些驾驶人交通安全意识淡薄、驾驶水平不高、不能够规范操作，但他们往往认为自己驾驶水平较高，无论是通行方法还是操作方法都全凭自己的主观意志驾驶，这给交通带来了很大的安全风险，同时也会给汽车造成极大损伤。

（5）急躁心理。急躁心理主要是由驾驶人日常工作比较繁忙，轻重缓急把握不当造成的。此心理主要体现在一些心理素质较差的驾驶人之中。这类驾驶人开车急躁起来容易慌张、不知所措、脑子里一片空白,这直接影响行车安全。

(6)"路怒"心理。"路怒"顾名思义就是带着愤怒去开车,易"路怒"者都有情绪不稳、强迫倾向、恐惧心理、冒险心理、行为迟钝的表现。"路怒症"已成为困扰很多驾驶人的一个重要心理问题,这种驾驶人大多都以自我为中心,不愿意看到其他汽车超越自己,受不了他人给自己带来任何通行上的影响。通常,他们对行驶线路或时间有严格的要求,喜欢在驾驶过程中与其他汽车进行竞争,缺乏礼让行车的行为,不能正确对待其他汽车的错误行为,报复心理较为严重。因此,这类驾驶人应提前做好心理暗示,堵车时要坦然面对,不妨多做几次深呼吸来缓解闷气;要控制好自己的情绪,保持不发火;要学会换位思考,多为对方找找"借口",这些都是非常有效的"路怒症"情绪控制方法。

2007年10月,在莫斯科,一名驾驶人因为嫌过人行横道的行人走得太慢,并且对他的催促不加理睬,便异常愤怒地掏出手枪,一下就放倒了3名行人。从此,"路怒症"开始受到关注。

四、出租汽车驾驶人的驾驶心理

出租汽车行业作为一个城市的名片,彰显着城市的文明与繁荣。一般出租汽车驾驶人在驾驶技术方面比较出色,但有些人在遵守交通法规方面却善于钻法规的漏洞。一些出租汽车驾驶人,为了获得更多的经济利益,往往赶时间,出现一些随意停车、突然转向、常常超车等不良的随意驾驶心理、有空就钻心理。

有的驾驶人在空车运营时,视觉总在移动的人群中寻觅待租车的人们;而一旦有了客人,则可能会立即在客人处停车,当客人上车后,则速度加快,见缝就钻、跟车过近、易闯黄灯。甚至横冲直撞,很容易诱发事故。

第六节 不同地缘驾驶人的心理差异

地缘关系是指以地理位置为联结纽带,在一定的地理范围内共同生活、活动而交往产生的人际关系。如同乡关系、邻里关系、故土观念、乡亲观念就是这种关系的反映。在本埠与外埠、城市与山区、高速公路与普通公路上,驾驶人也有一定的心理差异。

一、本埠与外埠驾驶人的驾驶心理差异

随着国际全球化的发展,以及国内城乡一体化的快速发展,本埠与外埠的差异在逐渐缩小,但自然区域所产生的驾驶心理差异也是客观存在的。

(1)本埠驾驶人的驾驶心理。本埠驾驶人之所以对自己所在的地区行驶能应付自如,是因为他们掌握了本地一些道路的通行规律,比如,道路拥堵情况、电子警察安装位置、单行道的设置、部分道路的通行时间要求等,驾驶人表现出了稳定的驾驶心理。但同时也会发现,如果交通执法不够严格,本埠驾驶人还可能会衍生出一种不良的关系心理,如出现违法就找

关系、走后门解决违法扣分等问题。另外,还可能存在人文因素导致的好客驾驶心理或排外驾驶心理等。

(2)外埠驾驶人的驾驶心理。外埠驾驶人进入本埠区域驾驶时,因对道路不熟悉,驾驶时相对比较小心或过于谨慎;其次外埠汽车进入本埠区域后,有的本埠驾驶人可能会产生排外驾驶心理,有时会对外埠汽车产生一些不友好行为,甚至会进行一些攻击性的驾驶行为。

二、城市与偏远山区驾驶人的驾驶心理差异

尽管我国城镇化水平不断提高,但城乡之间的差异还是客观存在的,这会引起城乡驾驶人不同的驾驶心理差异。

(1)城市驾驶人的乡村驾驶心理。

城市驾驶人在城市中待久了,进入乡村,尤其是进入到一些山区丘陵地区,由于生疏,也会产生一些不同于城市的驾驶心理状态。

①复杂道路条件引发的紧张心理。我国是一个多山地的国家,很多道路依山傍水或分布在蜿蜒曲折的崇山峻岭之中,偏远山区道路属于复杂驾驶环境。道路路况艰险,驾驶条件险峻,不排除一些等外公路的行走,这给城市驾驶人在行经偏远山区路段时提出了新的挑战。习惯于城市道路的驾驶人,驾车到复杂的偏远山区道路,难免会有些心理紧张、胆战心惊的感觉。这就需要重新评估驾驶能力与交通风险之间的关系,制定较高的驾驶策略及应对方案。

②管理漏洞引发的放纵心理。在偏远山区、远离闹市的乡村,由于交通安全管理力量不足,驾驶人难免出现交通法律意识淡薄、安全意识不足的驾驶心理。这种心理一旦产生,往往会引发交通事故。这需要此类城市驾驶人秉持"慎独自律"的驾驶风格,确保安全驾驶。

(2)偏远山区驾驶人的城市驾驶心理。

偏远山区驾驶人在农村中待久了,驾驶车辆进入城市,总是有一种恐惧感。这种恐惧感称为偏远山区驾驶人的城市驾驶心理。

图 12-4 城市道路

①城市严格交通控制下的恐慌、紧张心理。城市道路(图 12-4)在道路设计、交通管理上有很多措施,如公交车专用车道、左转弯待转区、右转专用车道、直行等待区等,对道路进行了划分。驾驶人一旦违法,就会有相应的处罚。这些比乡村、山区较高的要求,会引起乡村、山区驾驶人在城市道路驾驶中的紧张、担忧心理。

②堵车心理。城镇化,使得大量的农村人民进城工作,加上国家在政策上的城镇化扶持,城市越来越大,交通越来越复杂,堵车越来越严峻。数据显示,在 2021 年度全国百城拥堵榜单排名前 10 的城市中,排名第一的北京通勤高峰拥堵指数达到 2.048,车辆高峰期实际平均行驶速度仅为 25.84km/h。在城市中驾驶时,驾驶人最大的心理障碍就是堵车。城市市民可能习以为常,但对于农村驾驶人来说,遇上堵车可能会极度不爽。如何化解这些心理障碍,对安全驾驶显得尤为重要。

三、高速公路与普通道路驾驶人的驾驶心理差异

在高速公路上驾驶,与普通道路相比,驾驶人还会出现特有的心理现象。由于高速公路具有机动车专用、分隔行驶、完全封闭与立体交叉、控制出入、线形标准高、设备完善等多个特点,驾驶人在高速公路上驾驶很容易出现一些有别于在普通道路驾驶的高速公路驾驶心理现象。

(1) 高速催眠。心理学认为,人的大脑活动需要适宜的外部刺激,方可达到较高的活动水平。当汽车进入高速公路时,驾驶人思想进入紧张状态,以适应不断的高速车流,但高速行驶一段时间后,由于高速公路优越的设施条件,使得驾驶人不必担心会车和交叉路口,无须做出很多操作动作,驾驶人所感受到的刺激量大大减少。再加上高速公路远离闹市区,景观单调,驾驶人长时间处于刺激过小的状态,会引起大脑活动的抑制和倦怠。表现为注意力开始涣散,判断及反应变得迟钝,最后导致瞌睡。这就是驾驶人在高速公路行驶时最常见的高速催眠现象。相反,在普通公路上机非混行较多,刺激量较大,驾驶人不易出现这种现象。一般在高速公路上连续驾驶2~3h之后,就可能出现高速催眠现象。而且,往往每隔数分钟或数十分钟发作一次。为防止驾驶人这种现象的发生,高速公路往往设置曲线行驶路段,以增加视觉刺激,激活大脑活动水平。同时,驾驶人为避免这种现象的发生,可以嚼下口香糖,听一下音乐,变换一下注视点等。如果确实感到疲劳或即将入眠时,应及时进入服务区休息,待解除疲劳后再行上路。

(2) 视野紊乱。汽车进入高速公路后,速度一般都在100km/h左右,这样高的速度对驾驶人的视觉将产生很大的影响。一般来讲,驾驶人感知的信息80%来自视觉。视觉的好坏直接影响行车安全。汽车高速行驶时,驾驶人视野变窄,如汽车车速从0至100km/h时,人的视野由190°变至40°。长时间的高速驾驶,使得驾驶人的视野成为一个稳定的狭小的区域,以此来维持刺激量较小的大脑活动状态并形成心理定式。若一旦有视野以外的突显信息出现,驾驶人将会无意识地条件反射地转移注视点,并同时转动转向盘,这种现象称为视野紊乱现象。由于无意识转移注视点所带来的动作量无法控制,因此它的危害性也相当大,应当引起驾驶人的高度重视。

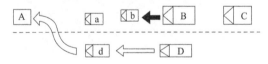

图12-5 意识占有连锁反应示意图

(3) 意识占有。如图12-5所示,图中大型车B的驾驶人视线高,视线会跳过小型车a、b只注意前方的大型车A,A车就在B车驾驶人的意识中占了绝对位置,这就是意识占有。当A车因前面出口空旷突然加速时,B车驾驶人也很容易无意识发生连锁反应,加速前进,结果与并没有加速的b车相撞;在左侧车道行驶的D车和d车相对速度为0,当d车发现A车加速后出现空当,d车想变更至a车前,B受意识占有的刺激产生无意识连锁反应想变更至D车前,也突然加速,结果与b相撞则。这种情况一般在平坦的直线路段上发生。

第十三章

特殊驾驶心理与调节

随着人们物质生活水平的提高,人们更加注重生活的多样化、品质化和个性化。反映到汽车社会,同样会有有悖于安全驾驶的特殊心理现象发生。这些现象不仅会危及行车安全,也会造成很大的不良社会影响。

第一节 常见违法驾驶心理与调节

我们提倡所有驾驶人要遵法守法,但实际驾驶中总会存在一些违法行为。如闯红灯、超速、超限超载、酒驾、疲劳驾驶、交通肇事逃逸等违法行为,剖析违法驾驶心理特征,适当进行自我调节,从而杜绝违法行为,对提升道路交通安全水平具有现实意义。

一、闯红灯心理

在我国,因道路交通事故而死亡的人中,机动车驾驶人与交通弱者(包含行人、乘员、骑车人)的比例是1∶3。平均每天都有人因闯红灯而死亡。

1. 常见闯红灯心理

(1)侥幸心理。在绿灯变为黄灯、汽车尚未越过停止线的那一刹那,是驾驶人心理的决策时刻。如果驾驶人主动停车,汽车能够停在停止线之前,称为主动守法。如果驾驶人不停车继续行驶,有依法行驶的可能性,既抢黄灯后,虽然红灯亮了,但不会算作闯红灯,这就是闯红灯的侥幸心理。如果出现绿灯放行时段尾部滞后行驶,再遇其他方向放行汽车的提前违法抢行,如图13-1所示,就增加了交叉路口的撞车概率。此外,在夜间或行人很少、没有电子摄像头的路口,一些驾驶人闯红灯后未被记分或未出现事故,也会存在侥幸心理。事实上大多数交叉路口的交通事故致因就是驾驶人存在侥幸心理。

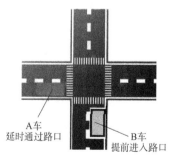

图13-1 A车的延时行进与B车的提前抢行

(2)去个性化心理。行为主义心理学家斯金纳研究表明:奖赏使行为频率增加,惩罚使行为频率减少。而现实表明:同样是交通违法行为,汽车只要闯红灯都会被罚款扣分,驾驶人因为被处罚了以后会停止违法,行人却极少因为闯红灯而受罚,所以会继续闯红灯。正是因为执法不能全面覆盖,行人没有守法的主动性,降低了法律通过惩罚来抑制行人闯红灯行为的功能。

"中国式过马路"即"凑够一拨人就可以走了,和红绿灯无关"现象曾一度成为网络热议话题,但也有人指出此现象绝非中国独有。在美国,集体闯红灯的现象也非常普遍,这种"法不责众"心理的背后,其实是一种社会心理学家所称的"去个性化"心理。我们每个人都有自我的身份,即关于自己是谁的认识,这意味着我们代表着自己。而在一个非正式的群体中,这种自我身份会丧失,无组织的群体变成了自我身份的"遮羞布",于是,群体里的人感觉自己不需要再为自己的行为负责。这种非正式、无组织聚集到一起的群体所产生的责任会发生扩散甚至消失,源于里面每个个体失去了对自己身份的"识别"。这也是对公共空间的漠视,组织里的每个人只享受了群体的权利,没有履行群体的责任。

2. 闯红灯心理纠正与调节

首先,要认识到闯红灯的危险性。危险不分彼此,如果发生撞车不可能只有别人,没有自己。其次,知道违法行政处罚的后果。《道路交通安全违法行为记分管理办法》规定,驾驶机动车不按交通信号灯指示通行的,一次记 6 分。一个记分周期内达到 12 分就要接受再教育。第三,要保持良好的驾驶心理。车流是不以人的意志为转移的,任何人不可能凌驾于群体交通形态之上。公共安全需要人人维护,做任何事情都应遵循安全原则。

二、超速心理

超速行驶是指驾驶人在驾车行驶中,以超过法律、法规规定的速度行驶的行为。例如,我国,高速公路上汽车行驶速度最高限速为 120km/h,但超过 120km/h 行驶的现象时有发生。

1. 常见超速心理

大多数驾驶人能够以合理、谨慎的态度行驶,选取与道路交通环境相匹配的速度,以安全地到达目的地。但仍有一些驾驶人安全意识淡薄、缺乏交通安全常识,未能充分认识到超速行驶的危险性,选择超速行驶。分析其原因,主要包括以下 5 种心理。

(1)自我显示心理。有些年轻的驾驶人年轻气盛,存在不同程度的自我显示心理。例如,故意在一些交通复杂路段开快车,使乘员或行人感到惊讶,借此炫耀自己。

(2)麻痹和侥幸心理。在较熟悉的路段上或在视线良好、道路平直、横向干扰少的路段上,忽视了视觉漏洞存在的可能性,不少驾驶人容易产生麻痹和侥幸心理,情不自禁地盲目超速行驶。

(3)盲目赶超心理。汽车的性能、状况、速度有别,这是常理。有些年轻的驾驶人争强好胜、个性突出,而对汽车性能和状况缺乏认识和了解,或不能实事求是地对待,在行驶中将平时的不甘落后表现在行车中,盲目赶超前车。

(4)寻找刺激的心理。少数年轻驾驶人属于性情之人,将严肃的驾车和取乐刺激混为一谈。例如,在高速公路上或在横向干扰少的良好路段上开"飞车",在普通道路上驾驶摩托车要酷、飙车、炸街,以此寻找刺激和快感,以求得一时的心理满足。

(5)赶时间心理。在行车途中,驾驶人有时会遇上一些赶时间的状况,例如,运输任务过重,难以按时完成;对旅途行程时间估计过少,难以按时到达;临时有事,改变原来行车时间等,这些情况往往影响驾驶人的心理状态,导致其超速行驶。

2. 超速心理纠正与调节

首先,要记住"十次车祸九次快"。超速行驶,破坏了汽车在特定环境下的行车秩序,加大了汽车的工作强度和负荷,加剧了机件的磨损,特别是对轮胎非常不利,跳跃性、拖滑性磨损加剧,提高了摩擦温度,轮胎极易老化和变形,从而容易引发爆胎事故。超速行驶,增加了驾驶人的观察难度,容易忽略一些信息,增大了制动距离,很容易引发事故。人的生命只有一次,一旦发生事故,生命失去将永不再来。其次,要牢记处罚标准。《道路交通安全违法行为记分管理办法》规定,驾驶校车、中型以上载客载货汽车、危险物品运输车辆在高速公路、城市快速路以外的道路上行驶超过规定时速50%以上的,一次记9分,如果再有不经意间发生记3分的违法行为,记满12分后,驾驶人就应该参加满分教育了。

三、超限超载心理

超限超载是指货运汽车的载货长度、宽度、高度和载货质量超过法规规定的限度。虽然近年来,管理部门加强了超限超载的查处力度,但该违法行为依然存在。

1. 常见超限超载心理

(1)侥幸心理。许多运输经营者为了降低成本,存在侥幸心理,采取少报核定吨位,逃漏通行费的方法来获取非法利润,出现大批货车实际装载货物质量明显高于核定载质量的现象,也就是违法超载。

(2)赌徒心理。为迎合运输经营者多装载货物的需求,不法车辆生产厂家存在冒险心理,不断加大汽车实际承载能力,推出了承载能力大大超出标记的核定载质量的汽车。超载运输会使得汽车制动距离延长,遇到紧急情况,不能及时制动,从而容易造成交通事故。如果执法者查不到自己,或者违法获得的利益高于违法被罚款的数额,驾驶人就认为合算,会继续超载行驶。

2. 超限超载心理纠正与调节

首先,驾驶人要知晓超载超限的危害。事实证明,超限超载行为会延长汽车制动距离,甚至导致制动失灵,严重影响汽车操控性能,大大缩短汽车使用寿命,破坏公路、桥梁等公共设施,极易导致交通事故或加重事故后果。其次,要了解处罚力度。《道路交通安全违法行为记分管理办法》规定,驾驶校车、公路客运汽车、旅游客运汽车载人超过核定人数20%以上,或者驾驶其他载客汽车载人超过核定人数100%以上的,一次记12分。驾驶载货汽车载物超过最大允许总质量50%以上的,一次记6分。超限还要接受公路法处罚。第三,是市场的标本兼治。这是交通运输管理部门的职责,需要找到超限超载心理的根源,从制度机制上进行平衡,就不至于出现超限超载心理了。

四、酒驾心理

酒驾尽管已经入刑,但仍然难以遏制。这不得不让我们认识到从心理上进行剖析杜绝的必要性和迫切性。

（一）常见的酒驾心理

1. 饮酒前驾驶心理

饮酒前，驾驶人就将酒驾后果、法规要求等抛在一边，有了酒后开车的心理准备，属于主动心理。一般有冒险心理、逆反心理和好奇心理。

（1）偶然冒险心理。驾驶人本身知道酒驾的危害，但是认为有些情况下偶尔冒险一次酒后开车，只要交警查不到也未尝不可。比如，驾驶路程较短、交警这时间段不会查车等。

（2）逆反心理。现在都在提倡喝酒不开车，开车不喝酒，而个别驾驶人可能之前遇有不满意交警处罚的经历，坚决与交警对着干而尝试饮酒后开车，往往导致事故的发生。

（3）好奇心理。这主要发生在年轻驾驶人身上，见到别人饮酒后驾车安全无事，好奇心作祟，也想体验一下饮酒后驾驶的感觉，故意在饮酒后驾驶，从而导致事故的发生。

2. 饮酒后驾驶心理

饮酒后，在酒精的作用下或在当时的情势下驾驶人心理上发生了一些变化而选择开车。这就是被动心理，主要有侥幸心理、自负心理、逞能心理和从众心理等。

（1）侥幸心理。侥幸心理是几乎每个人都有的一种心态，它会使人想要通过偶然的原因获得成功或避免灾害。一般情况下，侥幸心理只是一种潜意识，在特殊的情景或刺激下，这种潜意识就会得到无限膨胀，进而对自己造成伤害。尤其是驾驶人饮酒后驾驶，明知道是违法犯罪的行为，却一意孤行。也许在饮酒前还坚持饮酒后不开车，可饮酒后就不由自主了。我们应该正确地认识侥幸心理，把饮酒后不开车的观念谨记心中。切忌酒后驾驶，杜绝心存侥幸。

（2）自负心理。自负心理是指驾驶人对自己驾驶能力盲目自信或坚信自己能回避交警。在酒精的作用下，驾驶人会迷失自我约束能力，忘乎所以，在自负心理的驱使下，不知不觉坐到了驾驶座上开车。酒精在血液中达到一定的浓度后，会分散驾驶者的视线焦点，尤其会使驾驶人处理紧急情况的能力下降，容易造成交通事故。

（3）逞能心理。有些驾驶人认为自己开车多年，驾驶技术精湛，喝些酒也能足够应对各种各样的紧急状况。或有女朋友、贵客在面前，想显摆一下，于是这类驾驶人饮酒后也选择了开车。

（4）从众心理。有些驾驶人看到别人饮酒后能驾车或在别人的怂恿下，在客观环境的催促下，将危险和处罚抛至脑后，选择了酒后驾车。

（二）酒驾心理及其调节

正确处理酒文化与酒驾危害之间的矛盾，是酒驾心理调节的关键。酒文化已经渗透到人类社会生活中的各个领域，对人文生活、文学艺术、医疗卫生、工农业生产、政治经济各方面都有着巨大的影响和作用。酒文化在给人们带来酒桌上趣味的同时，也给酒驾埋下深深的隐患。为了处理好酒文化与酒驾危害之间的矛盾，此处提出以下建议。

1. 饮酒前第一级安全意识防范

在饮酒前，一定进行生命安全与酒文化之间的选择。生命至上，法律至上。驾驶人要自觉学习交通相关法律法规，熟悉交通规则，服从交警指挥，喝酒不开车，做到知法、守法。喝酒交流是加深感情的重要渠道,但二者必须有相应的条件、限制和原则。例如,"喝酒不开车、开车不喝酒"的饮酒自律原则;如果开了车就把车钥匙交给没喝酒的比较稳重的朋友;谈事用茶不用酒等;拓展其他文化替代酒文化。在认识到饮酒后驾驶的危害性后,关键在于意志力。要坚定如一、坚持原则,这样冒险心理、逆反心理和好奇心理等酒前主动心理将自然消除。

2. 饮酒后第二级安全措施防范

(1) 自我克制侥幸心理。驾驶人平时要注意加强学习,不断充实自己,学习一些心理学知识、社会学知识、法学知识等,学会遇事认真冷静地思考。当然,这些理性心理需要有一个不醉酒的前提,真正醉酒后可能会出现的是从众心理。驾驶人在饮酒后的那一时刻,勿让侥幸心理占据大脑,要冷静分析,使自己的行为符合法律法规要求。

(2) 切勿产生躲避检查心理。交警查酒驾,一般都是时间、地点不固定,查到的概率比较大。一旦查到,不仅仅是行政、刑事处罚,更重要的是可能会影响到自己的职业或子女的升学就业等。

(3) 寻求代驾服务。饮酒前要通知家人或朋友,或告知有关人员呼叫代驾。准确无误、切实可靠的代驾措施,可有效杜绝酒后驾车。

(4) 自觉接受家人和社会监督。为了监督自己饮酒后不开车的情况,一定要在饮酒前通知家人,自觉遵规守纪,同时接受家人和社会的监督。

3. 处罚

《道路交通安全法》对饮酒后驾驶、醉酒驾驶机动车及营运机动车等违法行为都规定了具体的处罚措施,而且醉酒驾驶机动车会直接触犯《中华人民共和国刑法》,驾驶人将面临相应的刑事处罚。与饮酒后驾驶、醉酒驾驶相关的处罚规定见表13-1。

与饮酒后驾驶、醉酒驾驶相关的处罚规定　　　　　表13-1

法　律	违法行为	处罚规定
道路交通安全法	饮酒后驾驶机动车	处暂扣6个月机动车驾驶证,并处1000元以上2000元以下罚款
	因饮酒后驾驶机动车被处罚,再次饮酒后驾驶机动车	处10日以下拘留,并处1000元以上2000元以下罚款,吊销机动车驾驶证
	醉酒驾驶机动车	由公安机关交通管理部门约束至酒醒,吊销机动车驾驶证,依法追究刑事责任;5年内不得重新取得机动车驾驶证
	饮酒后驾驶营运机动车	处15日拘留,并处5000元罚款,吊销机动车驾驶证,5年内不得重新取得机动车驾驶证
	醉酒驾驶营运机动车	由公安机关交通管理部门约束至酒醒,吊销机动车驾驶证,依法追究刑事责任;10年内不得重新取得机动车驾驶证,重新取得机动车驾驶证后,不得驾驶营运机动车
	饮酒后或者醉酒驾驶机动车发生重大交通事故	构成犯罪的,依法追究刑事责任,并由公安机关交通管理部门吊销机动车驾驶证,终生不得重新取得机动车驾驶证
中华人民共和国刑法	醉酒驾驶机动车	处拘役,并处罚金

五、疲劳驾驶心理

据统计,因疲劳驾驶造成的交通事故数量占事故总数的 20% 左右,占特大交通事故总数的 40% 以上,驾驶人疲劳驾驶的危害不可忽视。

(一)常见的疲劳驾驶心理

驾驶人疲劳驾驶主要有以下 3 种常见心理。

(1)侥幸心理。部分驾驶人因赶时间或赶任务,导致驾驶时间过长,出现困乏、疲劳等症状,没有意识到疲劳驾驶行为带来的危害性,存在侥幸心理,置交通安全于不顾,往往会出现交通事故。

(2)过度追求经济利益心理。随着运输业竞争日益激烈,为了经济利益,驾驶人在多拉快跑理念的驱动下,即使疲劳了也不愿休息。另外,由于油价、过路过桥费等开支上涨,使得运输成本居高不下,加之白天交通容易拥堵,驾驶人为了抵消一些费用、提高运输效率,尽可能选择深夜行驶,而深夜正是疲劳驾驶最易出现的时间。

(3)逞强心理。驾驶人在驾驶过程中感到疲劳后,在熟人面前为了显示自己的驾驶水平高超,总觉得自己驾驶经验丰富,继续强撑着驾驶,等到了服务区或到达目的地后再停车休息。

(二)疲劳驾驶心理调节

正确处理疲劳驾驶与安全驾驶的关系,是调节疲劳驾驶心理的根源。随着人们对品质生活的追求,过度疲劳工作已经被当代人所摒弃,但不否认仍存在着这种工作状态。避免疲劳驾驶,应注意从生理、心理角度关注。

1. 自身预防和消除

首先从驾驶人心理、生理角度主动寻找消除疲劳驾驶的方法,提高自我调节的能力防止驾驶疲劳。

(1)保证足够的睡眠。养成按时就寝和良好的睡眠姿势,每天保持 7~8h 的睡眠。

(2)养成良好的饮食习惯,提高身体素质。膳食宜选择易消化、营养价值高的食品,切勿暴饮暴食。

(3)科学地安排行车时间,劳逸结合。注意行车途中的休息,连续驾驶时间不得超过 4h,连续行车 4h,必须停车休息 20min 以上;夜间长时间行车,应由 2 人轮流驾驶,交替休息,每人驾驶时间应在 2~4h 之间,尽量不在深夜驾驶。

(4)注意合理地安排自己的休息方式。驾驶汽车要避免长时间保持一个固定姿势,可时常调整局部疲劳部位的姿势和深呼吸,以促进血液循环。

(5)保持良好的工作环境。行车中,要保持驾驶室空气流通、温度和湿度适宜,减少噪声干扰。

2. 营造外部环境

(1)健全强制休息机制。完善长途客车、货车的行车规范,制定客运及货运驾驶人的最长驾车距离、中途休息时间以及每日驾车时间上限,一旦超过这个规定则要采取强制休息,需要政府与社会联动建立行之有效的强制休息制度。

(2)引进疲劳驾驶预警装置。目前伴随着计算机技术、集成电路制造技术以及各种物理传感器的发展,疲劳驾驶检测方法日趋成熟,疲劳驾驶预警系统更加趋向实时性、可靠性。通过这些先进的疲劳预警装置,可以有效预防疲劳驾驶的产生。

3. 敬畏处罚

驾驶人要牢记处罚标准。《道路交通安全违法行为记分管理办法》规定,连续驾驶中型以上载客汽车、危险物品运输车辆超过4h未停车休息或者停车休息时间少于20min的,一次记9分。

六、交通肇事逃逸心理

交通肇事逃逸是指行为人在发生交通事故后,为逃避法律责任而擅自逃离事故现场的行为。我们要通过分析交通肇事逃逸心理产生的根源、特征及调节,杜绝逃逸行为的发生。

(一)常见的交通肇事逃逸心理

交通肇事逃逸案件目前已经成为全国公安机关经常面对的难题,肇事驾驶人往往是聪明反被聪明误。从心理学的角度分析,驾驶人肇事逃逸心理有以下4种情况。

(1)侥幸心理。驾驶人在偏远路段、乡村道路或认为比较隐蔽的场所发生交通事故后,认为肇事现场没有目击者,公安机关又不可能掌握其逃逸的犯罪事实而选择一逃了之。这种心理是驾驶人发生事故后、尚未离开事故现场时一闪念的侥幸心理作祟。

(2)恐惧心理。驾驶人突然面对血淋淋的事故现场,会变得手足无措、六神无主,平时学到的交通安全知识在此时也变成了空白,再加上部分驾驶人的心理素质原本较弱,便会下意识、本能地想到离开令人心生恐惧、心烦意乱的事故现场,而选择性地"忘记"去救助受伤人。

(3)畏罪潜逃心理。很多驾驶人对自己交通肇事行为的认识不足,以为只要发生了人身伤亡的交通事故就一定会被判刑入狱,由此引发极度的犯罪恐慌症,害怕承担责任,心理压力过大,导致驾驶人第一想法就是尽快离开事故现场,从而选择了逃逸。

(4)害怕冲突心理。此种逃逸心理最为常见,如果事故现场有被害人的家属,面对事故现场被害人的遭遇,被害人家属无法控制自己的悲伤情绪,可能置法律于不顾与交通肇事驾驶人发生严重的冲突。交通肇事驾驶人出于"保护"自己的心理,避免自己受到被害人家属或亲人的围攻,无奈地选择逃逸。

(二)交通肇事逃逸心理调节

避免肇事逃逸心理产生的根本在于法律意识和人道主义意识。如果知道肇事逃逸后的追责力度,如果还知道人道主义,恐怕肇事逃逸就不会发生。

1. 避免交通肇事逃逸的主要措施

(1)首先,要从驾驶人交通肇事逃逸心理入手,针对驾驶人面对交通事故可能出现的恐惧心理、逃避心理以及置之不理的心理,进行专业的疏导并给出合理的建议。从驾驶人心理上去消除交通肇事逃逸的动机,才能更好地避免交通肇事逃逸事件的发生。

(2)其次,从外部环境入手影响并规范驾驶人行为,针对驾驶人的逃逸行为,加大处罚力度,使得驾驶人意识到该行为的严重程度,用严格的法律威慑抱有侥幸心理的驾驶人。

2. 针对驾驶人提出的建议

(1)自觉学习交通事故处理方法。驾驶人应当掌握事故后的基本处理方法,以免真正遭遇事故时,手忙脚乱,不知所措。学会保护现场、抢救伤者等基本常识。以免耽误受害人的救治,影响交通秩序的正常进行。

(2)自觉学习交通相关法律知识。驾驶人首先学习并掌握交通肇事逃逸相关法律知识,了解交通肇事逃逸行为的危害性以及法律的零容忍性,懂法守法,坚决杜绝交通肇事逃逸这种害人害己的行为。

(3)自觉接受社会的监督。部分驾驶人在偏僻道路、夜间或者雨雪天气发生事故后存在侥幸心理,迅速逃离事故现场。俗话说"纸包不住火",如若被人举报,只会适得其反,使得普通的交通事故变得更加复杂。驾驶人要接受社会的监督,同时也要自觉履行公民的义务,当发现交通事故时,要第一时间报警并拯救伤者。

第二节　应激驾驶心理与调节

应激驾驶心理是由危险或出乎意料的交通情况变化所引起的一种心理负荷过大的情绪状态,是决策心理活动中产生的一种心理过程。在驾驶人突如其来的或十分危险的环境条件下,必须学会迅速地采取正确的抉择,以达到最佳的应激驾驶心理状态。

一、应激时的心理状态

当一个人出现应激状态时,紧急的情境惊动了整个有机体,它能很快地改变有机体的激活水平,心率、血压、肌肉紧张度等都发生变化,引起情绪的高度应激化和行动的积极化。应激状态一般可分为3个阶段。

(1)警戒阶段:此时人的心率、呼吸频率、激素分泌、汗腺活动、体温、血压以及肌肉紧张度都会急剧增加,大量生理能量被调动起来,神经系统和运动系统处于高度激活状态。

(2)抵抗阶段:为了达到正常的生理活动,控制主客观情境,必须耗费更多的身心资源。

(3)恶化阶段:如果应激状态持续下去或者应激状态还未消除紧接又来一个应激情绪,将可能使损耗的身心资源得不到必要的补充,从而导致人体器官和身心功能大大损伤,出现衰竭状态直至造成疾病甚至死亡。

驾驶人的应激是指驾驶人在驾驶活动中主观感受到的并且可以进行测量的对内外刺激的综合反应,由环境和其他外部因素所决定,是与驾驶知觉和驾驶评价有关的反应唤醒。驾驶人的应激一般包括生理反应(如心率加快)、情感反应(如焦虑增加)和行为反应(如侵犯性驾驶行为)。

二、应激心理调节

应激心理现象的出现,与一名驾驶人的驾驶水平有着密切的关系。一般来说,驾驶水平越高,应激心理现象就很少出现;反之,就会经常出现。因此,采取适当心理训练和科学的驾驶判断方法可以减少应激状态出现的次数。

(1) 对驾驶人进行以提高心理素质为目的的心理训练。驾驶人只有具备了良好的注意品质,才能在行车过程中迅速、及时地获得各种交通信息,并把这些信息经过大脑的分析、综合判断和推理,然后指导驾驶人做出正确的驾驶操作,从而保障行车安全。

(2) 对驾驶人进行以提高技术素质为目的的技能训练。应激状态的发生是以其突发性为特征的,必须训练驾驶人掌握正确驾驶汽车的技能,以便在应激发生时,能够实施正确的操作或由于采取了正确的驾驶、判断方法而最大限度地减少应激状态的发生。其中预见性驾驶是减少应激状态发生的最佳方法。所谓预见性驾驶,即是指驾驶人在行车过程中针对交通环境中的有关迹象进行分析、判断,从而对前面可能发生的情况作出预先估计,提前采取相应的预防措施以避免事故发生的驾驶方法。

(3) 对驾驶人进行人为假设应激情景的训练,提高其心理承受力。可以在训练基地内,人为设计一些与实际相似的应激情景。比如,行人突然穿过公路,自行车突然猛拐、摔倒,其他车辆突然在车前紧急制动,车辆的加速踏板卡住且持续加速不能自动回位,所驾汽车制动、转向失灵等。利用这些人为设置的应激情景可以使驾驶人亲身体验到应激情绪状态下的心理感受,并为以后的驾车实践积累经验,从而最大限度地克服和避免应激情景出现时手忙脚乱的情况,有效地保证行车安全。

第三节　交通事故实时心理与调节

交通事故实时心理是指驾驶人从交通事故发生前、发生时到发生后的心理活动的总称。国内外的调查表明,90%左右的交通事故与驾驶人的失误有关。

一、常见交通事故实时心理

当事故无法避免时,驾驶人除事故中短暂地而无法进行心理活动外,事故前后,都会呈现出一系列的心理活动。正确的心理活动,将会及时止损,避免事态的扩大。

1. 事前心理

驾驶人在交通事故发生前的短暂时刻内有以下4种心理特征。

(1) 强烈的报复心理。报复心理容易使得驾驶人失去理智,尤其在行驶过程中遇到前方汽车故意加减速,经过多次鸣喇叭警示,对方仍然不理睬时,内心就会产生报复心理(类似"路怒症")。

(2) 自负心理。这种心理是交通肇事者常见的一种心理特征。驾驶人过高估计自己的能力,相信自己能够处理突发事件,因而大意,最终可能造成无法挽回的后果。

(3)焦虑急躁情绪。一般,这种情绪是由某些客观因素造成的,如驾驶任务过重等因素,这会使驾驶人产生焦虑情绪,这种情绪促使驾驶人不根据实际交通情况而盲目开车。

(4)法制观念淡薄。法制观念淡薄容易让人的行为偏离正确的方向,使驾驶人无视交通法规而出现超载、超限、超速甚至酒后驾驶等行为。

2. 事后心理

驾驶人在交通事故发生后,主要存在如下3种心理特征。

(1)紧张心理。由于交通事故造成人员的伤亡,给家庭或个人造成了较大的精神和经济损失,严重影响事故驾驶人的心理状况,甚至不知所措、六神无主。

(2)事不关己逃脱心理。事故发生后,面对无法承担的赔偿责任,有些驾驶人觉得事故好像与自己无关,无动于衷,抱有无所谓的态度,不但不主动依法处置,反而滋生了逃跑、逃避心理。

(3)沮丧心理。这种心理突出表现为责备自己、怨恨自己、自信心下降等。当驾驶人发生交通事故后,这种沮丧心理会使驾驶人无法正常处置后续问题,或者诱发新的交通事故。

二、交通事故心理调节

进行交通事故心理调节的关键在于在事故发生前后将驾驶人的心理状态调整至正常心理状态,以避免相关要素受害或损失扩大化。

任何事件或事故的发生,都有原因存在。例如,事故发生的原因一般有违法行驶、操作不当、意外情况等,即使自己被认定为没有责任,从绝对观点或防御性观点看,驾驶人的行为还是有一定瑕疵的。道路交通事故,人人都不希望发生,但关键在于如何杜绝事故发生,这是事故心理调节的关键所在。如果从驾驶适应性角度看,若驾驶人个性存在事故倾向性,这就需要寻求专门的机构或专家进行矫治。

(1)预防为先。一切事故的发生,都是有原因的,而避免事故发生的根本在于预防。牢记安全驾驶的黄金三原则:集中注意力、仔细观察和提前预防。防御性驾驶做到了,就会避免绝大部分事故的发生。

(2)心理训练。驾驶工作是具有一定危险性的工作,驾驶人在驾车时必须要保持足够的冷静,在面临突发事件时也要迅速做出反应。如果驾驶人的心理素质不够强,他在驾驶过程中出现事故的概率会大一些。因此,驾驶人要尝试结合自己的个性倾向,努力提高自己的心理素养。当即将发生事故、事故发生后或情绪出现不稳定因素时,要及时进行自我调节,通过各种方法来缓解消极情绪,从而避免负面情绪带来的影响。

(3)养成良好的驾驶习惯。行为习惯对于一个人的影响是非常大的,行为习惯一旦养成,不仅会影响个人的行为和动作,同时也会对个人的处事产生很大的影响。良好的习惯可以使个人变得更加勤奋和积极,而不良习惯则会使人变得懒惰和消极。因此,驾驶人必须要养成良好的行为习惯,要坚决杜绝吸烟、喝酒、赌博等不良嗜好,要养成每天早睡早起的好习惯。

第四节　防御性驾驶心理与训练

防御性驾驶心理是指驾驶人在驾车时,始终持有防御性意识、思想和方法的一种积极的驾驶心理状态。防御性驾驶起源于国外,需要结合我国的实际情况,提出有效的防御性驾驶心理体系。

一、防御性驾驶心理主体要素

强化防御性驾驶心理,有助于从源头上遏制事故的发生。防御驾驶性心理主体要素有以下3个方面。

(1)零事故心理。无论道路情况如何变化,都要遵从的一个基本原则就是保持零事故心理状态。依法驾车这是必须的,也是国家规定的,但偶尔也会遇上其他驾驶人违法驾驶的行为,如果你不做变通地驾驶,势必会出现撞车的情形,此时为了避免发生事故,你必须作出让步,即以文明对违法,化解驾车中的尴尬与危险。实际上这也是《道路交通安全法》的立法原则之安全原则。

(2)预防性心理。防御性驾驶心理的重要理念就是预防性心理。"防"就是预防、预测、预见(道路上的危险因素);"御"就是抵御、应对、提前处理(潜在的行车威胁)。通过主动的人为措施,来预防一切可能发生的危险。当驾驶员掌握了如何有效、及时地观察、预测和行动,并逐渐形成良好的驾驶习惯和安全理念时,就可以防止在复杂多变的驾驶环境中发生交通事故。

(3)谨慎周密心理。谨慎型人格最大的特点是思虑周详,小心谨慎。具体说来,主要有做事稳妥,容易成大事;小心谨慎,不易出错;预见性强。抱有谨慎心理的驾驶人,具有较好的防御性驾驶能力,不易发生交通事故。只有全天候、全路况进行系统防御,才能最大限度减少事故的发生。谨慎是必需的,但过于谨慎可能会走向另一端。有些驾驶人有着过于谨慎的心理,属于黏液质类型的人。这些驾驶人具有稳重但灵活性不足,踏实但有些死板,沉着冷静但缺乏生气等特征。当遇到复杂交通情况时,此类驾驶人反应能力较差,不能有效处理突发状况,以至于会影响整体安全。

二、防御性驾驶心理训练

防御性驾驶心理,已经超出一般的依法驾驶心理。因此,建议结合相关学科处理好如下几个关系,以建立完整、科学、有效的防御性驾驶心理训练体系。

(1)科学与哲学的关系。一般人认为,驾驶技能最多隶属于技术范畴,上升到科学层面也是高攀了,更何况用哲学层面知识解决防御性驾驶问题。但事实上,贯穿在整个防御性驾驶中的零事故心理,就需要一个持久性的汽车"一日三检"制度。否则,零事故的目标难以实施。

(2)绝对与相关的关系。相对和绝对,都是同一事物既相互联系又相互区别的两种属性。在采用防御性驾驶方法时,谨慎周密是必需的,也是尽可能做到最大化。但个性往往具有倾向性,周密做到了,可能会丢失胆量或灵活性,由此导致了其他方面的驾驶缺陷,这与防御性驾驶的零事故心理又是违背的。因此,只有将绝对与相对统一起来,才能达到整体的安全性。

（3）依法与文明的关系。依法驾车是必须的,这是保障交通秩序的需要。但在一定条件下,守法(狭义)驾车可能会遇到违法驾车,此时驾驶人要以文明礼让驾驶应对违法驾驶,就可以避免撞车。

（4）宏观调节与具体心理训练的关系。构建防御性驾驶心理,处理好科学与哲学的关系、绝对与相关的关系、依法与文明的关系称为宏观调节。在此基础上,应采用有关心理训练方法进行心理训练,来达到构建整个防御性驾驶心理体系的目标。

随着国家和社会对道路交通安全的重视,我国对防御性驾驶心理的研究和实践有了一定的进展,防御性心理训练的场所和机构正逐步增加,相信在社会经济和科技的快速发展下,防御性心理训练体系将逐步形成并不断完善,以满足我国防御性安全驾驶心理的需求。

第五节　自动驾驶时代的驾驶心理适应

随着自动驾驶、无人驾驶汽车的出现,道路上汽车驾驶人的结构发生了质的变化。即存在人工驾驶、自动驾驶、无人驾驶汽车在道路上同时行驶的状态。以下,将这三种车辆并行的状态称为人机混行状态。人工汽车的驾驶人心理上是否接受这种状态,还需要进一步探索和梳理。以下将人工汽车驾驶人对人机混行状态产生的心理现象称为人机混行心理。

一、常见人机混行心理

在人工与自动或无人驾驶车辆混行的情况下,驾驶人会出现以下4种常见心理。

（1）人工驾驶汽车驾驶人的恐惧心理。美国汽车协会在2021年3月所做的调查显示,78%的美国人表示害怕乘坐自动(无人)驾驶汽车,只有19%的人表示会信任自动驾驶汽车。目前,人工驾驶的车辆所引起的道路交通事故数量占所有交通事故数量的比例最大。自动(无人)驾驶技术还不够成熟,人工驾驶汽车的驾驶人驾驶汽车,在与自动或无人驾驶汽车混行时,心中有莫名的恐惧心理,担心自动(无人)驾驶汽车会撞向人工驾驶汽车。

（2）自动或无人驾驶汽车驾乘人员的自负心理。认知性及情感性的元素同时存在于人际信任之中,如果只有情感而没有理性认知,信任就成了盲目的信心。有些驾驶人或乘车人,尤其是自动或无人驾驶汽车的研发者或痴迷者,过度信任自动或无人驾驶技术,没有理性认识到自动或无人驾驶技术的弊端,在驾乘汽车过程中盲目自信,极易发生交通事故,这种心理现象称为自动或无人驾驶汽车驾驶人的盲目信任心理或自负心理。这种心态的严重程度主要取决于驾驶人对自动或无人驾驶汽车的迷恋深度。有人甚至达到狂热的程度,他们多来自研发者群体。

（3）人工驾驶汽车驾驶人的理智心理。大多数人工驾驶汽车的驾驶人,保持着较为理智的心理去看待新鲜事物的产生。面对自动或无人驾驶汽车的发展,国家会关注并制定一些公共安全行驶规则。人工驾驶汽车驾驶人自身要主动遵规守法,不盲目信任也不完全否定自动或无人驾驶,行驶中既不要故意排斥,也不完全接纳,而是用一种正常心理驾驶汽车。

(4)人工驾驶汽车驾驶人的观望心理。大多数人工驾驶汽车的驾驶人,对自动或无人驾驶汽车的好与坏持观望态度,可能是由于自动或无人驾驶产品本身的问题,国家政策的不稳定性,或者替代品的问题等,但归根结底是消费者的心理问题。大多数消费者抱着观望心理,期待自动驾驶技术更进一步的成熟或者国家出台有利的购买政策等,这也是消费者成熟的标志。当持观望心理者越来越少时,说明自动或无人驾驶汽车的应用就非常广泛了。

二、人机混行心理调节建议

近几年,尽管自动驾驶技术得到了迅速发展,但大都是汽车电子、智能控制以及互联网等技术层面上的提升,实际上自动驾驶技术最终的发展仍受制于人文或心理学的限制。因此,从心理学角度提出如下建议。

(1)正确认识自动或无人驾驶汽车的制造过程。随着自动或无人驾驶汽车的发展,看得见的是汽车电子、智能控制以及互联网等技术层面上的提升,但一切都是围绕着汽车驾驶人的心理活动进行的。更确切地讲,自动或无人驾驶汽车的制造过程就是自动或无人驾驶汽车驾驶心理过程无限接近或替代人工驾驶汽车驾驶心理的过程。

(2)理智看待自动驾驶汽车。尽管自动或无人驾驶汽车能给人们带来无限的想象空间,但毕竟是新生事物,难免存在缺陷。但这些缺陷随着科技的发展会不断地完善和提高。驾驶人应当理智看待自动或无人驾驶汽车的产生,既不要夸大自动或无人驾驶的能力,也要承认自动或无人驾驶的优势。不随波逐流,也不排斥自动或无人驾驶汽车,以理性的心态接受新鲜事物的产生。

(3)主动遵规守法,包容自动或无人驾驶汽车。无论驾驶人驾驶普通汽车还是自动或无人驾驶汽车,都应当遵规守法。对于自动或无人驾驶汽车,国家会研究提出相应的交通法规,以保障人工驾驶汽车的安全。驾驶人既不要见到自动或无人驾驶汽车就慌,也不要过分追踪与靠近,应按照道路交通安全法律法规保持车距。

(4)主动学习和了解自动驾驶的特点,接纳自动或无人驾驶汽车。俗话说:"知己知彼才能百战不殆"。随着自动或无人驾驶汽车的逐渐增多,驾驶人遇到自动或无人驾驶汽车时难免会紧张或者恐惧。驾驶人应当主动学习和了解自动或无人驾驶汽车的特点、安全状况,以免在行驶过程中产生紧张或者恐惧心理,影响自己的正常行驶。

参考文献

[1] 丁雪琴,殷恒婵,卢敏,等.中国体操队、举重队备战、参赛北京奥运会的心理训练[J].天津体育学院学报,2009,24(1):10-13.

[2] 彭湛峰.德国人的交通安全意识[N].中华合作时报,2002-10-29.

[3] 李强.交通安全意识比驾驶技术更重要[N].人民日报,2019-04-16.

[4] 孟兴凯.我国教练员管理和素质现状及思考[EB/OL].(2019-12-23)[2022-07-15].https://mp.weixin.qq.com/s/gEAHYe6OuMzEuP28RPk2vQ.

[5] 孟兴凯.我国汽车驾驶培训教练员培训现状及其对策研究[EB/OL].(2017-09-15)[2022-08-20].https://www.sohu.com/a/192190072_372688.

[6] 伊夫卡·奥科查诺娃(德国).虚拟现实技术在驾驶培训领域的应用[M].//北京京安驾驶人安全与素养研究院.科技与安全——第五届"机动车驾驶培训与道路交通安全国际论坛"成果汇编.北京:人民交通出版社股份有限公司,2021:52-53.

[7] 黄少忠.机动车驾驶员考试行为探讨[J].科技信息,2006(10):215.

[8] 吴维祺.人的气质与车辆驾驶[J].汽车运用,1997(6):13-13.

[9] 疏祥林,杨柳青.驾驶员的个性心理特征对汽车行驶安全的影响研究[J].现代交通技术,2006,003(3):68-71.

[10] 蔡娜.女性驾驶员驾驶心理及行为分析[J].北京警察学院学报,2007(5):58-60.

[11] 雷星.驾驶员年龄对行车安全的影响分析[J].交通节能与环保,2016,12(6):15-17.

[12] 刘霞.驾驶人驾龄与交通事故相关性研究[D].西安:长安大学,2016.

[13] 王生昌,张校贵.汽车驾驶员文化程度对交通事故影响的研究[J].汽车运输研究,1996,015(1):25-28.

[14] 张理义,范惠民,过伟,等.军队驾驶员心理承受力与特质应对方式的关系及其影响因素研究[J].解放军医学杂志,2013(7):597-600.

[15] 袁健康,王国荣.汽车驾驶员驾驶环境对驾驶适性的影响[C]//第四届全国人—机—环境系统工程学术会议论文集,1999.

[16] 楼大成.汽车驾驶培训中如何根据不同的学员心理开展教学[J].学园,2013(20):178-179.

[17] 王艳波,尤志栋,王雪松,等.驾驶人酒驾违法被查处后的心理体验研究[J].汽车与安全,2019(8):96-103.

[18] 李政平.遏制酒后驾驶侥幸心理[J].汽车与安全,2016(5):46.

[19] 佚名.2019年酒驾醉驾违法数据分析[J].汽车与安全,2020(1):15-17.

[20] 佚名.酒驾危害及屡禁不止的原因[J].汽车与安全,2019(2):15-17.

[21] 赵云龙.我国毒驾防控研究[D].北京:中国人民公安大学,2018.

[22] 黄雪.关于"毒驾"入刑的思考[J].法制博览,2017(19):24-26.

[23] 王素鸽.危险驾驶行为若干问题研究[D].沈阳:沈阳师范大学,2016.

[24] 吴联栩.驾驶员疲劳驾驶与侥幸心理对策调整[J].科学咨询(科技·管理),2021(1):38.

[25] 吴凡.疲劳驾驶的心理分析及预防[J].交通与运输,2012,28(1):71-73.

[26] 王婧雯.机动车驾驶人典型不良驾驶行为分析及干预方法研究[D].合肥:合肥工业大学,2020.

[27] 郭宏寿.汽车驾驶员事故预防能力的提高策略[J].百科知识,2019(18):29-30.

[28] 谢华为.驾驶人心理分析在道路交通事故预防中的作用[J].中国公共安全(学术版),2016(1):76-79.

[29] 闫华.道路交通事故与驾驶员群体心理品质关联模型构建[J].中国安全科学学报,2016,26(2):13-17.

[30] 徐俊文.行人交通违法心理干预研究[J].山东警察学院学报,2018,30(3):133-139.

[31] 李泽群.营运非机动车驾驶人违规驾驶心理与行为研究[J].交通工程,2021,21(1):63-69.

[32] 付恩平,胡余亮.驾驶心理视角下高速公路隧道交通安全策略研究[J].工程技术研究,2016(8):243.

[33] 于丽珊.驾驶人的心理健康问题不容忽视[N].中国中医药报,2005-11-23(7).

[34] 何春谊.防御性驾驶对驾驶人心理的影响[J].知识经济,2014(15):82.

[35] 宋俊杰.交通强国背景下无人驾驶汽车的法律规制[J].交通企业管理,2021,36(3):91-94.

[36] 钱圆媛."道德机器"的道德偏差与无人驾驶技术的伦理设计[J].东北大学学报(社会科学版),2021,23(3):8-15+21.

[37] 王绍磊,石磊,徐吉存,等.图基导航的高速公路划线车无人驾驶系统[J].电子世界,2021(9):34-35.